Von M
nach Manhattan

Polnische Reportagen

Herausgegeben
von Martin Pollack

Aus dem Polnischen
von Joanna Manc, Martin Pollack
und Renate Schmidgall

Paul Zsolnay Verlag

Die Texte von Piotr Głuchowski und Włodzimierz Nowak wurden von Joanna Manc, die Texte von Irena Morawska und Beata Pawlak von Renate Schmidgall übersetzt; alle anderen Reportagen hat Martin Pollack aus dem Polnischen übertragen.

1 2 3 4 5 10 09 08 07 06

ISBN-10: 3-552-05371-9
ISBN-13: 978-3-552-05371-7

Satz: Eva Kaltenbrunner-Dorfinger, Wien
Druck und Bindung: GGP Media GmbH, Pößneck
Printed in Germany

Inhalt

Vorwort

Der erste literarische Text, den ich aus dem Polnischen übersetzte, war eine Reportage. Das war Anfang der siebziger Jahre; der Text erschien in einer Wiener Literaturzeitschrift, die längst eingestellt wurde. Die Autorin hieß Marta Miklaszewska, und die Reportage handelte von einem brutalen Gewaltverbrechen, geschehen in einer Warschauer Vorstadt, dessen wahre Beweggründe, das ließ sich dem Text entnehmen, Armut, soziale Verwahrlosung und Trunksucht waren. Eine klassische Sozialreportage also, doch so kunstvoll erzählt, daß die Grenzen zwischen Publizistik und Literatur zu verschwimmen schienen.

Daß ich ausgerechnet diesen Text übersetzte, war ein glücklicher Zufall. Ich hatte damals noch nichts gehört von einer »polnischen Schule der Reportage«, obwohl mir bei meinen wiederholten langen Aufenthalten in Warschau nicht verborgen geblieben war, daß Reportagen in den von der Parteizensur gegängelten Zeitungen und Zeitschriften (und das waren damals alle, Samisdat gab es noch keinen) eine Sonderstellung einnahmen. Aus ihnen konnte man vieles erfahren, was sonst hinter den papierenen Kulissen der Leitartikel und linientreuen Kommentare verborgen blieb.

Das gedruckte Wort diente im realen Sozialismus in erster Linie dazu, die Wahrheit zu verdecken oder schöner zu malen. Für die Reportage hingegen, so hatte es den Anschein, galten eigene Gesetze, sie konnte die Realität, zumindest fragmentarisch, schlaglichtartig, so darstellen, wie sie wirklich war: grau, düster, bedrückend, oft genug grausam.

Auch in der Reportage von Marta Miklaszewska war vom verpflichtenden Optimismus der sogenannten Erfolgspropaganda, die alles durch eine rosa Brille sehen wollte, nichts zu spüren, sie zeigte das Leben der Menschen am Rand der Gesellschaft ungeschminkt, beklemmend realistisch. Seit damals, seit jener ersten Begegnung vor über dreißig Jahren bin ich ein großer Bewunderer der polnischen Reportage.

Unbeabsichtigt trugen die kommunistischen Behörden dazu bei, daß sich in Polen eine eigene Schule der Reportage entwickelte, die bis heute ihre Wirkung entfaltet. »In den Zeiten, in denen die offizielle Propaganda nur Hurraoptimismus verlangte, war die Reportage für uns die einzige Form, in der man etwas über die Armut in Polen, das Unglück der Menschen, über tragische Schicksale schreiben konnte«, sagte mir einmal Ryszard Kapuściński, einer der Begründer und Meister dieser Gattung in Polen, in einem Gespräch über seine Anfänge als Reporter. Die Autoren waren gezwungen, sich mit individuellen Geschicken und einzelnen Vorkommnissen zu befassen, die sie jedoch so darstellten, daß die Leser daraus auf allgemeine Verhältnisse schließen konnten. »Es war möglich zu schreiben«, so Kapuściński, »daß es irgendwo einen Direktor eines landwirtschaftlichen Betriebes gibt, der stiehlt. Man durfte nicht schreiben, daß alle stehlen, das hätte die Zensur nicht durchgelassen, man konnte nur den einzelnen Fall schildern, doch der Leser verstand es, zwischen den Zeilen zu lesen, so daß die Reportage in jenen Jahren ein wichtiges Instrument der Kritik an der Wirklichkeit darstellte. Das war ausschlaggebend für die weite Verbreitung und Popularität der Reportage in Polen, die bis heute ungebrochen anhält.«

Nach 1989, dem Jahr der großen Wende, die den Zusammenbruch des Kommunismus nicht nur in Polen mit sich brachte, standen die Autoren mit einem Mal vor dem Problem, daß sie alles sagen und publizieren konnten, was ihnen gefiel; die staatliche Zensur, die ihnen ständig über die Schulter geschaut hatte, existierte nicht mehr.

Brauchte man die Reportage unter diesen veränderten Umständen überhaupt noch? Hatte sie nicht ihre wichtigste Funktion eingebüßt? Lief sie nicht Gefahr, in einer Welt der dahinjagenden Medien, in denen sich alles einer Aktualität unterordnet, die nach kurzen, immer noch kürzeren Texten verlangt, verdrängt zu werden, wie das etwa im deutschen Sprachraum längst geschehen ist?

Als Adam Michnik, einer der Wortführer der demokratischen Opposition in Ostmitteleuropa, 1989 in Warschau die *Gazeta Wyborcza* (Wahlzeitung) ins Leben rief, um der Bewegung der »Solidarność« bei den ersten freien Wahlen in Polen im Juni desselben Jahres zum Sieg zu verhelfen, stand das junge Redaktionskollektiv vor genau dieser Frage. War die Reportage noch zeitgemäß? Ja, konnte sich eine moderne Zeitung überhaupt noch eine gute und damit aufwendige Reportage leisten?

Eigentlich ist die Reportage Nonsens, stellte Małgorzata Szejnert, langjährige Leiterin der Reportageabteilung der *Gazeta Wyborcza*, einmal nüchtern fest. Die Reportage hinkt ständig den Ereignissen hinterher, und ihr Autor muß hilflos zusehen, wie ihm die Berichte der Tageszeitungen und die Abendnachrichten des Fernsehens Stück für Stück das Thema wegschnappen. Die Reportage ist unverhältnismäßig kostspielig und zeitaufwendig, sie erfordert oft lange Reisen in ferne Länder, und damit sind Diäten, Hotelaufenthalte und andere Spesen verbunden, obendrein kann ein routinierter Journalist in der Zeit, die es für eine ambitionierte Reportage braucht, Dutzende von Artikeln liefern. Zu all dem benötigt die Reportage Platz, sehr viel Platz, und Platz ist in einer Zeitung kaum mit Gold aufzuwiegen.

Aus allen diesen Gründen, so kommt Małgorzata Szejnert zum Schluß, ist es von Rechts wegen Nonsens, in einer Tageszeitung heute noch Reportagen zu publizieren, gar Reportagen mit literarischem Anspruch. Und doch pflegt die *Gazeta Wyborcza* diesen Nonsens seit ihren Anfängen mit großem Engagement, ja Enthusiasmus.

Die ehemalige »Wahlzeitung«, die nach wie vor diesen Namen trägt, setzte seit ihrer Gründung auf die »vertiefte, reflexive Reportage«, wie Ryszard Kapuściński sie einmal nannte, die dem Leser helfen soll, die ihn umgebende Wirklichkeit zu erfassen und zu begreifen und den chaotisch auf ihn einstürmenden Ereignissen einen gewissen Sinn zu verleihen. Als Vorbilder dienen den jüngeren Reportern bekannte Autoren, voran Hanna Krall und eben Ryszard Kapuściński, die auch im deutschsprachigen Raum großes Ansehen genießen. Hanna Krall war die erste Chefin des Reporterteams der *Gazeta Wyborcza*, Ryszard Kapuściński ist mit der Zeitung seit deren Beginn eng verbunden (die meisten seiner Bücher erscheinen dort zuerst als Vorabdruck).

Inzwischen kann man bereits von einem eigenen Reportagestil der *Gazeta Wyborcza* sprechen. Ein Stil, der ständig weiterentwickelt wird: Die Autoren loten immer neue Möglichkeiten aus, suchen neue Formen, eine neue Sprache, um die Wirklichkeit in all ihren verwirrenden Nuancen zu beschreiben und mit den empfindlichen Meßgeräten der literarischen Sprache Vorkommnisse und menschliche Schicksale zu dokumentieren, die sonst in den Medien kaum Beachtung finden, weil sie zu klein sind, zu kompliziert, zu widersprüchlich …

»Früher einmal sagten wir von der Reportage, sie sei die Kunst, die uns gestattet, in einem Tropfen Wasser das Meer zu sehen, in einem Splitter eines Spiegels – den ganzen Spiegel«, schrieb Adam Michnik im Vorwort zum ersten Sammelband der besten Reportagen aus der *Gazeta Wyborcza*, der 1993 erschien: »Ich denke so: Mich fasziniert eine Reportage über den Tropfen, weil mich der Tropfen fasziniert; ich möchte die Gestalt des Splitters des Spiegels kennenlernen, weil gerade dieser eine Splitter für mich am wichtigsten ist. Mit anderen Worten: Ich suche in der Reportage das, was anders, besonders, konkret ist, und nicht das Allgemeine. Die Welt setzt sich nämlich aus einzelnen Existenzen zusammen, und die Verallgemeinerung ist der natürliche Feind des Menschen. Das Drama des Menschen hat stets individuellen Charakter. Die Reportage ist die Begegnung mit diesem Drama.«

Wichtig ist der einzelne Mensch, das einzelne Schicksal, das sich gerade in seiner scheinbaren Alltäglichkeit von allen anderen unterscheidet. Diesem einen, einzigartigen Menschen muß der Reporter seine ungeteilte Aufmerksamkeit zuwenden. Das ist das Credo, der Leitsatz der Autoren, die in dieser Anthologie vertreten sind. Und der Erfolg gibt ihnen recht. Die *Gazeta Wyborcza* ist heute die größte und wohl einflußreichste überregionale Tageszeitung in Polen, und die Reportage ist zu ihrem unverwechselbaren Markenzeichen geworden.

Die Texte in diesem Band stammen alle aus dieser Warschauer Tageszeitung, aus verschiedenen Jahren, von 1992 bis 2005. Manche politischen und wirtschaftlichen Bedingungen haben sich seit dem erstmaligen Abdruck gewiß geändert, doch insgesamt haben die Texte die Probe der Zeit bestanden. Das macht die Qualität der literarischen Reportage aus. Um einen Begriff von der Fülle des Materials zu geben, aus dem es zu wählen galt, genügt es, eine Zahl zu nennen: Jährlich erscheinen in der *Gazeta Wyborcza* rund dreihundert Reportagen, in den Beilagen, aber auch im Hauptteil der Zeitung. Seit der Gründung der Zeitung wurden dort mindestens viertausend Reportagen publiziert, und jeden Tag, jede Woche kommen neue dazu. Natürlich war es angesichts einer solchen Menge nicht möglich, auch nur annähernd eine repräsentative Auswahl zu treffen, ich mußte mich daher darauf beschränken, Reportagen auszusuchen, die mich persönlich besonders ansprechen. Die Zusammenstellung ist also subjektiv, möglicherweise sogar willkürlich; auf jeden Fall ist sie ungerecht.

Warum habe ich ausgerechnet diesen Text gewählt und nicht jenen, der ebenso gut ist, vielleicht sogar besser? Ist die Auswahl nicht einseitig? Muß ich mir nicht den Vorwurf gefallen lassen, wichtige Autoren und Texte übergangen zu haben? Dabei kann ich nicht einmal behaupten, alle in Frage kommenden Reportagen gelesen zu haben. Doch wer könnte das schon?

Es war nicht das Ziel der Anthologie, Polen im Spiegel der polnischen Reportage zu zeigen (auch das wäre eine lohnende Aufgabe!), sondern es sollen, zumindest ansatzweise, die vielfältigen Möglichkeiten der polnischen Reportage aufgezeigt werden, stilistisch wie thematisch. Der Autor soll danach streben, für jede Reportage eine dem Thema angemessene eigene Form zu finden, sagt Mariusz Szczygieł, der vor kurzem von Małgorzata Szejnert die Leitung der Reportageabteilung der *Gazeta Wyborcza* übernommen hat. Sein eigener Text in dieser Sammlung, »Reality«, ist ein überzeugendes Beispiel dafür. Es ist die unglaubliche Geschichte einer Frau, die irgendwann einmal beschließt, alles, buchstäblich alles in ihrem Leben zu notieren – flüchtige Begegnungen, Ereignisse, Mahlzeiten und so weiter – eine wahnwitzige Buchhaltung der Alltäglichkeit.

»Szczygieł i szczegół«, Szczygieł und das Detail, betitelte Małgorzata Szejnert einen kurzen Text über diese wunderbare Reportage, ein zungenbrecherisches Wortspiel, das nicht nur etwas über den Autor aussagt, sondern überhaupt über das Wesen der polnischen Reportage, die so viel Wert legt auf das Detail, auf den genauen Blick, den Blick für das Einzigartige, das Besondere, das Andere, das oft in der lauten, überwältigenden Masse unterzugehen droht.

Geographisch beschränkt sich die Auswahl auf Polen und seine Nachbarn, ein weiter Begriff, wie der Text von Irena Morawska, »Ein Schmetterling in Manhattan«, zeigt. Ihre Helden sind einfache Arbeiter aus der polnischen Provinz, die in Amerika für einen Schandlohn barabern, in der Hoffnung, eines Tages doch noch den lieben Gott an den Füßen packen zu können, wie es eine polnische Redensart ausdrückt. Viele gehen dabei vor die Hunde.

Was uns in diesen Texten vorgeführt wird, ist nicht mehr der Ostblock, wie wir ihn noch in Erinnerung haben, grau und öde, doch in seiner ganzen Schäbigkeit (und oft Gemeinheit) irgendwie berechenbar, heimelig beinahe. Der Zusammenbruch des alten Systems brachte den Menschen neue Freiheiten, volle Läden, bunte Reklamen, eine McDonaldisierung des Lebens, andererseits aber auch verschärfte Gegensätze: die Kluft zwischen Stadt und Land, Reich und Arm, Privilegierten und Unterprivilegierten vertiefte sich, plötzlich gibt es massenhafte Arbeitslosigkeit, Menschen, die weit unter dem Existenzminimum leben, krasse Armut. Armut hat es schon früher gegeben, im Kommunismus, den nun viele nostalgisch verklären, doch nicht in diesem Ausmaß, in dieser Schärfe, sie war relativ gleichmäßig auf alle verteilt, es gab nur wenige, die in echtem Wohlstand lebten, Reichtum war beinahe ein Schimpfwort.

Der sogenannte Turbokapitalismus hat das schlagartig geändert. Vielen zeigt er sich vor allem von seiner abstoßenden Seite, Korruption und organisierte Kriminalität haben sich breitgemacht. Das beleuchtet eindringlich die Reportage von Tomasz Patora und Marcin Stelmasiak über den Leichenhandel in Łódź: Angestellte des Rettungsdienstes hatten an Bestattungsunternehmen gegen hohe Prämien Hinweise auf eingetretene Todesfälle verkauft. Daraus entwickelte sich ein florierendes Nekro-Business, das schließlich dazu führte, daß Sanitäter und Notärzte bei schwerkranken Patienten mit geeigneten Medikamenten nachhalfen, um Leichen für den Verkauf zu erhalten. Der Bericht der beiden jungen Łódźer Reporter der *Gazeta Wyborcza* schockierte 2002 ganz Polen und erregte auch im Ausland Aufsehen.

Viele Protagonisten der Reportagen sind die Opfer des Turbokapitalismus, Leute, die im kapitalistischen Rattenrennen auf der Strecke bleiben, wie zum Beispiel die rumänischen Roma, die scharenweise nach Polen ziehen, um dort einen Zipfel vom neuen Reichtum zu erhaschen. Lidia Ostałowska interessiert sich seit Jahren für das Leben der Roma in Osteuropa; im Jahre 2000 erschien in Warschau ihr Sammelband »Cygan to Cygan« (Ein Zigeuner bleibt ein Zigeuner), dem ich die Reportage in dieser Anthologie entnommen habe (alle Texte wurden vorher in der *Gazeta Wyborcza* publiziert). In »Limalo sucht echte Zigeuner« begleitet Ostałowska einen polnischen Rom nach Rumänien, auf der Suche nach seinen Wurzeln. Die Konfrontation mit einer völlig anderen Kultur verlangt von der Autorin besonderes Einfühlungsvermögen.

»Die Menschen wollen reden«, sagt Lidia Ostałowska über die wichtigsten Voraussetzungen, die ein Reporter mitbringen muß. »Manchmal verstehen wir nur nicht, sie zu fragen. Dann werden wir ungeduldig und fügen ihnen, vielleicht unbewußt, Wunden zu. Deshalb braucht es tiefe Bescheidenheit. Wenn der Reporter nur zu jemandem geht, um eine Story zu bekommen, dann scheitert er.«

Nach wie vor wichtige Themen für Polen sind das Leben mit den Nachbarn, jenseits der Grenzen, doch auch im eigenen Land, sind die Beziehungen zu den Minderheiten, zum Beispiel zu den Ukrainern und Juden. Das sind oft schwärende Wunden, die sich nur langsam schließen. In »Beisetzung eines Mordbrenners« schildert Paweł Smoleński das von gegenseitigem Unrecht, von Leiden und Haß vergiftete Verhältnis zwischen Polen und Angehörigen der ukrainischen Minderheit in der Gegend von Przemyśl, im südöstlichsten Zipfel des Landes. Ein beklemmender Bericht, der ein hierzulande weitgehend unbekanntes Kapitel der polnischen Geschichte berührt. Bekannter erscheint schon das Thema von Włodzimierz Nowaks Reportage, »Von Wanda, die den Deutschen nicht wollte«, eine tragikomische Story über den gescheiterten Versuch eines Deutschen, über alle gegenseitigen Vorurteile und Mißverständnisse hinweg in Polen sein Glück zu finden.

Die Auswahl verzichtet bewußt auf Reportagen, die von den aktuellen Brandherden der Weltgeschichte berichten, Afghanistan, Irak, Afrika, dem Nahen Osten, obwohl die polnische Schule der Reportage – in der Nachfolge Ryszard Kapuścińskis – gerade auf diesem Gebiet herausragende Leistungen vorweisen kann. Es gibt eine ganze Reihe jüngerer Autoren, viele aus dem Stall der *Gazeta Wyborcza*, die regelmäßig aus diesen Gebieten berichten und inzwischen internationale Anerkennung genießen. Einige der von ihnen publizierten Bücher sind Standardwerke, die dringend nach einer Übersetzung verlangen.

Auch das ist ein Resultat der bewußten Förderung der Reportage, wie sie die Warschauer Tageszeitung seit Jahren betreibt. Von faktisch allen in dieser Anthologie vertretenen Autoren liegen in polnischen Verlagen Bücher vor, Sammlungen einzelner Reportagen, aber auch zusammenhängende Texte über große Themen. Die Grenzen zwischen Literatur und Publizistik sind in Polen, so hat es den Anschein, durchlässiger als anderswo.

Noch eines erscheint bemerkenswert: Es gibt in Polen nicht nur eine Schule der Reportage, sondern auch eine florierende, gutbesuchte Schule der Reportageleser, die in

Tageszeitungen wie der *Gazeta Wyborcza* neben Nachrichten und Kommentaren lange Texte suchen. Die Reportage von Jacek Hugo-Bader, »Die Revolution sollte doch eine Freude sein«, über die anfängliche Begeisterung vieler Juden in Osteuropa für die kommunistische Revolution, die später in tiefe Enttäuschung umschlug, umfaßt in der Übersetzung fünfzig Manuskriptseiten. Sie erschien 1996 in der Beilage der *Gazeta Wyborcza*.

Nonsens, würde jeder Chefredakteur einer deutschsprachigen Tageszeitung sagen, wenn er eine Reportage dieser Länge auf den Tisch bekäme, und er würde gar nicht daran denken, den Text zu lesen und auf seine Qualität zu prüfen. Warum ist das so? Sind die Leser in Polen wirklich so anders? Warum haben wir im deutschsprachigen Raum keine vergleichbare Reportage-Kultur, um nicht von einem Reportage-Kult zu sprechen? In diesem Sinn möchte die Auswahl auch einen kleinen Anstoß geben, soll sie einfach ein wenig Neid erwecken. Warum haben die Polen etwas, was wir nicht haben?

An dieser Stelle möchte ich den hier präsentierten Autoren danken, die uns ihre Texte vertrauensvoll zur Verfügung gestellt haben. Mein Dank gilt auch Ryszard Kapuściński, von dem ich viel über die polnische Reportage gelernt habe, aus seinen Büchern, die ich seit über zwanzig Jahren übersetze, aber auch in zahllosen anregenden Gesprächen. Eine große Hilfe war mir Mariusz Szczygieł, von dem ich einen inspirierenden Vortrag über die neue polnische Reportage hören konnte. Trotz seiner jungen Jahre ist er ein Großmeister dieser Gattung! Besonders herzlich möchte ich mich bei meiner Freundin Bożena Dudko bedanken, die diese

Anthologie anregte und mich bei der Sammlung und Auswahl der Reportagen selbstlos unterstützte. Ohne Bożenas Drängen, so charmant wie beharrlich, wäre die Anthologie nicht zustande gekommen.

Für die endgültige Auswahl der Reportagen trage ich allein die Verantwortung, deshalb ist es meine Aufgabe, mich bei den zahlreichen Autoren der *Gazeta Wyborcza* zu entschuldigen, deren großartige Texte ich aus Platzmangel nicht berücksichtigen konnte, was ich selbst am meisten bedauere.

Martin Pollack

Mariusz Szczygieł

Reality

Janina Turek, Mutter von drei Kindern, aß am 1. 10. 1996 zu Mittag eine Pilzsuppe mit Nudeln, Gulasch mit Kartoffeln und rote Rüben und zum Nachtisch Trauben. Vierzig Jahre zuvor, am 19. 2. 1956, hatte sie ebenfalls ein normales und nahrhaftes Mittagessen zu sich genommen: heiße Wurst mit Kremsersenf, Brot, Apfelkompott, Kakaokuchen und Bischofsbrot.

Am 21. 3. 1973 nahm sie zweimal das Telefon ab, ohne daß sich jemand meldete.

Am 21. 6. 1976 fand sie auf der Straße neue elastische Kinderstrümpfe.

Am 15. 8. 1981 trat sie ihrem Sohn Fleischkarten ab.

Am 2. 1. 1982 brachte ihre Tochter ihr ein paar Äpfel mit.

Am 7. 12. 1983 brachte ihr geschiedener Mann ihr zwei gelesene Zeitungen mit.

Am 3. 2. 1985 klopfte ein Unbekannter bei ihr, er hatte die Wohnungstür verwechselt.

Am 3. 1. 1997 aß sie bei einer Freundin Chips.

Am 1. 2. 1998 schaute sie aus dem Fenster und sah, wie ihre Nachbarin, Urszula Krzywoń, aus dem Taxi stieg.

In der Alltäglichkeit geschieht ständig etwas. Wir vollbringen zahllose kleine Handlungen, ohne zu hoffen, daß unser Gedächtnis diese festhält, vom Gedächtnis anderer ganz zu schweigen. Diese Handlungen werden jedoch nicht um der Erinnerung willen unternommen, sondern aus Notwendigkeit. Mit der Zeit geraten alle Bemühungen unseres täglichen Treibens in Vergessenheit.

Janina Turek, eine Hausfrau, machte über ein halbes Jahrhundert lang eben das, was alltäglich ist und daher unbeachtet bleibt, zum Objekt ihrer Beobachtungen. Als erste erfuhr davon ihre Tochter. Nach dem Tod der Mutter im Herbst 2000 öffnete Ewa Janeczek einen Schrank und sah einen Stoß Hefte. (Später stellte sich heraus, daß es 728 Hefte waren). Es zeigte sich, daß ihre Mama alles aufgeschrieben hatte, was sie getan hatte. Ununterbrochen, Tag für Tag, vom Jahr 1943 bis zum Jahr 2000, hatte sie notiert:

wie oft sie zu Hause das Telefon abgenommen und wer angerufen hatte (38 196mal);
wie oft sie jemanden angerufen hatte (6257mal);
wo und wen sie zufällig getroffen und wem sie »Guten Tag« gesagt hatte (23 397mal);
wie viele vereinbarte Begegnungen sie gehabt hatte (1922);
wie viele Geschenke sie wem gemacht hatte und welche (5817);
wie viele Geschenke sie erhalten hatte (10 868);
wie oft sie Bridge gespielt hatte (1500mal);
wie oft Domino (19mal);
wie oft sie im Theater gewesen war (110mal);
wie viele Sendungen sie im Fernsehen gesehen hatte (70 042); und so weiter.

57 Jahre hindurch notierte und zählte sie alle Feiern, Ausflüge, Tanzveranstaltungen, gefundenen Gegenstände, Briefe, Lektüren, Kinogänge, Nächtigungen außer Haus, empfangenen Besuche, abgestatteten Besuche, Frühstücke, Mittagessen, Abendessen. Anfangs führte sie ein Heft für alle Bereiche des Lebens, dann bekam jeder Bereich sein eigenes Heft. Sie notierte nicht jede einzelne Mahlzeit, sondern verwendete ein bestimmtes System: In einem Jahr notierte sie jedes Frühstück, im nächsten – die Mittagessen, wieder im nächsten – die Abendessen. Nach drei Jahren – wieder jedes Frühstück. Daher kennen wir 4463 Frühstücke Janina Tureks, 5387 Mittagessen und 5936 Abendessen.

Sie notierte sogar die im Fernsehen gesehene Werbung. Sie vermerkte, ob das Programm schwarzweiß war oder in Farbe und auf welchem Kanal sie es gesehen hatte. Zuletzt in Elemis.

Das hätte der Philosophin Jolanta Brach-Czaina gefallen, die die metaphysische Dimension der Alltäglichkeit beschrieben hat. Die Grundlage unserer Existenz ist die unbewußte Betriebsamkeit. »Man kann sich nicht mit der Rolle eines unbewußten Handlangers existentieller Tätigkeiten abfinden. Auch aus Selbstschutz muß man dem Sinn der Alltäglichkeit nachjagen wie einem Verbrecher«, schrieb die Gelehrte.

Janina Turek, Bewohnerin von Krakau, lauerte der Alltäglichkeit auf. Obwohl sie 3517 Bücher las, war keines von Jolanta Brach-Czaina darunter. Sie beschloß jedoch aus eigenem Antrieb, intuitiv, ihre Betriebsamkeit zu adeln. Jede noch so banale Tätigkeit ihres Lebens erhielt im Tagebuch eine eigene Nummer.

Bei Filmen achtete sie darauf, auch den Namen des Kinos zu vermerken. Als Stalin starb, sah Janina Turek den Film »Fanfan der Husar«. Sie ging noch zu Lebzeiten Stalins ins Kino »Wanda« und verließ es nach seinem Tod.

Die Tochter begann das alles vor einem halben Jahr zu lesen und hat die Lektüre bis heute nicht beendet.

Am 13.12.1981 aß Janina Turek ein einfaches Omelett mit Zwieback (Pos. 2124). Sie bekam Besuch von ihrer Tochter mit deren Mann und den Kindern (»angekündigte Besuche«, Pos. 3605, Heft 237/II). Sie brachten ihr Holzkisten von Hefeverpackungen und Sperrholz zum Unterzünden (»erhaltene Geschenke«, Pos. 5184). Als die Kinder und Enkel gegangen waren, klopfte jemand unerwartet (»unangemeldete Besuche«, Pos. 3606): »Ich weiß nicht, wer der Besucher war, weil ich die Tür nicht öffnete.« Im Fernsehen sah sie »Wenn uns Polen befiehlt« – ein Recital von Adam Zwierz (Pos. 11986). Sie war in der Kirche, wo sie sechzehn Personen sah (»Im Vorbeigehen gesehene Personen«, Pos. 58213–58229). Am Abend beendete sie die Lektüre von »Zelda« von Nancy Mitford (Pos. 2435). Am nächsten Tag begann sie das Buch »Das Skalpell ist zweischneidig« zu lesen.

Am zehnten Jahrestag des Kriegsrechts, 13.12.1991, aß sie zu Mittag: »ein Kotelett mit Kartoffeln und gebratenen Zwiebeln, Selleriesalat und französischen Kuchen« und trank anschließend »Mineralwasser aus Krynica mit dem Saft von Orangen und Kiwis – ausländische Früchte«.

Seit dem Krieg wohnte sie ohne Unterbrechung im selben zweistöckigen Haus aus dem 19. Jahrhundert in Krakau, in der Parkowa 6. Zuerst mit ihrem Mann und den Kindern, dann mit ihrem Mann, darauf dreißig Jahre lang allein. Im Parterre hatte sie drei auf die Straße gehende Fenster. Wenn sie sich hinauslehnte, sah sie links den Rynek Podgórski mit der Kirche und rechts einen Park. Das war ihr Mikrokosmos. Wichtig waren die Menschen, die ihr Blickfeld passierten.

»Im Vorbeigehen gesehene Personen«, das waren solche, die sie persönlich oder vom Sehen her kannte und auf der Straße sah, mit denen sie jedoch nie ein Wort wechselte. Man darf sie nicht verwechseln mit »Zufällig getroffenen Personen«. Für diese Gruppe qualifizierte sie alle, mit denen sie ein paar Worte wechselte oder die sie grüßte.

Insgesamt sah sie im Vorbeigehen in der Umgebung ihres Hauses 84 523 bekannte Personen.

7713 – Parkowa – die große, dicke Blondine, die im Lebensmittelladen in der Limanowskiego gearbeitet hat;

7685 – Parkowa – eine Dame, die ein wenig aussieht wie ein Frosch;

7756 – Parkowa – Aniela Ryszkowa (früher irrtümlich als Nowakowa notiert);

7908 – Parkowa – ein hübscher Junge;

17 110 – Parkowa – Ewa (Ewunia) und Jacek (Jacuś) Rodaków mit Töchterchen (früher »Säugling« genannt);

19 539 – Rynek Podgórski – die Frau des jungen Ehepaares, das drei Wolfshunde besitzt, mit einem von ihnen;

19 945 – Parkowa – ein modernistisches Ehepaar;

69 869 – Parkowa – ein Mädchen, das Grecja Colmenares (eine argentinische Schauspielerin aus der Serie »Maria und Manuel«) verblüffend ähnlich sieht;

80 825 – Parkowa – Frau Sulichowa mit ihrem Hund Misiek (früher »Hündchen« genannt);

18.9.1998, am Morgen saßen in Wysockis Wagen, der auf der Straße geparkt war, Wysocki mit einer Frau, die nicht die Wysocka war. Janina Turek wußte viel, doch sie war diskret. Sie gestattete sich keine freizügige Interpretation der Fakten. Sie deutete nie an, daß jemand nachts mit seiner Geliebten spazierenging. Eventuell: »mit einer Dame, von deren Existenz die Ehefrau vermutlich noch nichts weiß«.

Manchmal verärgerte sie ihre heranwachsenden Kinder, später die heranwachsenden Enkel. Sie war nicht aufdringlich, liebte es jedoch, die Fakten festzustellen.

»Wenn Großmutter zu uns kam und eine neue Person sah, fragte sie sofort nach ihrem Weggehen, welche Freundin bei mir gewesen war und wie sie hieß«, sagte Enkelin Luiza. »›Was interessiert dich das, Oma?‹, fragte ich sie dann; ich konnte mich nicht genug wundern, daß sie die Namen von Menschen wissen wollte, die sie höchstens eine Minute gesehen hatte.«

»Wir ärgerten uns oft, wenn sie diskret, aber bestimmt zu verstehen gab, daß sie die Namen unserer Freunde wissen wollte«, erzählt Ewa. »Dann regte sie sich auf und sagte, unsere Generation sei wirklich unerhört: Wir brächten es zuwege, mit jemandem im Restaurant an einem Tisch sitzen, ohne seinen Namen zu kennen.«

Janina, mit Mädchennamen Gürtler, träumte davon, Pharmazie zu studieren. Als der Krieg ausbrach, war sie achtzehn und konnte die Matura nicht mehr ablegen. Ihre Mama war Hausfrau, der Vater Beamter im E-Werk und Zeichenlehrer in einem Kunstgymnasium.

Janina kopierte das Leben ihrer Mutter: Sie war Hausfrau. Allerdings mit Ambitionen – so absolvierte sie einen Englischkurs für Fortgeschrittene. Czesław Turek war Ingenieur, er baute Straßen und Brücken, bekam Auszeichnungen. Er sah gut aus und hatte Erfolg bei den Frauen. Sie heirateten 1941 und ließen sich 1958 scheiden. Nach der Scheidung blieb sie mit ihrem Mann befreundet; unter »erhaltene Geschenken« notierte sie ein ums andere Mal von ihm mitgebrachte Zeitschriften. Er starb 1988. Sie hatten drei Kinder: die Tochter Ewa und zwei Söhne, Lesław, ein Maschinensetzer, und Jurek, ein Ingenieur, der sich in Österreich niederließ.

In der Parkowa erinnern sich alle an Janina Turek: sie war freundlich und ließ sich nicht anmerken, daß ihre Eltern zu Hause ein Dienstmädchen gehabt hatten. Sie organisierte Tanzveranstaltungen, Ausflüge und Bridgeabende. Sie arbeitete als Sekretärin. Sie ließ sich auch nicht anmerken, daß sie sich nach ihrem Mann sehnte. Ewa sagt, nach der Trennung vom Vater habe Mama nie mehr einen fremden Mann nach Hause gebracht.

Im Jahre 1946 überreichte sie ihrem Mann zum Nikolaus: »1. amerikanische Zigaretten der Marke ›Chelsea‹; 2. Zigaretten ›Bałtyk‹; 3. einen hl. Nikolaus aus Zucker. Das alles in einem eßbaren Säckchen aus Gelatine, oben geschmückt mit einer silbernen Rosette und einer hellrosa Schleife, an die ein Päckchen amerikanische Zigaretten der Marke ›Raleigh‹ gebunden war.«

Als eine Unbekannte ihr bei einer Zugfahrt eine Mandarine aufwartete, vermerkte Janina die Mandarine unter »erhaltene Geschenke«. Als Geschenk bezeichnete sie auch ein Porzellanservice für zwölf Personen und einen Strauß Feldblumen von ihrer Enkelin, Trinkgeld für den Briefträger oder Schinkenreste (»Geschenk für den Hund Dżokus«).

Die Genauigkeit, mit der sie die Geschenke notierte, ist jedoch kein Hinweis darauf, daß Janina Turek einen unerträglichen Charakter gehabt hätte, wie zum Beispiel Thomas Mann. Seine Tagebucheintragungen verraten die extreme Egozentrik des Autors. Mann notierte den Besuch beim Zahnarzt, alle »hartnäckigen Obstruktionen«, »Blutschläge im Kopf«, Besuche beim Friseur, Trinkgelder fürs Dienstpersonal, Preise getrunkener Weine usw. Aus Janinas Notizen kann man schließen, daß sie gesellig war und die Menschen liebte. Sie feierte und schenkte gern. Wenn sie in der Fußgängerzone von Rabka Zdrój eine Portion Schlagobers aß, notierte sie das unter »gesellschaftliche Ereignisse«. Das Ereignis bekam eine Nummer und war in der Summe genauso wichtig wie die Fahrt Fidel Castros durch die Stadt, die sie von einem erhöhten Blumenbeet aus beobachtet hatte.

Janina Turek objektivierte ihre eigene Alltäglichkeit. Sie beobachtete sich von außen wie ihre eigene Buchhalterin. Als sie im Jahr 1960 im Vorbeigehen ihren Sohn Leszek mit einem Freund sah, notierte sie das Ereignis objektiv: »Im Vorbeigehen«, Pos. 36364 – Lesław (Lesiu) Turek und Bogdan Zaleski.« Kein Wort darüber, daß es sich um ihren ältesten Sohn handelte.

Diese Sachlichkeit schockierte die Tochter. Ihr Papa war in zwei Konzentrationslagern gewesen. Das erste Datum, das Ewa in den Heften der Mutter suchte, war die Rückkehr des Vaters aus dem Lager. Es stellte sich heraus, daß Janina nichts geschrieben hatte, was man hätte erwarten können, wie zum Beispiel: Rückkehr meines geliebten Mannes, um den ich mir solche Sorgen gemacht habe, von Auschwitz. Janina Turek notierte bloß: »Besuch von Czesław Turek (Sławek)«. In der Rubrik »Nicht angekündigte Besuche«.

Auch über sich selber schrieb sie in der dritten Person:

23.3.1974 – »Bridge bei Janina (Aćka) Turek in der Parkowastraße.«

In Wahrheit schrieb sie nie über sich selber. Wenn sie notierte, was sie aß, schrieb sie das Essen auf und nicht, wie es geschmeckt hatte. Wenn sie niederschrieb, welchen Gegenstand sie zufällig gefunden hatte, notierte sie den Gegenstand und nicht, ob ihr der Fund besondere Freude bereitet hatte.

Ich überlege mit ihrer Tochter, warum Janina Turek auf den Gedanken gekommen war, über alle Ereignisse Buch zu führen.

»Vielleicht war es ein Trauma«, sagt Ewa Janeczek. »Vor dem Krieg, im Jahre 1938, führte Mama als Teenager ein Tagebuch. Dieses wurde von der Großmutter gefunden, die es las. Das Tagebuch verschwand auf Nimmerwiedersehen. Es gab darin Fragmente über eine Orgie, an der Mama mit Freunden teilgenommen hatte. Nur daß die ganze Orgie daraus bestand, daß sie auf einem Tisch getanzt hatten. Oma machte ihr in Anwesenheit eines Jungen einen Skandal. Mama schrieb später, der Gebrauch eines unpassenden Wortes habe sie ins Unglück gestürzt. ››Orgie‹ bedeutet wohl etwas anderes.‹«

Nach der Schändung des intimen Tagebuchs fühlte sich die sechzehnjährige Aćka wie »eine Hexe, auf die der Scheiterhaufen wartet«. »Als wäre mir das Blut in den Kopf geströmt«, schrieb sie. Seit damals hörte sie auf, sich dem Papier anzuvertrauen.

Janina Tureks Geheimnisse mußten sich in Beschweigen verbergen.

Die Menschen schreiben aus verschiedenen Gründen Tagebücher. Lechoń notierte die Ereignisse des Tages zum Zweck der Autotherapie. Thomas Mann, weil er es liebte, den »fliehenden Tag festzuhalten«. Fernando Pessoa, weil er »sein eigenes Leben zum Besitz der ganzen Menschheit machen wollte«, und sein Held, der Buchhalter Soares: weil »es besser ist, zu schreiben, als das Leben zu wagen«. Gombrowicz schrieb ein Tagebuch, um »sein größtes Problem zu lösen: das Ich«. Tyrmand wollte sich mit Hilfe des Tagebuches »bewähren, was das klassische Verlangen derjenigen ist, die das Leben an den Rand geworfen hat«. Für Pascal hingegen stellten die peniblen Aufzeichnungen der alltäglichen Ereignisse »den Stil dar, in dem langsam die Vergangenheit abstirbt«.

Den Grund, warum Janina Turek schrieb, kennen wir nicht.

Für einen Psychotherapeuten wäre er klar: eine Zwangsneurose. Für die Familie Janina Tureks ist das nicht so klar. Wenn es so wäre, dann hätte auch Claude Monet, der einundzwanzig Jahre lang immer dieselben Seerosen malte, an einer Zwangsneurose gelitten. Ewa schaut immer noch die Papiere, Bilder und Hefte durch.

Janina Turek schrieb im geheimen. Sie wollte nicht, daß jemand von der Existenz ihrer Tagebücher erfuhr. Wenn sie von zu Hause wegfuhr, notierte sie unterwegs abends etwas auf ein Stück Papier.

Sie schrieb keine Ansichten nieder. Die numerierten Ereignisse versah sie nie mit Reflexionen.

Vielleicht verschaffte ihr die Einteilung des Lebens in Rubriken und das tägliche Hinzufügen von Positionen in jede dieser Rubriken eine Beruhigung? Die klassischen intimen Tagebücher, die Damen aus bürgerlichen Kreisen nach der Französischen Revolution zu führen begannen, hatten nach Ansicht der Forscher eine therapeutische, beruhigende, dämpfende Wirkung. Die täglichen Aufzeichnungen sollten den Frauen ein Gefühl von Sicherheit vermitteln. Obwohl die Mode, über sich selber zu schreiben, im 19. Jahrhundert weit um sich griff, schrieben die Frauen im verborgenen.

Wandte sich Janina Turek wieder ihren alten Aufzeichnungen zu, weil sie das Bedürfnis verspürte, noch einmal dasselbe zu erleben? »Ich weiß es nicht«, sagt die Tochter. »Ich weiß es nicht«, sagt die Enkelin. »Wir wissen nichts«, sagt der Schwiegersohn.

Als sie das Tagebuch ihres Lebens zu schreiben begann, war sie noch keine zweiundzwanzig. Krakau war die Hauptstadt des Generalgouvernements, und der Ringplatz hieß Adolf-Hitler-Platz.

Sie begann die Notizen gleich nach der Verhaftung ihres Mannes durch die Gestapo. Vermutlich hatte ihn jemand wegen seiner Tätigkeit im Untergrund denunziert. Sie war mit ihrem ältesten Sohn im fünften Monat schwanger. Sie wohnte bei den Eltern in der Słoneczna 4, in einer der wenigen Krakauer Vorkriegswohnungen, die ein eigenes Badezimmer besaßen. Die Deutschen besetzten das Haus und siedelten die Bewohner in die Parkowa nahe dem Rynek Podgórski um. Podgórze war ein armes Viertel am rechten Ufer der Weichsel. Adolf Nowaczyński schrieb: »Podgórze sehen und sterben.« Es gab dort nur ein paar Häuser mit

Kanalisation und Gas. Nicht einmal gepflasterte Straßen gab es. Janina Turek klagte bis zum Jahr 2000 über die kalte Wohnung. Sie fühlte sich durch das Viertel degradiert. In der Nähe ihres Hauses stand eines der vier Tore zum Getto.

Im Herbst 1943 brachte sie Lesław zur Welt.

Die Deutschen verlangten für die Entlassung ihres Mannes Geld. Sie sammelte es unter Familienangehörigen und Freunden. Als sie die ganze Summe beisammen hatte, ging sie zur Gestapo, doch es stellte sich heraus, daß Czesław Turek nicht mehr im Gefängnis in Montelupi war. Er war nach Auschwitz gebracht worden, und man konnte nichts mehr für ihn tun. Alle zweieinhalb Tage las sie ein Buch aus. Im Jahr 1943 las sie insgesamt 148 Bücher.

Als sie im Herbst ihr erstes Heft mit den Rubriken »Kino«, »Lektüre«, »Ausflüge«, Revuen« füllte, führte der in Krakau residierende Gouverneur Hans Frank den Kriegszustand ein. Ab diesem Zeitpunkt konnte jeder Polizist nach eigenem Gutdünken Menschen umbringen. »Ich zögerte nicht, dem Führer zu versichern, daß für einen Deutschen hundert Polen erschossen werden«, schrieb Frank in sein Tagebuch. »Die Niedergeschlagenheit ist kaum zu beschreiben«, notierte am 18. 10. 1943 der in Warschau lebende Ludwik Landau; Janina Turek am selben Tag: Sie habe im Kino »Sztuka« den Film »Walzer der Liebe« gesehen.

Zwei Tage später führten die Deutschen in der Wielickastraße eine Massenerschießung durch. Die Razzien verstärkten sich. Janina las seit zwei Abenden die »Tagebücher« von Katherine Mansfield. Die britische Autorin war jung gestorben. Den Großteil ihres Lebens hatte sie ans Bett gefesselt verbracht, am Rand der Ereignisse lebend. »Wenn mir gestattet würde«, schrieb Mansfield, »einen Schrei zu Gott zu tun, würde ich rufen: ›Ich möchte wirklich sein!‹«

Janina Turek muß diesen Satz mehrmals gelesen haben, denn das Buch schlägt sich noch heute von selber auf dieser Seite auf.

Die Deutschen taten so, als liefe das Leben ganz normal weiter. Im Oktober änderten sie die Sommerzeit in die Normalzeit, sie eröffneten in Krakau eine Fischereischule, organisierten eine Ausstellung von Webereierzeugnissen und eine Chopin-Ausstellung, die beweisen sollte, daß Chopin ein Deutscher gewesen war. Janina war fünfmal im Kino und besuchte zweimal Namenstagsfeiern. Sie schenkte Blumen.

Das Geld ging zu Ende, also trank sie mit ihren Eltern Tee, den sie aus geröstetem Zucker brauten, der jedoch nichts mit wirklichem Tee gemein hatte. Man röstete den Zucker in der Pfanne, bis er braun war, und löste ihn nach dem Erkalten in Wasser auf. Es gab Tage, an denen Weichselmarmelade dominierte. Das ganze Mittagessen bestand daraus: Wasser mit Weichselmarmelade, Brot mit Weichselmarmelade.

Vielleicht glaubte Janina, sie würde ihrem Mann nach seiner Rückkehr die Aufzeichnung all der Dinge zeigen, die sich in ihrem Leben ohne ihn ereignet hatten? Vielleicht meinte sie, Czesław würde am Leben bleiben, solange sie etwas niederschrieb?

Aber warum schrieb sie dann alles auf, als ihr Mann bei ihr war?

Am Tag der Befreiung Krakaus, dem 18. 1. 1945, aß sie Schwarzbrot und trank dazu schwarzen Kaffee. In der Nacht las sie Hermann Hesse. Am nächsten Morgen zeichnete sie eine Querlinie in ihr Heft. Darunter schrieb sie:

»POLEN, früher – Generalgouvernement«, und dann, daß sie ein Bonbon aus Milch und Malz gegessen hatte.

Gaben für den Klingelbeutel:
1955 – 2 zł.;
1965 – 5 zł.;
1977 – 10 zł.;
1981 – 20 zł.;
1986 – 50 zł.;
1990 – 500 zł.;
1991 – 2000 zł.;
1991 – 10 000 zł.;
1993 – 50 000 zł.;
1995 – 2 zł.;
1997 – 5 zł.

Nach Janinas Tod wurden die Hefte ins Haus ihrer Tochter gebracht. Die riesige Villa grenzt an eine in der ganzen Gegend bekannte Bäckerei, die der Schwiegersohn führt. Die Familie räumte ein Zimmer im ersten Stock, die Tagebücher liegen auf Regalen und auf dem Boden. In Stößen, geordnet nach den Bereichen des Lebens.

Ewa Janeczek (eine echte Dame, genau wie Janina, sagen die Nachbarn) macht in Handschuhen in der Wohnung ihrer Mutter Ordnung. Sie bereitet Material für das Guinness Buch der Rekorde vor – es gibt eine Chance in der Kategorie »das am längsten geführte Tagebuch«.

Die Tochter entdeckt neue Geheimnisse.

»Es gibt sie! Es gibt Ansichtskarten, die Mama geschrieben hat!« sagt sie mir am Telefon.

»Sie hat sie allerdings nie an jemanden abgeschickt«, sagt sie nach einer Weile verwundert. Es stellt sich heraus, daß es Ansichtskarten gibt, die Mama offenbar nur für sich selber schrieb.

Aus diesen Karten spricht Janina Turek endlich mit ihrer eigenen Stimme.

Eine Postkarte vom März 1957, geschrieben im sechsunddreißigsten Lebensjahr, noch vor der Scheidung:

»Nicht viel wünschen. Nicht zu viel über sich selber reden.«

Eine Ansichtskarte, geschrieben nach Ostern 1976: »Die Feiertage sind vorbei. Ich habe sie recht erfolgreich in Gesellschaft der Kinder und ihres Vaters verbracht. Es sind immerhin achtzehneinhalb Jahre der Trennung. Es ist schwer, sich zu beugen.«

Im Sommer 1976, mit fünfundfünzig Jahren: »Rabka. Ich habe mir ein Nachthemd gekauft, das ich als Kleid tragen werde. Falls ich den Mut dazu aufbringe.« Ebenfalls im Sommer 1976: »Wir statten unangekündigt einen Besuch ab, was ich nicht ausstehen kann.«

Eine Ansichtskarte, geschrieben bei Vollendung des neunundfünfzigsten Lebensjahres: »Woher habe ich so viel Sehnsucht nach etwas, diese Unerfülltheit des Herzens? Ich muß sehr beherrscht sein. Die Bedürfnisse nicht nach außen tragen.«

Im Mai 1981: »Hitze. Ich sehne mich nach etwas, was mir schwerfällt, zu begreifen und zu beschreiben. Ich möchte mit jemandem genauso wie ich weit weg fahren. Doch die Wirklichkeit kennt keine Illusionen. Ich stecke in der Parkowa fest, die im Sommer zum Glück sehr schön ist, anders als andere Straßen.«

Juli, Kriegsrecht: »Urlaub. Sława. Nicht weit von hier ist eine Düsenjägerbasis. Lärm. Wie im Krieg. Ich habe den

Krieg ab dem achtzehnten Lebensjahr mitgemacht. Ich mag gar nicht daran denken.«

Dann eine Ansichtskarte, geschrieben vor dem einundsechzigsten Geburtstag: »Ich habe eine Gefährtin in meiner Einsamkeit: eine Fliege. Wenn es warm ist im Zimmer und ich esse, fliegt sie herum. So geht es seit ein paar Wochen.«

Zwei Jahre später: »Vor allem sonntags bin ich allein. Die Zeit fließt ruhig dahin, ich will nichts, erwarte nichts. Es wird kommen, wie es kommen muß, ich werde mich nicht mehr auflehnen.«

Ein Jahr später: »Wie viele Frauen warten auf einem Nebengeleise? Lebe ich, oder tue ich nur so, als lebte ich? Die Aufzeichnungen, die Statistik, soll das ein Selbstbetrug sein? Wenn ich aufhören würde, etwas zu notieren, müßte ich zu mir selber zurückkehren.«

Eine Karte, geschrieben ein Jahr vor ihrem Tod: »Ich stehe an der Grenze zwischen Leben und Tod. Achtundsiebzigeinhalb Jahre, es hat keinen Sinn, sich weiter anzutreiben, man muß eher bremsen. Ich habe viel gelitten im Leben. Die Metaphysik hat mich fast ständig begleitet, manchmal war es schwierig, damit fertig zu werden. Ich wollte lieben, sehnte mich jedoch auch danach, geliebt zu werden. Und dabei begegnete ich großen Schwierigkeiten. Das Resultat … Einsamkeit!!!«

Dreiunddreißig Tage vor dem Tod: »Ich gerate langsam in eine Sackgasse, mein Optimismus versiegt, die Resignation gewinnt die Oberhand. ›Mein Nachen schwimmt so nahe am Ende des Tages dahin.‹«

Die letzte Postkarte, zweiunddreißig Tage vor dem Tod: »Gestern fiel mir die Fernbedienung des Fernsehers hinunter. Verzweiflung.«

11.11.2000, Samstag. Der letzte Abend im Leben Janina Tureks ist erfüllt mit Fernsehen. Sie stirbt plötzlich. Am nächsten Tag erleidet sie einen Herzinfarkt, kurz nach Verlassen des Hauses. Passanten rufen die Ambulanz. Am Morgen hat sie noch eine Karte geschrieben: »Ewunia, seit drei Uhr nachts tut mir das Herz weh. Sicher ein Infarkt. Ich habe Tabletten genommen.« Vor drei Uhr sah sie folgende Sendungen:

71 040 – »Panorama«
71 041 – »Das Wort zum Sonntag«
71 042 – den Film »Gott spielen«.

*

Ich verwendete unter anderem:
Jolanta Brach-Czaina, »Ritzen des Seins«, »Geschichte des privaten Lebens«, Band 4, red. von Michelle Perorate
Ludwik Landau, »Chronik der Kriegszeit«

2001

Tomasz Kwaśniewski

Was weißt du über Singer?

Ort der Handlung

Die Gemeinde Leoncin, vierzig Kilometer von Warschau. Hier wurde im November 1904 der berühmte Schriftsteller und Nobelpreisträger Isaac Bashevis Singer geboren. Heute zählt die Gemeinde knapp 5000 Einwohner. Ihr Gebiet umfaßt 159 Quadratkilometer. Eine Kirche, Gemeindeamt, drei Schulen, ein paar Läden, ein Dutzend agrartouristischer Betriebe, die von der Nachbarschaft der Weichsel und des Kampinoski-Nationalparks profitieren.

Es treten auf

Józef Mosakowski, Bürgermeister von Leoncin
Zbigniew Piotrowski, Bürgermeister von Radzymin
Eine Schuldirektorin aus Leoncin
Elżbieta Strzałkowska, Redakteurin der Leonciner Zeitung »W Otulinie«
Sławomir Budnik, Vorsitzender des Gemeinderats von Leoncin
Dorota Stępniewska, Gemeinderätin von Leoncin

Małgorzata Pelczarska, Gemeinderätin von Leoncin
Der Gemeindepfarrer von Leoncin
Barbara Lewkiewicz, Bibliothekarin
Andrzej Zozula, Vizepräsident der Jüdischen Gemeinde in Warschau
Bewohner von Leoncin
sowie der Reporter der Beilage »Duży Format« (Großformat) der *Gazeta Wyborcza*

Prolog

In diesen Tagen wird der hundertste Geburtstag des Nobelpreisträgers begangen. Der Reporter der *Gazeta Wyborcza* fährt nach Leoncin, um zu sehen, wie die Gemeinde ihren großen Sohn ehrt. Vor seinem geistigen Auge sieht er riesige Scharen von Touristen, Festivitäten, Konzerte – ein Feiertag. Er ist überzeugt, daß der große Sohn für Leoncin eine Gelegenheit darstellt, in der Welt bekannt zu werden. So denkt der Reporter, weil er genügend amerikanische Filme gesehen hat, in denen jede Kleinstadt, die sich mit irgend etwas rühmen kann, das unverzüglich tut. Doch in Leoncin …

Handlung

Der Reporter sucht den Bürgermeister Józef Mosakowski, der jedoch nicht da ist. Zum Glück hat man im Sekretariat seine Telefonnummer.

Reporter: Herr Bürgermeister! Wie gedenkt ihr den hundertsten Geburtstag eures großen Sohnes zu begehen?

Bürgermeister Józef Mosakowski: Bei uns wird es keine Feiern geben.

Reporter: Warum nicht, Herr Bürgermeister? Er ist immerhin ein Nobelpreisträger. Ein weltberühmter Autor. Das winzige, unbekannte Leoncin könnte von seinem großen Sohn doch nur profitieren. Touristen, Geld, eine Integration der Bewohner …

Bürgermeister: Ich will in unserer Gemeinde keine Zwistigkeiten und Exzesse haben. Die Meinungen über Singer sind in der Gemeinde sehr unterschiedlich.

Reporter: Worum geht es, Herr Bürgermeister?

Bürgermeister: Beginnen wir damit, daß man nicht einmal genau weiß, ob er wirklich hier geboren wurde. Es gibt Leute, die behaupten, er sei hier zur Welt gekommen, andere sagen, in Radzymin.

Reporter: Und was wäre Ihnen lieber?

Bürgermeister: Mein lieber Mann! Als wir vor kurzem eine neue Gemeindebibliothek eröffneten, regte ich an, neben dem Eingang eine Tafel für Singer anzubringen, doch den Gemeinderäten schien diese Idee nicht zu gefallen.

Reporter: Wieso?

Bürgermeister: Ich sagte es schon, er weckt Konflikte.

Reporter: Er ist doch ein Schriftsteller. Ein guter Schriftsteller. Bekannt, anerkannt, Nobelpreisträger.

Bürgermeister: Schon möglich, doch er weckt Konflikte.

Reporter: Liegt das vielleicht daran, daß er Jude war?

Bürgermeister: Sicher liegt das daran. Ich will Ihnen sagen, was die Leute in der Gemeinde reden. Sie sagen, in Büchern schreibe man, in Leoncin habe man, solange hier noch keine Juden lebten, bloß Schweinefleisch und Wodka gekannt. Das gefällt den Leuten nicht.

Der Reporter ist verblüfft und geht hinaus auf die Straße, um die Worte des Bürgermeisters zu überprüfen. Er trifft zwei Damen. Eine führt einen kleinen Laden neben der Kirche.

Reporter: Wohnen Sie schon lange in Leoncin?

Verkäuferin: Seit meiner Geburt.

Reporter: Haben Sie von Isaac Bashevis Singer gehört?

Verkäuferin (*überlegt, blickt fragend ihre Kollegin an, schaut dann auf ihre Schuhe, die umliegenden Bäume*): Singer? Singer? Hm? Wissen Sie was? Vor einer Woche hat mich schon einmal jemand nach ihm gefragt.

Der Reporter hält den nächsten Bewohner von Leoncin an: Können Sie mir vielleicht sagen, in welchem Haus Singer geboren wurde?

Bewohner: Singer? Den kenne ich nicht. Hören Sie, ich wohne erst seit vierzig Jahren in Leoncin. Wer soll das gewesen sein, dieser Singer?

Reporter: Ein Schriftsteller. Nobelpreisträger.

Bewohner: Hm. Von dem hab' ich noch nie gehört.

Reporter: Und Ihre Kinder? Haben die von ihm gesprochen? Haben Sie Kinder?

Bewohner: Ja, aber die haben nichts gesagt. Woher sollten die auch davon wissen?

Reporter: Zum Beispiel aus der Schule. Was glauben Sie, warum hier in Leoncin keiner etwas über Singer weiß?

Bewohner: Offensichtlich war nicht viel los mit ihm. Wenn das anders wäre, dann hätte mit Sicherheit jemand etwas gehört von ihm. Aber wissen Sie was: Hier wohnt eine Frau, die ist zwar nicht ganz richtig im Kopf, aber vielleicht weiß die was.

Der Reporter faßt neuen Mut. Singer kann die Bewohner von Leoncin nicht entzweien, weil die Bewohner von Leoncin keine Ahnung haben von Singer. Der Reporter kommt zum Schluß, daß es sich bei Singer um eine politische Angelegenheit handelt, daher kehrt er ins Gemeindeamt zurück, um sich noch einmal mit Amtspersonen zu unterhalten.

Reporter: Warum will Leoncin nicht den Geburtstag Singers feiern?

Gemeinderätin Małgorzata Pelczarska: Weil man erstens nicht weiß, ob er wirklich hier geboren wurde. Die Zweifel in dieser Sache darf man nicht auf die leichte Schulter nehmen. Genaue Daten fehlen.

Reporter (*zitiert Singer*): »Obwohl das unwahrscheinlich erscheinen mag, bewahrte ich schon damals die Erinnerung an zwei frühere Häuser in meinem Gedächtnis: jenes im Dorf Leoncin, wo ich zur Welt kam, und wo mein Vater die Funktion eines Rabbiners innehatte …«

Gemeinderätin: Was diese Zweifel angeht, stimmt es ja gar nicht, daß wir überhaupt nichts tun: Die Lokalzeitung hat immerhin einen Wettbewerb über Singer ausgeschrieben, und sie druckt jeden Monat einen Abschnitt seiner Biographie ab.

Reporter: Soweit ich weiß, wird die Gemeindezeitung von einer Privatperson herausgegeben, der Gemeinderat hat damit nichts zu tun. Ich frage, was die Gemeinde in dieser Sache unternimmt.

Gemeinderätin: Wir sind zur Auffassung gelangt, daß Singer zu schwierig ist für Grundschüler, aus diesem Grund haben wir den Wettbewerb nicht unterstützt. Der sollte sich an Erwachsene richten.

Reporter: Warum hat dann der Gemeinderat nicht einen Wettbewerb für Erwachsene ausgeschrieben?

Gemeinderätin: Sie stellen schwierige Fragen.

Der Reporter hat immer noch nicht die Hoffnung aufgegeben und wendet sich an die zweite Gemeinderätin: Der Bürgermeister sagt, er wollte an der neuen Bibliothek eine Tafel für Singer anbringen, der Gemeinderat sei jedoch dagegen gewesen. Warum?

Gemeinderätin Dorota Stępniewska: Von einer solchen Initiative höre ich zum ersten Mal.

Reporter: Ich habe auch gehört, daß die Bibliothekarin Singer als Patron der Bibliothek haben wollte. Warum sind die Gemeinderäte damit nicht einverstanden?

Gemeinderätin: Weil das Probleme schaffen würde.

Reporter: Was würde Probleme schaffen?

Gemeinderätin: Wie stellen Sie sich eine Tafel für Singer an einem Gebäude vor, in dem sich eine nach Johannes Paul II. benannte Schule befindet?

Reporter: Aber die Schule liegt doch in der nach Singer benannten Straße, und das macht auch keine Probleme.

Gemeinderätin: Sie stellen wirklich schwierige Fragen. Vielleicht könnte der Vorsitzende des Gemeinderates darauf eine Antwort geben.

Der Reporter trifft sich mit dem Vorsitzenden des Gemeinderates: Es ist jetzt hundert Jahre her, daß Isaac Bashevis Singer in Leoncin geboren wurde, doch in der Gemeinde herrscht Schweigen. Die ganze Welt hingegen feiert ihn. In Warschau gab es ein Konzert …

Vorsitzender Sławomir Budnik: Uns hat keiner zu irgendwelchen Feiern eingeladen. Kein Amt, keine Vereinigung, wir haben keinerlei Informationen erhalten.

Reporter: Und von sich aus kann die Gemeinde nichts machen?

Vorsitzender: Die Gemeinde ist so arm, daß es nicht einmal für die Schulmilch für die Kinder reicht.

Reporter: Mir geht es darum, daß sich die Gemeinde aus eigenem Antrieb an ein Amt oder eine Vereinigung wenden könnte.

Vorsitzender: Glauben Sie, daß uns jemand Geld geben würde? Das bezweifle ich. Außerdem haben die Bewohner nicht zu erkennen gegeben, daß sie Singers Geburtstag feiern möchten.

Reporter: Und warum haben die Gemeinderäte nicht selber diesen Vorschlag gemacht?

Vorsitzender: Ich kann nicht die Verantwortung für den Gemeinderat übernehmen.

Reporter: Sie sind doch auch Gemeinderat.

Vorsitzender: Ich muß mich auch nicht für mich selber verantworten. Meine persönlichen Ansichten will ich nicht äußern. Dazu bin ich nicht verpflichtet.

Reporter: Und warum haben Sie keine Initiative ergriffen?

Vorsitzender: Ich? Warum ich? Ich vermeide Konflikte. Ich will hier nicht zuviel sagen, aber ich weiß noch gut, was für Konflikte es gab, als jemand die Schule nach Singer und nicht nach Johannes Paul II. benennen wollte. Das will ich nicht noch einmal aufrühren.

Reporter: An der Bibliothek sollte eine Tafel zur Erinnerung an Singer angebracht werden. Die wurde nicht angebracht. Warum?

Vorsitzender: Das kann ich hier und heute nicht beantworten. Wir bräuchten Geld. Und ich weiß nicht, ob man das wirklich haben möchte, denn die Schule trägt doch den Namen von Johannes Paul II.

Reporter: Na und?

Vorsitzender: Ich sagte es schon, da hat es einen Konflikt gegeben.

Reporter: Und wenn man auf die Tafel verzichten und nur die Bibliothek nach Singer benennen würde?

Vorsitzender: Ich sagte es schon, es gibt keine Initiative in dieser Richtung! Im übrigen ist bereits der von der Lokalzeitung veranstaltete Wettbewerb für Leoncin eine große Sache.

Reporter: Aber die Gemeinde hat doch den Wettbewerb gar nicht unterstützt.

Vorsitzender: Wir haben kein Geld für einen Preis, für die Kinder ist aber ein Preis wichtig. Da kann ich auch nichts machen, mein lieber Herr. Ich werde nicht hergehen und Sponsoren suchen.

Der Reporter ist endgültig zur Überzeugung gelangt, daß mit den Behörden in Leoncin etwas nicht stimmt. Aber was? Um diese Frage zu klären, geht er zur Pfarre: Herr Pfarrer, warum will in Leoncin keiner über Singer reden?

Pfarrer: Ich weiß gar nichts. Ich bin erst seit eineinhalb Jahren hier. Der vorige Pfarrer könnte sicher etwas dazu sagen.

Reporter: Wo finde ich den?

Pfarrer: Der ist leider schon tot.

Reporter: Und Sie selber fragen die Leute nicht? Singer ist doch ein Nobelpreisträger, ein weltberühmter Schriftsteller, hier geboren. Herr Pfarrer, ist es nicht seltsam, daß die Leute nicht über Singer reden wollen, daß viele gar nichts von ihm wissen?

Pfarrer: Was soll ich denn fragen? Wo soll ich fragen? Soll ich etwa von der Kanzel herunter fragen?

Reporter: Warum eigentlich nicht? Außerdem besuchen Sie doch in der Weihnachtszeit die Pfarrkinder und reden mit ihnen. Haben Sie nie über Singer gefragt?

Pfarrer: Wenn ich zu Weihnachten durch die Pfarre gehe, rede ich über Angelegenheiten der Pfarre.

Reporter: Das heißt worüber?

Pfarrer: Darüber bin ich Ihnen keine Auskunft schuldig.

Die weltlichen Stellen haben enttäuschend reagiert, die geistlichen ebenfalls. Die letzte Hoffnung liegt in der Schule, denkt sich der Reporter, und begibt sich in die nach Johannes Paul II. benannte Grundschule, die in der Singer-Straße liegt. Seine Hoffnung erhält Auftrieb, als er im Schulkorridor eine große Aufschrift liest: »Der Mensch ist nicht durch das groß, was er besitzt, nicht durch das, wer er ist, sondern durch das, was er mit anderen teilt«, Johannes Paul II.

Reporter: Frau Direktorin, warum will in Leoncin keiner über Singer reden? Was ist hier los?

Direktorin (*sie will ihren Namen nicht nennen und ist überhaupt sehr aufgebracht*): Hat Sie die Lokalzeitung geschickt? Sicher geht es um den Wettbewerb. Ich habe den Lehrern den Vorschlag unterbreitet. Sie meinten, die Lektüre Singers sei für Grundschüler zu schwierig.

Reporter: Das heißt, die Schule hat ihn abgelehnt?

Direktorin: Nein, sie hat ihn nicht abgelehnt. Sie nimmt einfach daran nicht teil. Die Teilnahme an einem Wettbewerb ist freiwillig, und wir haben sehr viele Angebote in dieser Richtung – wir spezialisieren uns auf ökologische

Wettbewerbe. In nächster Zukunft wollen wir an einem historischen Wettbewerb über den Jänneraufstand 1863 teilnehmen.

Reporter: Und was ist mit Singer? Er wurde hier geboren, und heuer wird sein hundertster Geburtstag begangen.

Direktorin: Ich habe Singer gelesen. Ich habe seine Bücher zu Hause stehen. Ich habe den Vorschlag gemacht, die Straße, in der die Schule liegt, nach ihm zu benennen. Vor kurzem wurde in der Schule eine Singer gewidmete Wandzeitung ausgehängt. (*Die Direktorin sucht sie.*)

Reporter: Helfen Sie mir zu begreifen, warum in Leoncin keiner Singer feiern möchte.

Direktorin: Ich mache keine Meinungsumfragen. Ich habe keine Ahnung.

Der Reporter blickt eine Weile auf die Kinder, die durch die Singer-Straße laufen. Ihm kommt die Idee, mit der Bibliothekarin zu sprechen, die vorgeschlagen hat, eine Tafel für Singer anzubringen. Sie treffen sich in der Bibliothek: 19 000 Bücher, darunter alle in Polen erschienenen Werke Singers.

Reporter: Die Gemeinde hat die Werke Singers angekauft?

Bibliothekarin Barbara Lewkiewicz: Es ist gelungen, vierzehn Titel zusammenzutragen. Den fünfzehnten hat eine Bewohnerin von Leoncin der Bibliothek gespendet.

Reporter: Lesen die Leute das?

Bibliothekarin: Es gibt welche, die es lesen, aber er ist ein spezifischer Autor, nicht für alle geeignet. Wenn ich die Menschen ermutige, bekomme ich manchmal zu hören, er sei Jude, sie würden das nicht lesen. Dann sage ich ihnen: »Legt eure Rassenvorurteile hier im Regal ab, und nehmt euch ein Buch aus dem Regal.« Eine Dame ließ sich überreden, und als sie das Buch zurückbrachte, sagte sie: »Ein interessanter Autor.«

Reporter: Haben Sie in der Gemeinde den Vorschlag gemacht, die Bibliothek nach Singer zu benennen? Wollten Sie, daß eine Tafel für ihn angebracht wird?

Bibliothekarin: Ich war der Ansicht, wir sollten das zum fünfundzwanzigjährigen Jubiläum der Zuerkennung des Nobelpreises machen, also am 10. Dezember. Dann dachte ich, zum hundertsten Geburtstag. Jetzt hoffe ich, daß es irgendwann gelingen wird. Aber bis dahin schaut es traurig aus.

Reporter: Warum ist es nicht gelungen?

Bibliothekarin: Darüber will ich nicht reden.

Der Reporter trifft sich mit der Redakteurin der Zeitung »W Otulinie«. Sie hat den Wettbewerb für Singer ausgeschrieben, die Zeitung publiziert auch seine Biographie. »W Otulinie« wird von Leuten gemacht, die erst seit kurzem in Leoncin wohnen und sich bemühen, ein wenig städtische Hektik in die gemächliche Idylle des Ortes zu bringen.

Reporter: Nur ihr hier sprecht in Leoncin ungezwungen über Singer. Wie kam es zum Wettbewerb über den Nobelpreisträger?

Redakteurin Elżbieta Strzałkowska: Das liegt doch auf der Hand, er hat geniale Bücher geschrieben, wurde vor genau hundert Jahren in Leoncin geboren, da ist es schwer, ihn nicht zu feiern. Außerdem wollten wir, daß die Jugend das Leben und Werk Singers kennenlernt.

Reporter: Das ist wohl nicht gelungen?

Redakteurin: Die von uns angeschriebenen Schulen haben nicht geantwortet. Der Bürgermeister hat geschrieben, er wolle das Patronat übernehmen, wenn die Schulen einverstanden sind. Leider wissen wir immer noch nicht, warum die Schulen nicht geantwortet haben. Wir verstehen nicht, warum die Schulen im Unterricht nicht über jemanden reden wollen, der mit dem Nobelpreis ausgezeichnet wurde.

Reporter: Gibt es eine Hoffnung, daß Leoncin einmal Singer schätzen wird?

Redakteurin: Vor einiger Zeit hat eine Lehrerin angerufen und gesagt, ihr gefalle die Idee mit dem Wettbewerb sehr gut. Vielleicht schaut es in einem Jahr besser aus.

Den Reporter quält die Frage, was wäre, wenn Singer in Radzymin zur Welt gekommen wäre? Er fährt also nach Radzymin: von Leoncin nach Radzymin sind es zweiundfünfzig Kilometer, von Radzymin nach Warschau zweiundzwanzig.

Reporter: Wo wurde Singer geboren?

Zbigniew Piotrowski, Bürgermeister von Radzymin: Leider in Leoncin. In Radzymin wohnte er nur ein Jahr (1907), sein Vater war Rabbiner der hiesigen Gemeinde. Ich erinnere mich, daß während einer Konferenz über Singer, die im Oktober in der Nationalbibliothek stattfand, jemand suggerierte, Singer sei in Radzymin geboren. Darauf sagte ich: »Es tut mir leid, daß dem nicht so ist, aber wenn man das so haben möchte, dann soll es so sein.«

Reporter: Hat an der Konferenz jemand aus Leoncin teilgenommen?

Bürgermeister von Radzymin: Nein!

Reporter: Wird Radzymin den hundertsten Geburtstag von Singer feiern?

Bürgermeister von Radzymin: Wir haben einen Erinnerungsstein, dort begehen wir feierlich jeden Jahrestag, es gibt literarische Wettbewerbe und Rezitationsvorträge.

Reporter: Habt ihr kein Problem mit Leuten, die Singer nicht mögen, wegen seiner Herkunft?

Bürgermeister von Radzymin (*holt die Zeitung »Posłaniec Radzyminski« hervor. Auf der ersten Seite ein Text: »Der Zauberer aus Radzymin«, im Inneren: »Ich glaube an die Gemeinschaft der Heiligen ...«, »Papst-Tag in Radzymin«*). Sehen Sie! Das ist beinahe eine Pfarrzeitung, doch auf der ersten Seite steht Singer. Wir kennen solche Probleme nicht.

Reporter: Und was glauben Sie, warum die in Leoncin solche Probleme haben?

Bürgermeister von Radzymin: Das hat mit ihren Komplexen zu tun. In kleinen Gemeinden verbindet man mit den Juden immer noch etwas Pejoratives. Die Losung »Unsere Straßen, eure Häuser« ist dort nach wie vor lebendig.

Epilog

Der Reporter ist überzeugt, daß man nicht unbedingt Geld braucht, um etwas zu erreichen. Oft genügt der gute Wille.

Reporter: Ich rufe wegen Leoncin an. Man feiert gerade den hundertsten Geburtstag des Nobelpreisträgers, und das Städtchen kann sich nicht einmal eine Erinnerungstafel leisten. Die sind wirklich arm. Helft ihr?

Andrzej Zozula, Vizepräsident der Warschauer Jüdischen Gemeinde: Die Idee gefällt uns. Was die konkreten Fragen angeht, würde ich darum ersuchen, daß sich jemand aus Leoncin an uns wendet.

Reporter: Das heißt, ihr seid bereit zu helfen?

Vizepräsident: Man muß prüfen, wie das konkret aussieht, dann werden wir uns das überlegen. Wenn wir uns das nicht leisten können, könnten wir eine andere jüdische Organisation um Hilfe bitten, denn die Sache ist es zweifellos wert, daß man sich ihrer annimmt.

2004

Zdzisław Wolniarowicz

Geheime Sprachlektion

Jana, sechzehn, hat Haare so hell wie weißrussisches Leinen und eine Akte beim KGB, so wie alle Oberschüler, ihre *Batschki* (oder Eltern) und Lehrer.

Ich frage Julia, die in letzter Zeit eine orange Jacke trägt, was sie Präsident Lukaschenka sagen würde, wenn sie ihm begegnete. »Er geht nicht zu Fuß, er wird chauffiert, und dann sperren sie die ganze Straße ab.« Julia denkt nach und wird dabei rot. (Vom Bildschirmschoner ihres Computers lächelt Janis Joplin.) »Ich würde ihm sagen: Ich schäme mich für Sie.«

Am schwierigsten ist es, einen konspirativen Stundenplan zu erstellen.

Vizedirektor Lawon Barschtscheuski kratzt sich an der Glatze. Frau Ludmila, die Biologielehrerin, muß es von der Wohnung in der W-Straße, wo sie die zweite Klasse unterrichtet, in die Garconniere in der B-Straße schaffen, wo sie von der vierten Klasse erwartet wird. Das sind sechs Stationen mit der Metro, einmal umsteigen, quer durch halb Minsk.

Irgendwo in der Metro kreuzt sich ihr Weg mit dem von Frau Dana, der Chemielehrerin, die in ihrer Damenhandtasche ein kleines Glas mit Salzsäure hat, weil sie der zweiten Klasse zeigen möchte, wie sich Lackmuspapier verfärbt. Von komplizierteren chemischen Reaktionen kann man in der Konspiration höchstens träumen.

Der Zeichenunterricht findet wie gewöhnlich im PEN-Club statt.

Sozialwissenschaften in einer Garconniere oppositioneller Studenten.

Leibeserziehungen im Gorki-Park, wenn es wärmer wird.

Ja und dann muß man noch die Computerklasse umsiedeln, weil sonst die Geräte der Miliz in die Hände fallen könnten.

Vor eineinhalb Jahren hat der weißrussische Präsident die einzige Oberschule in Belarus liquidiert, in der in weißrussischer Sprache unterrichtet wurde. Im Humanistischen Lyzeum, benannt nach Jakub Kolas (ein weißrussischer Schriftsteller), war alles weißrussisch, sogar Leibeserziehungen. Die Schule gab es dreizehn Jahre lang. Nach ihrer Liquidierung wurden die Schüler an andere Anstalten zugewiesen. Die meisten weigerten sich. Sie besuchen die illegale Oberschule, die im Untergrund tätig ist. Hundert Schüler, acht Klassen, fünfzehn Lehrer (und achtzehn, die anderswo arbeiten und nach ihren Stunden konspirativ unterrichten).

Damals fuhr in den Ferien keiner weg, die Schüler bewachten die Schule in der Kirow-Straße. Die Eltern paßten auf, daß ihren Kindern nichts zustieß.

Es kamen dreihundert Eltern, sie sagten lachend, sie stünden dort wie die dreihundert Spartaner. Sie sammelten zehntausend Unterschriften, doch kein Beamter wollte die annehmen. Die Kinder sangen Lieder auf ihre Schule und schrieben auf die Gehsteige, daß sie ihr Lyzeum lieben. Die

Miliz war ratlos, dann kam die paramilitärische OMON. Sie trugen sie der Reihe nach hinaus.

Die Behörden schickten Arbeiter ins Schulgebäude. Die klopften etwas Verputz ab und zerschlugen die Fenster, damit es nach Renovierung aussah. Bis heute wurde sonst nichts gemacht.

Die Milizionäre und sogar die gefährlichen Männer der OMON fragten: »Was wollt ihr?«

»In welcher Sprache wird in Frankreich unterrichtet?« fragten die Eltern.

»Französisch natürlich.«

»Na eben, und wir in Belarus wollen weißrussischen Unterricht haben. Macht uns zu einer nationalen Minderheit, einem Reservat, doch Russen werden wir nie werden, genausowenig wie die Tschuktschen.«

»Mit der Zeit gewöhnt man sich sogar an die Geheimen«, sagt Anias Mama lachend. »Ich gehe mit einer anderen Mutter die Kinder abholen, und einen Schritt hinter uns geht einer vom KGB, der ständig die Ohren spitzt. Da drehe ich mich um: ›Schämen Sie sich denn gar nicht, vielleicht wollen wir uns über intime Frauenprobleme unterhalten.‹«

Die Milizionäre eines Kommissariats ersuchten die streikenden Kinder, auf die andere Straßenseite zu gehen – dort war schon ein anderer Posten zuständig. Was sollen sie machen mit einem Kind, das durch Minsk spaziert mit dem großen Buchstaben »I« auf dem T-Shirt? Wenn die Kinder nebeneinander stehen, ergibt das den Schriftzug »*Ja lublu licej*« (Ich liebe das Lyzeum)? Was sollen sie tun? Sie dafür verhaften?

Sie schrieben an den Präsidenten der USA, an den Präsidenten Tschechiens. Der schrieb gleich zurück: »Euer Václav Havel.«

Am 1. September 2003 fanden die Schulstunden auf der Straße statt. Vor der Schule standen OMON, Miliz und Eltern. Dann fanden sie einen Saal im Schriftstellerverband. Die Eltern stellten die Bücherregale so geschickt um, daß zwei getrennte Klassenräume entstanden.

Am nächsten Morgen waren die Schlösser ausgetauscht und der Strom abgeschaltet.

Sie fanden einen Saal in der »roten« Kirche. Die Eltern begannen diese herzurichten, schleppten Möbel heran. Ein Telefonat aus dem Ministerium für Glaubensfragen, und man gab ihnen zwei Stunden, um das Lokal zu räumen.

Ich spaziere mit einer Gruppe konspirativer Oberschüler durch Minsk.

Pawel, Maturaklasse, Schauspieler im Schultheater, spielt Gitarre und singt Lieder über die Liebe. Er spricht hervorragend Polnisch. In der Schulaufführung der Komödie »Paulinka« von Janek Kupala hat er einen Polen, Herrn Adolf, gegeben.

Der langhaarige Franak Wiatschorka, sechzehn, er maturiert heuer, fährt in ein paar Tagen nach Genf, wo er auf Einladung von Amnesty International über die Verletzung der Menschenrechte in Belarus sprechen soll. Er wird auch über die Schule berichten. In »Paulinka« spielte er einen armen Weißrussen. (Adolf und der weißrussische Bursche lieben Paulinka, eine Weißrussin. Adolf nützt seinen Einfluß beim Militär und schickt den Burschen in den Krieg, um den Widersacher loszuwerden. Doch Paulinka zieht den Weißrussen vor).

Alle vierzehn Tage gestaltet Franak in »Radio Swoboda«

eine Jugendsendung. Zu verschiedenen Themen: »Selbstmord«, »Wo man ein Piercing trägt«, »Zivilgesellschaft«, »Wann haben Jugendliche zum ersten Mal Sex?«, »Woran glaubst du?«, »Was ist Demokratie?«

Max interessiert sich für Film, er träumt davon, an der Kunstakademie in Berlin zu studieren. Er sagt, ein ausländisches Diplom sei mehr wert als zwei weißrussische.

»Die ersten 100 Dollar habe ich mit dem Verkauf von Hamstern verdient«, erzählt er. »Ich war zwölf. Ich kaufte ein Paar für zwei Dollar.« (Ganz Belarus rechnet in Dollar.)

Er verkaufte sie auf der Straße, in dem einen Glas Weibchen (40 Cent), in einem anderen Männchen (30 Cent). Kurz darauf hatten alle im Viertel Hamster. Der Markt war gesättigt. Er hatte 100 Dollar verdient. Jetzt hat er 300 Euro auf dem Konto. Er zahlt zu seinem *Mobilnik* (Handy) dazu. Zuletzt hat er sich selber eine Grippeimpfung spendiert.

Julia zieht sich bunt an, sie liebt die Filme von Kieślowski, Blues, Tom Waits und guten weißrussischen Rock (auch der ist schon im Untergrund). Als sie fünfzehn war, fuhr sie per Autostop durch die Krim. Sie möchte einmal Expertin für PR werden.

Sie beherrschen hervorragend Fremdsprachen und fluchen nicht weißrussisch, aus Achtung vor dieser Sprache. Sie sind herzlich, belesen, haben keine Komplexe. Sie sehen aus wie ihre polnischen Altersgenossen, Jeans aus Moskau, Blusen von Reisen nach Polen, sie kleiden sich ein bei Kiosken mit gebrauchter westlicher Kleidung und auf Basaren.

Wir kommen an der beleuchteten Residenz des Präsidenten vorbei. »Luka, luuuuuuu«, sie zeigen mit dem Daumen nach unten und lachen. Leise, für eine Beleidigung des Präsidenten drohen zwei Jahre.

Ein Block an der W-Straße. In die Gegensprechanlage sage ich »ein Unsriger«. Der Diensthabende mustert mich durchs Guckloch. Schlösser knirschen.

Am Morgen sammeln sich die Oberschüler vor dem Häuserblock und marschieren dann alle gemeinsam hinein. In der Pause gehen sie nicht vor die Tür. So wenig Fußgetrappel und Schlagen der Stahltüren wie möglich. Die *Stalinowki*, die alten Stalinistinnen, vom zweiten Stock hinterbringen alles der Miliz. (*Batschka* Lukaschenka sieht es gern, wenn du deinen Nachbarn denunzierst.)

Drei kleine Zimmer, im ersten Geographie, im zweiten Mathematik, im dritten Biologie. In der kleinen Küche (gleichzeitig Lehrerzimmer, Büro des Direktors, Kantine, Bibliothek und Schlafzimmer des Mathematiklehrers, der aus Mohylew anreist) hält eine junge Germanistin Deutschstunden für einzelne ab.

Frau Dina wartet auf den Beginn ihrer Stunde. Sie hat keine Angst, im Untergrund zu unterrichten. »Hier unterrichte ich nur Chemie, doch für die Akademie der Wissenschaften habe ich die Radioaktivität der Zone um Tschernobyl untersucht. Jetzt versorgen mich die Kollegen aus der Akademie mit ein wenig Säure, Reagenzien. Die echten Versuche werde ich mit den Kindern in Vilnius durchführen, wenn uns das dortige Lyzeum einlädt. Die verfügen über ein richtiges Laboratorium.«

»Und ein Biologiekabinett«, wirft Frau Ludmila ein. »In unserer Schule hatten wir ein schönes Biologiekabinett, mit einer Tafel, einem Schrank mit Präparaten, einem Skelett. Das haben sie alles weggesperrt.«

»Konntet ihr das nicht wegbringen?«

»Na ja, wir haben ohnehin viel weggebracht. Auch das

Skelett, aber Biologie wird einmal hier, dann wieder dort unterrichtet, ich kann doch nicht mit dem Skelett auf dem Buckel durch ganz Minsk laufen.«

Ich lade mich zu einer Geographiestunde ein. Vor den Fenstern Gitter, alles eng. Jana, die Haare so hell wie weißrussisches Leinen und eine Akte beim KGB hat, referiert über das Klima der Tundra. Sie will Touristik studieren, vielleicht in Polen. Sie hat bei der weißrussischen Geographie-Olympiade den zweiten Platz belegt. Damals, im Frühjahr 2003, war die Schule noch legal. Jana gewann 90 000 Rubel, die sie jedoch nicht bekam; als das Ministerium nämlich die Preise ausbezahlte, war die Schule bereits liquidiert.

Abends ist Minsk hell erleuchtet und bunt. Auf einer großen Reklametafel wechselnde Bilder. Einmal ein Mercedes der A-Klasse, dann eine Schule für Fremdsprachen, schließlich ein schnurrbärtiger Milizionär mit nach hinten geschobener Mütze, der einer Babuschka mit Kopftuch zulächelt, dazu der Text: »Stets nebenan.«

»Was ist das für eine bunte Straße?« frage ich.

»Die Kommunistitschna.«

»Und die?«

Die Marxa, die in die Engelsa mündet«, sagen die Oberschüler und grinsen.

Auf der Komsomolskaja strahlt ein Laden von »Boss«. Daneben, auf dem Lenin-Square, treffen sich die lokalen »Metalheads«. Wir gehen am Dzierzynski-Denkmal vorüber. Vor dem McDonalds versammeln sich die *Maschory*, die Kinder der Reichsten (die neuesten *Mobilniks*, Leder, goldene Ringe, sie sprechen im Jargon der neuen Russen).

In einem Uniwermag sind die Verkäuferinnen als Häschen verkleidet (als wir zu fotografieren beginnen, nimmt eine die langen Ohren ab, sie schämt sich). Promotion vor den Feiertagen. Im Laden Sicheln, Hämmer, Werkzeuge, Rohre, Kristall und Nahrungsmittel. (Eine Bekannte, die Belarus seit Jahren kennt, sagt, diese neuen Formen des Regimes im Osten seien ganz anders als unser Kommunismus. »Eine Mischung von Totalitarismus und Konsumdenken. Eine Kreuzung von Polizeiknüppel und Mobiltelefon.«)

»Schön habt ihr's hier.«

Franak: »Das bunte Bild ist für Leute wie Sie. Saubere Straßen, Lichter. Und alle Augenblicke ein Staatsfeiertag. Fahren Sie einmal aus der Stadt hinaus oder in eines der Block-Viertel. Dort gibt es im Uniwermag einen großen Schweinskopf und eine dicke Baba, die dir kein Restgeld herausgibt, weil sie keine Lust hat. Und dann stänkert sie noch: ›Sprecht russisch!‹«

Als mir die Oberschüler ein dunkles Gebäude in der Kirow-Straße zeigen, haben sie Tränen in den Augen. »Die Fenster im ersten Stock, das war unser Turnsaal, mit Blick aufs Stadion von Dynamo Minsk. Und dort war das Physikzimmer. Oh! In der Buchhaltung brennt Licht.«

Wir trommeln an die Tür. Eine Frau mit einem roten Blechtäfelchen »Innenministerium« auf der Brust läßt uns nicht hinein. »Demnächst wird hier ein Gericht sein«, keift sie.

Wir sollen uns davonmachen.

Das Gebäude steht seit eineinhalb Jahren leer. Im Sommer haben Lastwagen die Bücher weggebracht.

»Unsere Bibliothek«, seufzt Julia.

»Wir hatten die größte Sammlung weißrussischer Bücher in Belarus.«

In sowjetischen Zeiten gab es hier eine Schule des Komsomol. Im Jahre 1990, zur Zeit des weißrussischen Tauwetters, als der Demokrat Stanislaw Schuschkewitsch Staatsoberhaupt war, gründeten ein paar Enthusiasten die Oberschule und ein Zentrum für die weißrussische Kultur. Sie studierten westliche Psychologen, neue pädagogische Konzepte. Die Schüler sollten ihre Schule lieben. Theater-, Musik-, Zeichenunterricht. Alles weißrussisch. Wenn Belarus einmal frei ist, wird es gut ausgebildete junge Weißrussen brauchen.

Eine Wohnung in der W-Straße, eine Küche, der Untergrunddirektor Uladzimir Kolas ist eben aus Schweden zurückgekommen, von einem Seminar zum Thema Erziehung. Bei der Gelegenheit bemühte er sich gleich, Geld für die Schule aufzutreiben. Bei der Rückreise verlangten die weißrussischen Zöllner 250 Dollar Zoll für seinen alten Laptop. Sie jagten ihm einen schönen Schrecken ein. So viel beträgt die monatliche Miete für die Untergrundwohnung.

Um die Schule zu erhalten, braucht es 100 000 Dollar im Jahr (die legale hatte ein Budget von 150 000 Dollar). Allein die Gehälter der Lehrer machen monatlich 7000 Dollar aus. »So viel verdient ein Schwede allein. Uns hilft die weißrussische Emigration, doch dort gibt es keine Millionäre.«

Die Eltern zahlen monatlich je 25 Dollar (ein Durchschnittslohn in Belarus beträgt 100 Dollar monatlich).

Als die Schule gegründet wurde, war Kolas Regisseur, er drehte Märchen und Dokumentarfilme. Er filmte die polnischen Weißrussen im Gebiet von Białystok, fasziniert von ihrer Kultur, die der Sowjetisierung entgangen war. Das Lyzeum erwarb sich rasch den Ruf einer guten, vielleicht etwas elitären Schule, die man »Kolasowka« nannte, nach Kolas.

Den Behörden war der Ruhm der weißrussischen Schule und ihres Direktors ein Ärgernis, der neue Präsident Lukaschenka steuerte nämlich gerade einen Kurs in Richtung Moskau und gab sich größte Mühe, die weißrussische Sprache zu vernichten. (Nach dem Referendum von 1995 wurde Russisch zur zweiten Staatssprache erklärt, und da die Weißrussen in der UdSSR viele Jahre Russisch gesprochen hatten, begann Russisch bald die weißrussische Sprache zu verdrängen.) Die Behörden erklärten Jakub Kolas zum Namenspatron der »Kolasowka«, damit man die Schule nicht mehr mit Direktor Uladzimir in Verbindung brachte. Wenig später verprügelten unbekannte Täter Uladzimir Kolas, dann seinen Sohn, seinen Bruder und seinen Schwager.

Den ersten Versuch, der Schule das Gebäude wegzunehmen, gab es 1997. Doch damals saßen im Ministerium noch Leute, die mit sich reden ließen. Ich bin auf eurer Seite, sagte dieser oder jener, doch ihr müßt verstehen, von oben wird Druck ausgeübt. Eine Beamtin brach in ihrem Büro in Tränen aus.

Sie suchten nach einem Kompromiß. Kolas legte die Funktion des Direktors zurück und wurde stellvertretender Direktor, der Direktorsposten blieb unbesetzt. In der Praxis änderte sich nichts, doch wenn eine Anfrage von oben kam, konnte man sagen, Kolas sei entlassen worden.

So war Kolas jahrelang sein eigener Stellvertreter.

Alle wußten, daß dieses Spiel nicht lange währen konnte. Die Schule schaffte es bis zum Jahr 2003. Im Mai schickte das Ministerium eine Dame mittleren Alters, die Haare toupiert, der Mund grell angemalt, sie sprach nur Russisch. »Das ist eure neue Direktorin.«

Weißrussisch konnte sie nicht. Eine beförderte Lehrerin

von einer Landschule. Die Oberschüler waren entsetzt. Die Direktorin schloß sich in der Buchhaltung ein, am Ende ließ sie sich in der Schule nicht mehr blicken.

Dann kam eine Kontrolle. Sie prüften die Finanzen, fanden allerdings nichts. Sie prüften das Niveau des Unterrichts. Es war sehr hoch.

»Am 24. Juni war ich bei Vasyl Bykau, der schon sehr krank war«, Kolas richtet seine Brille. »Er sagte zu mir: ›Sie werden euch zugrunde richten, doch ihr müßt euer Gesicht wahren.‹ Am nächsten Tag starb unser großer Schriftsteller, und am selben Tag liquidierte der Ministerrat die Oberschule, es ging angeblich um eine ›Optimierung des Erziehungsprozesses‹. Bis heute weiß keiner, was das bedeuten soll. Es gab zwei Trauerfeiern.«

Die Liquidierung der Schule unterzeichnete der Vater eines der Schüler, er war Sekretär im Ministerrat. »Sie haben mir die Papiere vorgelegt, ich bemerkte gar nicht, was ich unterschrieb«, rechtfertigte er sich.

Am 1. September ging die Schule in den Untergrund. Der Sohn des Sekretärs ebenfalls. Als sich der Vater dafür verantworten sollte, sagte er: »Meinen Sohn habe ich schon immer geliebt, hier arbeite ich erst seit kurzem.« Selbstverständlich wurde er gefeuert.

Direktor Kolas sorgte sich, was geschehen würde, wenn Lukaschenka den konspirativen Schülern den Weg zum Studium verwehrte. Wenn er befehlen würde, die Matura nicht anzuerkennen. Er suchte Hilfe bei ausländischen Botschaften. Die Polen versprachen, wenn nötig, zu helfen. Die Tschechen ebenfalls, die Deutschen führten eine Abstimmung durch. Nur ein Bundesland war dagegen. Kolas wurde in die Deutsche Botschaft in Minsk eingeladen. Der Botschafter stieg auf einen Sessel, um es feierlicher zu machen, und verkündete, die deutsche Regierung anerkenne die Matura der konspirativen Oberschule.

Einführung in die Sozialwissenschaften (eine kleine Garconniere oppositioneller Studenten). Alexej Krukouski spricht, in eine Ecke gedrückt, über den Konfuzianismus. An der Universität Minsk unterrichtet er Philosophie und Logik. Bei den Schulausflügen spielt er Akkordeon.

Alle Lehrer sind erstrangige Fachleute: ein Professor, ein bekannter Schauspieler, Literaten, Autoren von Lehrbüchern, der ehemalige weißrussische Botschafter in Deutschland, sogar ein unabhängiger Rocksänger kommt mit einer Vorlesung.

Nach der Lektion über den Konfuzianismus erzählen mir die Schüler einen alten Witz über Belarus: »Ein Deutscher, ein Pole und ein Weißrusse werden gehenkt. Der Deutsche ist sofort tot, der Pole zappelt ein wenig, stirbt aber auch, der Weißrusse hingegen hängt eine Stunde, einen Tag, eine Woche lang, und nichts geschieht. Wütend nimmt ihn der Henker vom Strick. ›Was ist los mit dir?‹

›Sie haben mich gehenkt, also hänge ich. Anfangs tat mir der Hals weh, aber dann hab' ich mich daran gewöhnt.‹«

Jana ist Katholikin und Julia, ihre Freundin aus der Untergrundklasse, eine rechtgläubige Romantikerin. Sie sagt, die Schule sei ein Verein brüderlicher Seelen. Am Abend bringt uns ein rüttelnder Lift auf das Dach eines Hochhauses hinauf. Noch zwei Stockwerke über vollgespuckte Stiegen, eine Leiter, dann Minsk bis zum Horizont.

»Was leuchtet dort so?«

Max: »Lukis Residenz, aber wir wollen nicht von traurigen Dingen reden.«

Hier, auf dem Dach, hat Julia die erste CD der Doors gehört. Ein Kollege hat ihr diesen Platz gezeigt. Er hat ihr von Janis Joplin, Jimi Hendrix, Bob Dylan erzählt.

Julias Mama leitete jahrelang Rhythmische Gymnastik in einem Kindergarten. Eines Tages beschloß sie plötzlich, nicht mehr in den Kindergarten zu gehen. Das Minsker Avantgardetheater »Ghostica« suchte Schauspieler. Sie war fünfunddreißig Jahre alt, und dort mußte man viel üben, es wurde getanzt wie verrückt. Bei der ersten Vorstellung sorgten sich Julia und ihr Papa, daß Mama zusammenklappen würde. Jetzt beschäftigt sie sich im Theater mit Marketing und Bühnenbild.

Des Theater ist ebenfalls halblegal.

Der Papa, ein Schweißer, begann nach dem Militärdienst in der DDR Handel zu treiben. Kaugummi, Schokolade, Zigaretten. Er hatte drei Kioske, jetzt hat er nur mehr einen. Zum Schülerstreik ging er nicht, er hatte Angst, den Kiosk zu verlieren, von dem die ganze Familie lebt.

Julia summt ein Lied der Oberschule:

Engel der Stadt
Engel unserer Stadt
Haben ihre Flügel abgegeben,
um einst wiederzukehren ...

Die Oberschüler haben bereits zwei CDs mit eigenen Liedern herausgebracht. »*Ja lublu licej*« (Ich liebe die Oberschule) und »*Wjeru w tjabie*« (Ich glaube an dich). Sie geben eine Schulzeitung heraus, *Trykutnik* (Dreieck). Für gewöhnlich 500 Exemplare, doch offiziell nur 299. Ab 300 braucht man eine Genehmigung.

»Legt ihr die Texte der Zensur vor?« frage ich.

»Nein, uns gibt es ja gar nicht«, sagt Franak lachend. »Wir hatten eine Internetseite, aber als sie die Schule zusperrten, tauchte auf der Seite der Schule Pornographie auf.«

»Dort haben sie Franak verprügelt.« Sie zeigen auf den Platz neben dem Palast der Republik (in Minsk nennen sie ihn den »Sarkophag der Republik«).

Am 1. September verkauften Oberschüler und junge Oppositionelle weißrussische Bücher. Sie trugen Transparente: »Ich will weißrussisch unterrichtet werden.« Auf Franak kam ein stiernackiger Kerl mit einer Narbe unter dem Auge zu.

»Er wollte meine Tasche haben. Ich habe sie ihm nicht gegeben. Er rief noch vier Geheime, und sie schleppten mich zum Bus der Miliz. Sie setzten sich auf meine Beine und verdroschen mich.«

»Schlimm?«

»Es hat schon ein bißchen weh getan. Sie hielten uns drei Stunden lang fest. Sie fragten, was mit ihnen geschehen würde, wenn die Opposition siegte. Am Ende entschuldigten sie sich dafür, daß sie uns geschlagen hatten. Das sei nun einmal ihr Job.«

Jana bekam einen Zipfel vom großen Glück zu fassen. Die Organisatoren der Internationalen Geographie-Olympiade in Tampa, Florida, luden erstmals Vertreter aus Belarus ein. Das weißrussische Erziehungsministerium bestimmte eilig die Olympioniken. Das Lyzeum war damals noch legal, daher wurden Kolas' Schüler ausgewählt, weil sie gut Englisch sprechen.

Das Programm kannte Jana auswendig: ein Ausflug nach Miami, eine Begegnung in der Bush Foundation, Interviews, ein Abend im Theater. »Abendkleidung erwünscht«, schrieben die Organisatoren. Mama kaufte also für Jana ein langes Kleid mit Dekolleté und Stola.

»Nie zuvor habe ich so etwas getragen«, sagt Jana und lacht. Jana ist sehr dünn, sie wohnt seit ihrem dreizehnten Lebensjahr allein in einer Gemeinschaftswohnung. Sie ist aus der Provinz gekommen, um in der weißrussischen Oberschule zu lernen. Sie kocht für sich selber, *Mobilnik* hat sie keines, das ist zu teuer.

Sie kam 1988 in der DDR zur Welt, wo ihr Papa seinen Dienst absolvierte, Chemiker und Leutnant der Luftverteidigung der Roten Armee. Jetzt wohnen sie in einer Militärsiedlung, 150 Kilometer von der Hauptstadt entfernt. Papa wurde weißrussischer Major. Mama unterrichtet Mathematik. Jana erinnert sich an nächtliche Alarme und Übungen, von denen die Scheiben zersprangen. Im Hof spielten sie »räuberische Kosaken«. Die Kosaken denken sich eine Losung aus und verstecken sich. Wenn man die Losung nicht erraten kann, fängt man einen Kosaken und unterzieht ihn einem Verhör.

Jana liebt die Schule. Sie kommt nicht zu spät, wird nicht krank. Einmal hatte sie die ganze Nacht Bauchschmerzen. Die Rettung brachte sie ins Spital. Drei Tage lang wurde sie untersucht, ob es nicht der Blinddarm war. Wie viele Stunden sie damals verloren hat. Dabei lernte sie gerade für die Olympiade in Amerika.

Damals hatte die Schule bereits Probleme, die Schüler liefen durch Minsk mit T-Shirts mit der Aufschrift »*ja lublu licej*«. Jana sollte in Amerika die Ehre der Schule verteidigen. Sie wußte alles über jeden amerikanischen Staat, wie man seinen Weg durch die großen Städte findet, weil die Gastgeber einen Orientierungslauf vorbereitet hatten.

Hundertmal überprüfte sie ihren Reisepaß. Nach Amerika sollte sie nicht ihre Geographielehrerin begleiten, sondern eine Dame vom Ministerium, die zu allen ausländischen Olympiaden fährt. Flug nach Moskau. Eine Nacht am Moskauer Flughafen. Sie machte kein Auge zu. Am Morgen stand die Maschine der Lufthansa auf dem Rollfeld, sie gaben die Taschen zur Kontrolle ab, da stellte sich heraus, daß der Dame vom Ministerium ein Stempel im Paß fehlte. Sie fuhren zurück.

»Eine Woche lang habe ich nicht gewußt, was mit mir los ist, wo ich bin.« Janas Stimme zittert.

Die Eltern sind sicher, daß dahinter die Wühlarbeit der Leute Lukaschenkas steckte.

»Verbieten konnte er es nicht, dann hätte es ein Geschrei gegeben, daß er den Kindern ein Unrecht zufügt, aber insgeheim, ein Stempel ... Luka konnte nicht zulassen, daß Belarus in Amerika durch ›konspirative‹ Oberschüler vertreten wird, verstehen Sie. Wie hätte das ausgesehen, wenn die noch gewonnen hätten? Vor kurzem sagte Lukaschenka, wir seien eine Sekte. Seine beamteten Handlanger verbreiten das Gerücht, unsere Schule sei ein Hort des Nationalismus, ja wir bildeten weißrussische Prostituierte für den Westen aus.«

Vizedirektor Lawon Barschtscheuski (er unterrichtet Deutsch und Weltliteratur) wird von den Eltern der Schüler »ein echter Kämpfer« genannt: »die Augen fürchten sich, die Hände arbeiten«. Manchmal zeigt auch er Nerven, zum Beispiel wenn jemand vom Untergrund einen Schlüssel der Schule verloren hat.

Früher war er Abgeordneter zum Parlament, zur Zeit des weißrussischen Tauwetters. Der Ausbildung nach ist er

Pädagoge und Germanist. Nach Bykau führt er den Vorsitz im weißrussischen PEN-Club. Er spricht gut Polnisch, daher wurde er 1981, als sich die sowjetische Armee auf die Intervention in Polen vorbereitete, einberufen. Er sollte den Polen die sowjetischen Verordnungen übersetzen.

»Wir warteten in Brest auf den Befehl zum Einmarsch. Damals war ich kein Oppositioneller. Ich wußte nur, was einen Weißrussen von einem Russen unterscheidet. Mama war eine Russin, ungestüm, aggressiv, und der Papa ein typischer Weißrusse, sanft und tolerant. Er hat seine Frau aus Sibirien mitgebracht, als er von der japanischen Front heimkehrte.«

In Brest gab es nichts zu tun, daher las Lawon den *Tygodnik Solidarności*, die Wochenzeitung der »Solidarność«. Als Jaruzelski das Kriegsrecht ausrief, freute er sich. Damals glaubte er, es sei besser, wenn die Polen selber Ordnung bei sich machten. Er kehrte nach Hause zurück, doch die Lektüre begann zu keimen.

Wenn du der Meinung bist, Weißrussisch sei für einen Weißrussen die wichtigste Sprache, und wenn du im Kaffeehaus um »*rachunek*« (die Rechnung) bittest, und nicht russisch »*stschot*«, wenn du »*dobry dzien*« sagst statt russisch »*sdrastwujtie*«, dann bist du den Behörden bereits suspekt.

Vor dem Palast der Republik sprechen wir ein paar junge Weißrussen auf weißrussisch an. Ein Traktorist, ein Konditor, ein Gasarbeiter und ein Friseur trinken miteinander Bier. (In Belarus darf man überall Alkohol trinken. Zwei Mädchen neben uns süffeln weißrussischen Cabernet aus der Flasche.) Sie antworten russisch, daß sie nicht weißrussisch sprechen wollen, weil wir sonst glauben könnten, sie seien Tölpel vom Land.

»Wozu brauche ich Weißrussisch?« fragt der Gasarbeiter. »Russisch kann ich mich überall verständigen, in Paris, in London, in Amerika. Eine Weltsprache.«

»Und euer Präsident, welche Sprache spricht der?«

»Na, ganz einfach, *Trasjanka*«, prustet der Gasarbeiter, und dann ernst: »Lukaschenka ist ein guter Kerl, er ist in Ordnung. Er bekommt unsere Stimme. Ihr werdet sehen, bei uns wird es alles geben«, der Gasarbeiter wedelt mit der Bierflasche. »*Mobilniks*, Autos, Internet, Computer. In Rußland gibt es Krieg gegen Tschetschenien, und bei uns herrscht Frieden. Was brauchen wir mehr?«

Lukaschenka hat einmal gesagt, es gebe nur zwei Sprachen, in denen man wirklich tiefe Gedanken ausdrücken könne: Russisch und Englisch.

»Er selber spricht keine davon«, kommentieren die Oberschüler.

Trasjanka ist eine Mischung, weder Russisch noch Weißrussisch. Daher weiß man oft nicht, was er eigentlich im Sinn hat. Und dann sind da noch seine sprachlichen Schnitzer, über die ganz Belarus lacht.

Im Parlament saß Barschtscheuski in derselben Oppositionsbank mit Lukaschenka. »Er war eine marginale Figur. Wir brachten ihm bei, was Demokratie ist. Als ich ihm vom Lyzeum erzählte, daß es sich um eine moderne Schule handelt, alles weißrussisch, nickte er verständnisvoll. Als er Präsident wurde, deutete nichts darauf hin, daß er mit der Russifizierung beginnen würde.«

»In einer konspirativen Versammlung der Eltern«, erzählt Barschtscheuski, »fragte ich provokant, ob es ihnen geschadet habe, daß sie jahrelang Russisch gelernt hätten. Sie waren nicht empört. Eine Mama mit großer Brille antwortete ganz ruhig weißrussisch: ›Wir wurden in der Sowjetunion geboren, haben dort gelebt. Es sollte eine sowjetische Gesellschaft geben, mit einem einheitlichen Denken, mit einer Sprache. Doch heute haben wir unser eigenes Land, wir wollen unsere Geschichte kennenlernen, unsere Sprache. Wir verfallen in keinen Nationalismus. Wir wollen, daß unsere Kinder zu Europäern werden, so wie die Polen, die in der Schule polnisch unterrichtet werden.«

Franak und die übrigen Maturanten des heurigen Jahrganges stehen vor einem Problem: ob sie die Aufnahmeprüfung zum Studium Russisch ablegen oder ob sie auf Weißrussisch bestehen sollen. Dann verringern sich ihre Chancen. Die Kinder vom Land haben obendrein von vornherein einen Drei-Punkte-Vorsprung wegen ihrer Herkunft. Wenn man die Aufnahme nicht schafft, ziehen sie dich am Ende noch zum Militär ein und schicken dich in die Tschernobyl-Zone.

Im Vorjahr schafften fast alle die Aufnahme. Nur eine Oberschülerin wollte unbedingt Schauspielerin werden, schaffte das allerdings nicht. Einige studieren in Polen, in Tschechien, in Deutschland, in Litauen.

»An der Universität gibt es 50 Prozent Ideologie, dort werden unsere Kinder gebrochen, daher ist es besser, sie studieren im Ausland«, erklärt Barschtscheuski.

Die Dreizimmerwohnung in der W-Straße hat Wiktor gemietet, der Papa Kaziarynas aus der zweiten Klasse, die Jiu-Jitsu trainiert und Psychologin werden möchte. Für die Miete legen alle Eltern zusammen. Wenn die *Stalinowki*, die alten Stalinistinnen, ihnen die Miliz auf den Hals schicken, sagt Wiktor jedes Mal, er wohne hier mit seiner Tochter, und zu seiner Tochter kämen täglich viele Besucher.

Leider haben sie schon die erste Strafe bezahlt.

Die Behörden sagen: »Du verwendest das Wohnlokal nicht widmungsgemäß.«

Wiktor: »Beweist es.«

Die Behörden: »Beweise du, daß es nicht so ist.«

Und sie schnalzten ihm 19 000 Rubel hinauf, das ist nicht viel, aber man muß es bezahlen. »Wenn du bezahlst, heißt das, daß du dich schuldig bekennst. Ein Unschuldiger würde nicht bezahlen«, sagen sie und verstärken den Druck.

»Genauso ist es mit den Vorschriften, den Steuern, die sich ständig ändern. Man muß immer auf der Hut sein. Ich aber bin ein verlauster Floh«, Wiktor lacht und breitet die großen, ölgeschwärzten Hände aus. Er ist Ingenieur – in einer staatlichen Fabrik hat er einen Teil einer Halle gemietet, wo er Teile für Gebrauchtwagen herstellt, die Weißrussen aus dem Westen holen. Ein Kapitalist, der den Direktor einer heruntergewirtschafteten Fabrik schmieren muß.

Doch sogar kleines Business bedeutet ein winziges Stück Unabhängigkeit. Daher hat Lukaschenka schon vor einiger Zeit verkündet: »Die privaten Geschäftemacher sind verlauste Flöhe, ich werde sie zerquetschen.«

»Wenn du einen Frosch in siedendes Wasser gibst, springt er heraus, doch wenn du ihn in kaltes Wasser steckst und dieses langsam erhitzt, kannst du den Frosch am Ende gar kochen. Das ist Lukaschenkas Methode«, sagt Wiktor. Für seine Tochter wünscht er sich eine ganz andere Welt. In der konspirativen Schule hat er eigenhändig lange Leisten an der Decke angebracht und Glühlampen aufgehängt, damit sie es heller haben. Er nagelte gebrauchte Tische zusammen. Für die Tafel haben sie zusammengelegt. Sie haben *Mobilniks* für die Kinder gekauft. »Wenn dich jemand anhält, brauchst du keine Angst zu haben, schließlich hast du nichts gestohlen. Ruf an, ich hole dich heraus.«

»Sie haben uns ein paarmal gefilmt, wir haben Akten im KGB, sie wissen, wie sie Druck auf uns ausüben müssen. Doch offiziell existieren wir nicht, daher tut ein gewöhnlicher Ministerialbeamter so, als würde er uns gar nicht wahrnehmen. Erwachsene spielen Kinder. Und unsere Kinder werden erwachsen.«

Die längsten Haare in der Oberschule hat Ania. Sie hat sie noch nie abgeschnitten. Als sie ihr bis zur Schulter reichten, besuchte sie noch die Dorfschule, sechzig Kilometer von Minsk entfernt. »Die Leute sind vom Morgen an betrunken, Kolchosen-Leben.«

Sie wohnt mit Mama im Studentenheim, Papa ist im Dorf geblieben. Auf der zweiten CD der Schule singt Ania im Trio mit zwei Freundinnen das Lied »Schmerz«:

Verschiedene Menschen leben auf Erden.
Jeder hat seine Gedanken.
Manche wollen sich Menschen nennen.
Andere vielleicht eher nicht.
Doch wir haben das Recht, in Würde zu leben.
Warum wollen sie uns das nehmen?
Ich spüre das Seufzen meines Herzens.
Es schmerzt wegen der Sprache.
Es schmerzt wegen des Volkes.
Sein Schmerzt sticht
Wie Stacheldraht.

Ania besucht einen Kurs für Bauchtanz. In letzter Zeit ist an der Schule alles Östliche in Mode: Kampfkunst, Yoga. Kola aus der vierten Klasse trainiert Thai-Boxen.

Anias Mama, Regina, unterstützt den Bauchtanz, weil Bewegung gesund ist. Regina unterrichtet an der Akademie für Leibesübungen. Sie fürchtet um Anias Gesundheit, denn die Tochter ist sehr ehrgeizig.

Als die Schule in den Untergrund ging, fanden die Eltern ein Gesetz, das es den Kindern erlaubt, zu Hause zu lernen. Offiziell lernt jeder Schüler extern. Jedes Jahr legen sie vor einer Kommission eine Externistenprüfung aus allen Fächern ab. Über ein Dutzend Prüfungen. Die Externistenmatura dauert zwei Monate.

Als sich Ania nach der ersten Klasse auf fünfzehn Prüfungen vorbereitete, flehte ihre Mama sie an, nicht so viel zu lernen, daß sie alle mit ausgezeichnetem Erfolg schaffen würde. Sie bot ihr sogar Dollars für schlechtere Noten an, doch Ania saß nächtelang, sie ließ sich nicht bestechen.

»Wenn du wissen willst, was dein Kind denkt«, sagt Regina, »dann hör zu, worüber sie mit ihren Freundinnen am Telefon spricht. Ania redet nur von der Schule. Früher einmal suchte sie nach schönen Schuhen, jetzt sucht sie nach warmen, damit sie sich nicht erkältet, weil sie dann nicht in die Schule gehen kann.

Als sie die Schule zusperrten, machten sie den Versuch, auch mich am Arbeitsplatz zu erpressen. Die Behörden übten Druck aus, die Direktoren der Bezirksschulen riefen zu Hause an: ›Wo ist euer Kind, es geht nicht in die Schule, es wird Schwierigkeiten bekommen.‹ Manche haben dem Druck nachgegeben. ›Wenn du nachgibst, stellst du dich gegen deine eigene Tochter‹, habe ich mir gesagt. Wird sie auf eine Mutter hören, die sie und ihre geliebte Schule nicht verteidigt hat?‹

Früher einmal wurde auch ich in der Schule weißrussisch

unterrichtet. Dann befahlen sie, russisch zu unterrichten. Die ganze Geschichte Weißrußlands packten sie in zwei Sätze: ›Bis zum Jahr 17 seid ihr in zerfetzten Lumpen herumgelaufen, mit ausgestreckten Händen, um Essen zu erbetteln. Erst die Sowjetunion hat aus euch Menschen gemacht.«

Ania hat zwei Onkel, Brüder der Mutter, einer wohnt im Kreis Kaliningrad, ein Flieger, er ist um die ganze Welt geflogen. Der zweite lebt nahe der polnischen Grenze und arbeitet in einer Kolchose, für 20 Dollar monatlich, als gewöhnlicher Traktorist. Zu diesen Brüdern ist Mama vor Lukaschenkas Zorn geflohen.

Frau Regina holt eine Zeitung aus der Schublade.

»Im Jahre 1995 schickte ich einen Brief an die *Narodnaja Gazeta*. Es war ein Brief an den Präsidenten Weißrußlands. Um die Behörden in die Irre zu führen, unterschrieb ich ihn mit Zdzisław Wolniarowicz – in Polen gab es damals Balcerowicz, das hat mich auf die Idee gebracht. Ich war wütend, weil Lukaschenka Russisch zur Staatssprache gemacht hatte. Und Jelzin, der hat mich erst aufgeregt! Bei einer Begegnung in der Akademie der Wissenschaften hat er dahergeplappert, Russisch bedeute für Belarus die Zukunft. Ich schrieb in diesem Brief, wir sollten unser eigenes Land aufbauen und nicht schauen, was uns vielleicht der Glaube aus Moskau bringt. Mein Großvater hat die Rotgardisten mit Brot und Salz begrüßt, weil sie ihn von den polnischen Herren befreiten. Dann hat er diese Freiheit verflucht. Er ist in einem sowjetischen Lager beinahe ums Leben gekommen.

Es war ein einfacher Brief, doch er kam im rechten Moment. Die Redaktion druckte ihn auf der ersten Seite ab. Das weitete sich zu einer Affäre aus. Ich war gerade bei der

Familie im Dorf, bei meinem Bruder, da kam eine schwarze Wolga-Limousine in die Kolchose gefahren, und sie fragten nach einem gewissen Wolniarowicz. Ich wurde von den Leuten vom KGB gesucht und von den Journalisten. Ich floh zum zweiten Bruder nach Rußland. Doch es tat mir leid um meine kleine Ania, und dann wurde ich wütend, weil sie offiziell verkündeten, dieser Wolniarowicz existiere gar nicht, es handle sich um eine Falsifikation der Redaktion, die dem Präsidenten eins auswischen wolle. Ich kehrte zurück. Den Chefredakteur traf ich zu Hause an, sie hatten es bereits geschafft, ihn zu entlassen. Ich sagte zu ihm: ›Ich bin Wolniarowicz.‹ Der hat sich vielleicht gefreut. Es gab eine Pressekonferenz, an die zweihundert Leute, Abgeordnete. Sie können sich vorstellen, wie das ist, wenn man aufwacht und plötzlich bekannt ist. Ich erinnere mich noch an eine Schlagzeile: ›Eine Frau, die der Präsident fürchtet.‹ Nur Lukaschenka schwieg. Als existierte ich gar nicht. Das ist seine Methode. Und dann, nach einem Monat, erschien plötzlich auf der ersten Seite einer regierungstreuen Zeitung ein Text, unterzeichnet mit Wolniarowicz, in dem der Kommunismus, der Präsident und so weiter gepriesen wurden. Ich rannte zur Redaktion. Sie lachten mir ins Gesicht: ›Haben Sie etwa das alleinige Anrecht auf das Pseudonym Wolniarowicz?‹ Ich strengte einen Prozeß gegen den Präsidenten an, wegen übler Nachrede, weil er irgendwo gesagt hatte, ich hätte das für Geld geschrieben. Die erste Verhandlung fand nicht statt, weil Lukaschenka nicht erschienen war. Vor der zweiten kam eine Wolga-Limousine angefahren. Eine Frau führte ein Gespräch mit mir. Sie saß bis vier Uhr morgens da. Sie wollten mir alles mögliche einreden, sogar, daß ich es auf Anordnung eines fremden Geheimdienstes geschrieben hätte. Doch am Ende hörte ich das, wovor ich am meisten Angst hatte: ›Du willst doch gewiß, daß deine Tochter heranwächst?‹ Ich sagte nichts, aber zur Verhandlung ging ich nicht hin, und die Sache wurde niedergeschlagen. Einige warfen mir Verrat vor, doch dann wurde es ruhiger. Ich betätige mich in keiner Partei. Keine Politik. Das erzähle ich Ihnen, damit Sie begreifen, worum es bei unserer Schule geht. Wenn man Weißrussisch sprechen will, muß man tapfer sein.«

*

Mitarbeit: Alesia Jelenina

PS: Vielleicht kann eine polnische Schule mit Internat Untergrundschüler einladen. Damit sie von normalen Unterrichtseinrichtungen profitieren können. »Eure Schüler fahren in die Ferien, und wir könnten in dieser Zeit unsere Rückstände aufholen«, sagt Lawon Barschtscheuski. »Ferien können wir im September machen. Leider ist das mit Kosten verbunden. Wir können uns höchstens die Fahrt leisten, doch selber erhalten können wir uns im Ausland nicht.«

2005

Beata Pawlak

Von Nowogródek nach Jasna Góra

Pfarrer Aleksander Zienkiewicz: »Ich dachte mir: Jetzt, jetzt gleich muß ich es ans Licht bringen, und ich lief durch den Korridor in den Saal, wo das Treffen stattfand. Ich hatte große Angst, zu spät zu kommen. Ganz außer Atem platzte ich hinein, stellte mich hin und sagte vor allen Leuten: Ich möchte einen Schatz der polnischen Kultur offenbaren.«

Professor Jacek Kolbuszewski: »Pfarrer Zienkiewicz kam keuchend in den Saal. An jenem Tag waren im Institut für Polnische Philologie, zum Abschluß einer Tagung anläßlich des 170. Jahrestages der Ausgabe der ›Balladen und Romanzen‹, alle Größen versammelt. Der Pfarrer trat vor und verkündete mit bebender Stimme, das Kirchenbuch mit dem Eintrag der Taufe Adam Mickiewicz' sei in Polen, im Kloster Jasna Góra, er selbst habe es gleich nach dem Krieg heimlich von Nowogródek dorthin gebracht.«

Er ist wie sprödes Schilf. Trocken, hochgewachsen. Eine kleine bunte Wollmütze bedeckt seinen Kopf. Die Augen hinter der Brille eingefallen, leicht tränend, rot gerändert.

Pfarrer Aleksander Zienkiewicz' Gedächtnis ist wie eine Schallplatte mit beschädigten Rillen. Heute kann nur noch er erzählen, wie es damals wirklich war, denn weder Pfarrer Dalecki noch die Nazarenerinnen, noch Schwester Małgorzata und Schwester Speranza leben mehr.

Noch vor kurzem hatte Pfarrer Zienkiewicz einen Spickzettel für sein Leben – ein kleines Büchlein, das er vor einem Vierteljahrhundert vollgeschrieben hatte. Das Büchlein hat sich jemand ausgeliehen, und jetzt muß er die Ziffern und Daten selbst entknoten, die Bilder orten, den Ereignissen einen Anfang geben und sie rechtzeitig abschließen. Diese mühselige Arbeit führt manchmal zu nichts. Dann sinkt Pfarrer Zienkiewicz in seinem Stuhl zusammen und sagt mit müder Stimme: »Ich fühle mich nicht wohl.« Er erinnert sich nicht genau, wann er nach Nowogródek gekommen ist. »Es war im Frühjahr 1938«, sagt er, überlegt und erinnert sich, daß der Schnee taute. »Ja, im Frühjahr 1938, denn zwei Monate später waren Ferien, und am 1. September brach der Krieg aus.«

Geboren wurde er in den Kresy, den polnischen Ostgebieten, 150 Kilometer von Wilna. Er hatte im Seminar in Pińsk, im Herzen von Polesie, studiert, dort auch die Weihe empfangen und als Kaplan des Bischofs Kazimierz Bukraba gedient, bis zu dem Tag, an dem dieser ihn zu sich rief und sagte: »Mein lieber Bruder, in Nowogródek hat man Pfarrer Franciszek Piwowarski eingezogen, die Nazarenerinnen haben keinen Kaplan mehr und das Gymnasium keinen Katecheten. Könntest du nicht hinfahren und ihn vertreten?«

Er hatte schon als Kind davon geträumt, einmal in die Heimat von Mickiewicz zu kommen.

In Nowogródek wurde er Kaplan der Nazarenerinnen und Präfekt (so nannte man in der Gegend um Wilna die Katecheten) im Adam-Mickiewicz-Gymnasium, wo »sowohl Lehrer als auch Schüler sehr ausgesucht waren«.

Damals waren in Nowogródek zwei Kirchen in Betrieb. Die erste war die Pfarrkirche, in der am 12. Februar 1799 Adam Mickiewicz getauft wurde, woran eine Tafel erinnerte. (Mickiewicz wurde zwar in dem Weiler Zaosie, 31 Kilometer von Wilna, an Heiligabend 1798 geboren, aber Zaosie hatte keine eigene Kirche, die Taufe fand erst statt, als die Eltern nach Nowogródek umgezogen waren.)

Zu der zweiten Kirche, die den Namen St. Michaelis trug, gehörte die Schule, in die der kleine Mickiewicz gegangen war. Zur Zeit von Pfarrer Zienkiewicz bewahrte man alle Kirchenbücher mit den Geburts- und Taufdaten der Gemeindekinder in St. Michaelis auf. Pfarrer Zienkiewicz weiß nicht mehr, wie viele Bücher es gab und seit wann sie geführt wurden. Er kann sich nur an das eine erinnern. Es war recht groß, schon damals etwas beschädigt, und unter den Einträgen über die Geburten der Gutsbesitzer und Adligen war der Name Adam Mickiewicz. Das Buch betreute der Dekan Michał Dalecki.

Krieg: »Wir hoben Gräben aus.« Einmarsch der Russen in Nowogródek: »Die Straße des 3. Mai, in der die Nazarenerinnen wohnten, wurde in Straße des 1. Mai umbenannt. An Mickiewicz rührten die Russen nicht, nur stellten sie ihm, wo sie konnten, Puschkin an die Seite. Im Oktober 1939 bekam Pfarrer Dalecki von den sowjetischen Behörden die schriftliche Anweisung, alle Dokumente der Pfarrei den zivilen Behörden zu übergeben. »Wir gaben ihnen damals nur bedeutungslose Aufzeichnungen. Das Buch blieb bei uns.« Am 6. Juli 1941 besetzten die Deutschen Nowogródek. Im Sommer 1942 wurde Pfarrer Dalecki verhaftet und erschossen.

Pfarrer Zienkiewicz beschloß damals, es sei sicherer, das

Kirchenbuch bei den Nazarenerinnen unterzubringen, im alten Pfarrhaus, wo es die verschiedensten Verstecke gab.

Am 1. August 1943 erschossen die Deutschen elf Nazarenerinnen. Nur Małgorzata, die als Krankenschwester arbeitete und zum Zeitpunkt der Verhaftung im Krankenhaus war, entkam dem Tod.

An dieser Stelle ist das Gedächtnis von Pfarrer Zienkiewicz außergewöhnlich genau, als hätte er dieses Fragment auswendig gelernt: »Gleich nachdem ich von der Ermordung der Schwestern erfahren hatte, rief ich Małgorzata in die Kirche. Ich weiß noch, sie kniete vor dem Altar, als ich es ihr sagte, aber sie war entschlossen, selbst nachzusehen. Im Morgengrauen ging sie in den Wald. Unweit des Weges fand sie einen frisch aufgeschütteten Hügel. Als sie die Erde beseiteschob, stieß sie auf eine Leiche. Aber das genügte ihr noch nicht. Sie tauchte die Hand tiefer in den Sand, spürte einen Gegenstand und zog ihn heraus. Es war ein Strumpfband mit der Ziffer 7. Małgorzata erinnerte sich, daß mit dieser Nummer die Wäsche von Schwester Sergia gekennzeichnet war.«

Nach dem Tod der Nonnen überlegten die beiden gemeinsam, was sie mit dem Kirchenbuch machen sollten. Schließlich beschlossen sie, es im Pfarrhaus zu lassen, unter der Obhut Małgorzatas.

1944. Die Russen marschierten in Nowogródek ein. Pfarrer Zienkiewicz wurde immer wieder zum NKWD geladen: »Wann fährst du weg?«

Hier taucht in der Erzählung des Pfarrers plötzlich Schwester Speranza (Hoffnung) auf. Sie kam nach der Ermordung der Nazarenerinnen, zwischen 1942 und 1945, nach Nowogródek. Mit Schwester Speranza führte Pfarrer

Zienkiewicz lange Gespräche: Was sollte man machen? Nach Polen ausreisen? Bleiben? Und wenn man ausreiste, sollte man das Buch mitnehmen?

»Besser, man läßt es hier. Es mitzunehmen ist gefährlich, und Nowogródek wird schließlich bald wieder zu Polen gehören«, versuchte ihn Schwester Speranza zu überzeugen. Der Pfarrer überlegte laut: »Vielleicht wird es bald wieder zu Polen gehören, vielleicht zieht sich das aber auch über Jahre. Es ist besser, das Buch mitzunehmen.«

Heute weiß man nicht mehr genau, ob Schwester Małgorzata oder Schwester Speranza das Buch aus dem Versteck im Pfarrhaus geholt und geholfen hat, es zu verpacken. In der Erzählung des Pfarrers wickelt bald die eine, bald die andere das Buch in beiges, flachsähnliches Leinen, stopft es in einen Koffer, hüllt es in Altartücher, legt große Lagen Stoff darüber, damit es schwerer zu finden ist. 1946 fuhr Pfarrer Zienkiewicz mit dem letzten Transport, in einem Viehwaggon, nach Polen, das Kirchenbuch aus dem 18. Jahrhundert zwischen Tischdecken versteckt.

»Es tat mir leid um die Menschen und die Heimat von Mickiewicz. Seine Anwesenheit habe ich während der ganzen Okkupation gespürt. Als die schlimmsten Tage kamen, nahm ich ihn am Arm und spürte seine Unterstützung, auch wenn er jetzt mit Puschkin verheiratet war.«

Im darauffolgenden Jahr gab er in Syców Religionsunterricht, dann kam er nach Breslau. Das Buch verwahrte er in der Schreibtischschublade und deckte es mit Papieren zu, weil er fürchtete, es könne in die Hände der Machthaber fallen. »Von Zeit zu Zeit öffnete ich die Schublade und streichelte es durch das Papier hindurch.«

Doch eines Tages bemerkte er, daß das Buch zu schimmeln begann. Jetzt konnte er nicht mehr auf bessere Zeiten warten, dachte er, jetzt mußte er es in vertrauenswürdige Hände geben. Vielleicht ins Ossolineum? Nein, das war zu gefährlich. Er beschloß: ins Kloster Jasna Góra. Und brachte das Buch selbst nach Tschenstochau.

Hier läßt das Gedächtnis des Pfarrers wieder nach. Er kann sich weder erinnern, wann, noch wem er das Buch übergeben hat. Auf jeden Fall hat er es damals zum letzten Mal gesehen.

Danach verlief Pfarrer Zienkiewicz' Leben fern von Adam. Bis zum 4. Dezember 1992, dem letzten Tag des Mickiewicz gewidmeten Kongresses, als er plötzlich dachte, es sei Zeit, die Geschichte des Buchs darzulegen, und durch den Korridor des Instituts für Polnische Philologie in den Saal lief, in dem kurz danach die Versammlung zu Ende gehen sollte.

Das Kirchenbuch ist immer noch in Jasna Góra. Vater Honorat, der Küster des Archivs, legt jetzt das Buch vor mir auf den Tisch. Vorsichtig öffne ich den Einband aus Kalbsleder, blättere die Seiten aus handgeschöpftem Papier um. Einige Seiten sind zerrissen, man hat sie mit japanischem Seidenpapier unterlegt. (Das Buch war dreizehn Monate zur Restaurierung.) Hier und da ist die Schrift völlig verwischt. Unter der Nummer 315 hat eine unbekannte Hand eingetragen, daß am 12. Februar 1799 Adam Bernhard getauft wurde, Sohn des adligen Ehepaars Mikołaj Mickiewicz, Rechtsanwalt, und Barbara Majewska.

Die Gelehrten, die sich mit Mickiewicz beschäftigten, behauptet Janusz Odrowąż-Pieniążek, Direktor des Literaturmuseums, hätten all die Jahre von der Existenz des Buches gewußt.

»Es war das Geheimnis einer Elite«, sagt dagegen Professor Jacek Kolbuszewski, der erst am 4. Dezember erfahren hat, daß sich das Buch in Jasna Góra befindet.

Wird es dort bleiben? Professor Kolbuszewski sagt, das sei selbstverständlich. Das sei ein symbolischer, geradezu mystischer Ort; hatte doch Mickiewicz selber geschrieben:

»Heilige Jungfrau, die Du Tschenstochau behütest
Und strahlst von Wilnas Spitzem Tor! Die Schutz Du bietest
In Nowogródeks Burg dem Volk, das Dir ergeben!
Wie mich als Kind Dein Wunder wiedergab dem Leben (...)
So wird Dein Wunder uns der Heimat wiederschenken.« *

Schwester Małgorzata blieb bis zu ihrem Tod im Jahre 1966 in Nowogródek. Sie kümmerte sich um die Pfarrkirche.

1945 wurde die erste Exhumierung der Nazarenerinnen durchgeführt. Nachdem im Jahre 1991 der Prozeß der Seligsprechung begonnen hatte, wurden die Leichname in die Pfarrkirche überführt und in einem Sarkophag beigesetzt.

Die St. Michaeliskirche, die nach dem Krieg als Lager für Traktoren gedient hatte, wurde den Gläubigen zurückgegeben. Die Machthaber Weißrußlands haben versprochen, sie zu restaurieren und auch die Schule zu erneuern, die Mickiewicz besucht hat.

Pfarrer Zienkiewicz lebt in Breslau. »Mit mir geht es zu Ende«, sagt er. In seinem Zimmer, an einem langen Nagel in

* Adam Mickiewicz: Pan Tadeusz. Zitiert in der Übersetzung von Rolf-Dietrich Keil, nach: Adam Mickiewicz. Dichtung und Prosa. Ein Lesebuch von Karl Dedecius. Frankfurt am Main: Suhrkamp 1994, S. 236.

der Mitte des Regals, hängt eine Karte von Asien. Bisweilen tritt er an sie heran, schaut auf Irkutsk und Kamtschatka und denkt nach. Dann macht er sich Kaffee. Jemand klopft. Eine Frau hat ihm ein Netz Äpfel und einen Strauß Freesien gebracht. Der vergessene Kaffee wird kalt. In der Kathedrale schlägt die Glocke zum Engel des Herrn. Pfarrer Zienkiewicz wendet das Gesicht zum Fenster und betet laut für die Seelen der Nazarenerinnen.

1992

Jacek Hugo-Bader

Die Revolution sollte doch eine Freude sein

Das Jahr 1920. Die bolschewistischen Truppen stoßen gegen Polen vor. Budjonnys Reiterarmee, in der der junge Jude Isaak Babel dient, hat soeben Shitomir eingenommen. Es ist Freitag abend. Der Samstag, der Sabbat, nähert sich. In dieser »rosafarbenen Leere des Abends« trifft Babel den alten Gedalja, den Besitzer eines Trödlerladens.

> *»Revolution? Nun gut, sagen wir ja zu ihr, zur Revolution; werden wir deshalb aber zum Sabbat nein sagen?« So beginnt Gedalja und umschnürt mich mit den seidenen Gebetsriemen seiner rauchgrauen Augen. »Ja, rufe ich der Revolution zu. Ja, rufe ich ihr zu. Aber sie versteckt sich vor Gedalja und läßt ihn nur das Schießen hören.«*
>
> …
>
> *»Der Pole, der böse Hund! Er packt den Juden und reißt ihm den Bart aus, ach, dieser Hundsfott! Und nun wird er geschlagen, der böse Hund. Das ist großartig! Das ist die Revolution! Und später kommt der zu mir, der den Polen geschlagen hat, und sagt: ›Gib dein Grammophon zum Registrieren her, Gedalja!‹ – ›Ich liebe Musik, Pani‹,*

antworte ich der Revolution. ›Du weißt nicht, was du liebst, Gedalja; ich werd auf dich schießen, und dann wirst du wissen, was du liebst. Ich muß schießen, Gedalja, denn ich bin die Revolution.‹«

»Sie muß schießen, Gedalja!, sage ich dem Alten, »denn sie ist die Revolution!«

*»Aber der Pole hat geschossen, mein lieber Pan, weil er die Konterrevolution ist. Ihr schießt, weil ihr die Revolution seid. Nun, die Revolution ist doch eine Freude, und die Freude duldet keine Waisen im Hause. Gute Taten werden von guten Menschen vollbracht. Die Revolution ist eine gute Tat von guten Menschen. Aber gute Menschen töten nicht. Also machen böse Menschen die Revolution.«**

Gedalja hatte Zweifel. Babel und viele andere Juden hingegen begrüßten die Revolution wie den Messias.

Seit Tausenden von Jahren ungestraft beleidigt, gezwungen, die verächtlichsten Tätigkeiten auszuüben, um dann mit dieser Verachtung die Verfolgung zu rechtfertigen. Die Juden glaubten, die Revolution werde alle Diskriminierungen beseitigen. Die meisten Anhänger fand die Revolution in der Ukraine und in Weißrußland, wo die Mehrheit von ihnen wohnte, da ein Ukas des Zaren ihnen nicht erlaubte, von dort wegzuziehen, und wo jeder Kosakenaufstand unter der Losung aufflammte: *Rizat Schidiw, Lachiw, Jesuitiw!* Schlachtet die Juden, die Polen, die Jesuiten! Aus der jüdischen Jugend rekrutierten sich zahlreiche Mitglieder op-

* Isaak Babel: Die Reiterarmee. Zitiert in der Übersetzung von Dmitri Umanski, nach: Isaak Babel: Die Reiterarmee. Frankfurt am Main: Suhrkamp 1994, S. 39/40. (Lizenzausgabe Volk & Welt, Berlin)

positioneller Parteien, Zionisten, Bundisten, Anarchisten, Soziale Revolutionäre, Menschewiki und Bolschewiki.

Diese Nation, mehr als alle anderen im zaristischen Imperium unterdrückt, verachtet und wehrlos, glaubte an die Worte der »Internationale«. *Kto byl nitschem, tot stanie wsjem*, Ein Nichts zu sein ..., Alles zu werden – und sie schenkte der Revolution zahlreiche Schriftsteller, Agitatoren, Kommissare, Tschekisten und Soldaten, von einfachen Sanitätern bis zu Armeeführern, Trotzki, Sinowjew, Kamenew, Rykow, Kaganowitsch, Jakir, Radek, Swerdlow, Litwinow ... Führer der Revolution, der Räterepublik.

Als die zaristischen Gesetze, die es den Juden verboten, den Ansiedlungsrayon entlang der Linie am Dnjepr zu verlassen, weggefegt wurden, drängten die Juden nach Osten. Wie in Tschechows »Drei Schwestern«: *W Moskwu, w Moskwu!* Nach Moskau, nach Moskau!

Die Menschen aus den Schtetln nahmen Positionen im Parteiapparat ein, in der Staatsverwaltung, in den Räten, in der Wirtschaft, in der Justiz und im Sicherheitsapparat. 1919 entstand die Jüdische Kommunistische Partei.

Der Krieg ging zu Ende. Es begann der Aufbau des neuen Systems. »Das größte Unglück dieses Landes war die Kollektivierung«, sagt Jewsej Grigoriewitsch Hendel, »doch die Juden hatten kein Land, die betraf das nicht.«

»Abgesehen davon, daß sie die Kollektivierung durchführten«, korrigiere ich ihn.

»Die Juden haben sie nicht durchgeführt«, sagt Jewsej Grigoriewitsch und umschnürt mich mit den seidenen Gebetsriemen seiner rauchgrauen Augen. »Die sie durchgeführt haben, waren in erster Linie Bolschewiki, in zweiter noch einmal Bolschewiki, und in fünfter immer noch Bolschewiki. Erst irgendwo an zehnter Stelle waren sie Juden. 1921 wurde die Jüdische Kommunistische Partei den Bolschewiki eingegliedert und die NEP, die Neue Ökonomische Politik, ausgerufen. Die war erst ein Unglück.«

»Warum ein Unglück? Die NEP brachte doch eine Lockerung. Lenin erlaubte für einige Zeit den Besitz privater Produktionsmittel. Kleiner, versteht sich.«

»Sie war ein Unglück, weil die Neue Ökonomische Politik die Juden betraf. Reiche, große Kaufleute, Großhändler, Fabrikanten ebenso wie Trödler, Müller, Schuster, Schneider – das waren in Weißrußland und in der Ukraine Juden. Der NEP-Mann, das war der Jude, der sowjetische *Burschuj*, der Bourgeois. Ein Schimpfwort, so wie der Kulake im Dorf. Mein Großvater war so ein NEP-Mann, weil sie nicht weit von hier, im Städtchen Bobr, zu viert eine Mühle besaßen. Die Mühle war klein, denn auch der Fluß war nicht breiter als dieses Zimmer«, er streckt die hageren Arme von einer Wand zur anderen aus.

»Ziemlich schmal, der Salon, den Sie da haben«, stelle ich fest.

»Dafür ist er lang. Das ganze Regal hat an einer Wand Platz. Aber hören Sie, was weiter geschah. Eine Mühle zu viert, man konnte sich also zur Wehr setzen gegen die Bolschewiki. Wenn er allein gewesen wäre in dem Geschäft, hätte er, wie alle Reichen, nicht überlebt. Aus den NEP-Männern wurden dann *Lischenzi. Lischonnyi*, das heißt, der Bürgerrechte beraubt, dann wissen Sie schon, warum meine Mama und ihre Brüder keine Schulbildung erhielten.«

»Ich weiß es nicht, Herr Jewsej.«

»Weil *Lischenzi* und ihre Kinder keinen Zugang zu höheren Schulen bekamen. Ein Bruder meiner Mama schaffte es sogar ins Moskauer Konservatorium, in die Klasse des berühmten Lehrers Jankelewitsch, doch ein anderer Jude schrieb eine Denunziation, daß er der Sohn eines *Lischenez* war, da haben sie ihn hinausgeworfen. Um wieder zu seinen Rechten zu kommen, fuhr der Großvater mit den Söhnen für drei Jahre in den Fernen Osten, um bei der sozialistischen Industrialisierung mitzuarbeiten.«

Die russischen Juden verwenden russische Vornamen, die sie jedoch von den alten jüdischen ableiteten. Jewsej Grigoriewitschs Vater hieß vor der Revolution sicher Girsch Hendel. Für seinen Sohn dachte er sich den Namen Jejl aus, doch im Amt trugen sie ihn als Jewsej ein.

Die NEP war erst der Anfang. In der Sowjetunion war nichts privat, also war auch der Antisemitismus nicht privat, sondern amtlich. Privat konnte man sich einen Witz ausdenken: Ein Norweger trifft einen Russen und beklagt sich über den strengen Frost. »Sogar der Golfstrom ist zugefroren«, sagt er. »Geschieht ihm ganz recht«, antwortet der Russe. »Verdammter Jude, umkommen soll er!«

Die Jahre 1936–1939, genannt die Zeit des Großen Terrors, sind die finsterste Epoche in der Geschichte der Sowjetunion und Rußlands. Die Juden besitzen hier kein »nationales Fenster«, wie etwa die Polen, die Letten, die Deutschen und sogar die Perser, die eine kleine Minderheit in der Räterepublik bilden. Sie kommen mit allen anderen in der Zeit der Säuberungen innerhalb der Partei, der Verwaltung, des Militärs, im »Industriekomplex«, als Wissenschaftler, Künstler oder NKWDler ums Leben.

Auch Isaak Babel kommt um, der noch 1934, beim Kongreß der Sowjetischen Schriftsteller, die »Muskulatur« der Worte und Reden Stalins in höchsten Tönen gelobt hatte.

Die Ungläubigen aus diversen jüdischen Organisationen, von denen es in Weißrußland 140 gibt, sagen scherzhaft, in der Minsker Jüdischen Gemeinde betrage das Durchschnittsalter neunundneunzig Jahre. Das ist ein wenig übertrieben, doch dank dieses Durchschnitts war es mir vergönnt, in der Minsker Synagoge Jiddisch zu hören. Vor dem Morgengebet stehen die Alten vor dem Gotteshaus und reden über wichtige Dinge. Selten sind sie mehr als zwanzig, außer Freitag abend, vor dem Sabbat. Dann können es, die Frauen mit eingerechnet, sogar dreißig sein. Und das in Minsk, wo vor dem Krieg 150 000 Juden lebten, wo es einmal hundert Synagogen und Bethäuser gab.

Ein Durchschnittsalter von neunundneunzig Jahren, doch was für Gesichter, was für Biographien!

Abram Schilme Berchimfont, Jahrgang 1914, war ein religiöser Jude, ein Chassid, doch er nahm eine Weißrussin zur Frau, weil er in seinem Ort Radaschkowitsche der letzte Jude war. Jedes Jahr steht er am 30. Juni, dem Jahrestag der Vernichtung, ganz allein am Grab der 1210 Juden aus seinem Schtetl und spricht den Kaddisch. Er hat überlebt, weil er in der Roten Armee war, als die Deutschen einmarschierten.

Naum Isaakowitsch Baran, Jahrgang 1920, Vorsitzender der Gemeinde, eine Brust voller Orden von der moldauischen Front.

Michail Michajlowitsch Kantarowitsch, Jahrgang 1925, flüchtete aus dem Minsker Getto und schloß sich der Molotow-Brigade der Schukow-Partisanen an.

Jakow Judelewitsch, Jahrgang 1921, Aktivist des Minsker Verbandes der Jüdischen Kriegsveteranen. Er hat einmal die Dokumente aller 450 Veteranen seiner Organisation durchgesehen und dabei festgestellt, daß 330 von ihnen Hochschulbildung besitzen.

Dawid Wolfowitsch Belnik, Jahrgang 1918, Arbeiter, Veteran dreier Kriege, wie er sagt. 1939 hat er Polen befreit, 1940 Finnland, und ab 1941 hat er gegen die Faschisten gekämpft. Er hat seine gesamte Familie verloren, hundert Personen, darunter seine Frau, drei Kinder und zwölf Brüder.

Chomi Dawidowitsch, Jahrgang 1902, ist Funktionär. Jeden Freitag morgen verteilt er das Brot, das Rabbi Osip Gruzman aus New York für sie einkauft. Endlich erfahre ich, wieviel Gläubige die Gemeinde insgesamt zählt. 42 Brotlaibe, je zwei für jeden Mann.

Der Rabbi hatte eine symbolische Geste im Sinn, er wollte nicht haben, daß seine Gläubigen am Samstag durch die Läden laufen, was ihnen der Glaube verbietet, er wollte, daß sie sich zum Abendmahl setzen, sein Brot brechen und den Gott Israels loben, der sie unter allen Völkern der Welt auserwählt hat. Sie umringen Chomi in einem engen Kreis, so daß man kaum atmen kann, weshalb er sich zur Wehr setzt und alle schlägt und pufft. Ein paar Männer sind heute nicht gekommen, vielleicht wird er jedem drei Laibe geben?

»Wieso drei, wieso drei?« beginnen die alten Frauen zu zetern. »Wenn der Mann nicht kommt, dann steht es der Frau zu.«

Und schon stecken sie ihre Pfoten in Chomis Geschäft, und er haut mit aller Kraft über ihre Pfoten.

Isbrannyj narod, auserwähltes Volk.

Unglücklicher Reb Guzman – er konnte sich nicht vorstellen, daß hier nicht alle genug fürs tägliche Brot haben.

In Minsk hatte jeder Beruf seine eigene Synagoge. Die Schneider hatten ihre, die Schuster genauso wie die Glaser, die Töpfer, die Schäftemacher, und diese dort gehörte den Malern. Sie hat überdauert, weil sich dort während des Krieges eine *piwnaja*, eine Bierstube, befand – die deutschen Gendarmen und die weißrussischen Polizisten gingen dorthin, um bei einem Krug Bier zu sitzen –, und nach dem Krieg wurde dort ein Kindergarten eingerichtet. Eine hölzerne Ruine mit löchrigem Dach. »Den Polen haben sie ihre Kirche zurückgegeben und sie renovieren ihre Kathedrale«, giftet sich ein Alter, »aber in unserer Hauptsynagoge residiert nach wie vor das russische Theater.«

Das Morgengebet findet in den Räumlichkeiten des Kindergartens statt, die krummen Bänke sind mit Wachstuch belegt. Die Alten wissen nicht, wie man betet. Sie sitzen gehüllt in Tallesmäntel, hören Lieder in einer ihnen fremden Sprache, in Hebräisch, schauen in die in New York herausgegebenen Gebetbücher, in denen eine Seite kyrillisch geschrieben ist und die andere in hebräischen Zeichen. Von Zeit zu Zeit reißt der Kantor sie aus ihrem Dösen, sie erheben sich also von den Plätzen und rufen mit ihm aus Leibeskräften *baruch*, was so viel bedeutet wie »gesegnet«.

Nach dem Gebet gibt es für die Männer ein Frühstück (die Frauen warten auf der Bank vor dem Gotteshaus). Trockene Graupen und süßen Tee. Sie essen gierig und hören dem Rabbiner zu, der jiddisch vom heiligen Lubawitscher Zaddik erzählt, einem Absolventen der Sorbonne, der 1940 von Rußland nach New York fuhr, und der allen, die zu ihm um den Segen kamen, einen Dollar gab, zur Erinnerung. Der Rabbi spricht auch über die Sünder, die das Kalb aufstellten, vom Jahrestag der Zerstörung der jüdischen Tempel und vom Tag des Fastens.

Doch die Alten hören ihm schon nicht mehr zu. Sie starren auf die Schüssel voller Graupen, die der Rabbi nicht angerührt hat. Sie fasten die ganze Zeit.

Nach fast zehn Jahren Terror, als der deutsch-sowjetische Krieg ausbrach, dachten die Juden, bei den Deutschen könne es schließlich nicht schlimmer kommen.

Die Erinnerungen an den Ersten Weltkrieg und an die Zeit des Bürgerkrieges, als durch die Ukraine, Weißrußland und Litauen hintereinander die Deutschen, die Polen, die Kosaken, die weißen und die roten Russen zogen, waren noch frisch. Die Leute erinnerten sich, daß alle die Juden geschlagen hatten, mit Ausnahme der Deutschen.

»Meine Eltern erzählten mir, was die Polen gemacht hatten, als sie 1919 in Bobr einmarschierten«, erzählt Jewsej Hendel. »Oder was für einen Pogrom die roten Kosaken von Tuchatschewski angerichtet hatten, obwohl bei denen jeder zweite Kommissar Jude war. Meine Eltern erinnerten sich an die Deutschen als ruhige Menschen, die nicht schlugen und nicht raubten, die Ordnung hielten. Wenn sie etwas nahmen, dann bezahlten sie sogar dafür. Die sowjetischen Behörden warnten niemanden, daß auf die Juden eine Katastrophe zukam, sie sagten ihnen nicht, was die Faschisten mit den Juden anstellten. Es gab kein Radio, kein Fernsehen. Und es war riskant, Nachrichten mündlich weiterzugeben, die nicht in der Zeitung standen, denn seit 1939 war Hitler schließlich der beste Freund, über den man nichts Schlechtes sagen durfte.«

Vor den Deutschen flohen nur die, die aus Polen geflohen waren. Sie wußten, was auf sie zukam. Sie hatten vor dem Fall von Minsk fünf, sechs Tage Zeit, und die nützten sie.

»Als wir mit Mutter die Stadt verließen«, sagt Jewsej Hendel, »war unser Waggon völlig leer.«

Jewsej und seine Mutter überlebten, weil sie dem Vater nachfuhren, den die Behörden zusammen mit seiner Fabrik evakuierten.

Vor dem Krieg hatten in der UdSSR 4,5 Millionen Juden gelebt. Zwei Millionen kamen ums Leben. Es überlebten diejenigen, die wußten, daß sie fliehen mußten, die in die Wälder gingen oder im Militär waren.

»Der Krieg war kaum zu Ende«, sagt Jewsej Hendel und greift nach dem höchsten Brett seines Regals, so lang wie das Zimmer, »und schon begann das Gerede, die Juden seien Feiglinge, sie verstünden nicht zu kämpfen und seien überhaupt ›Taschkenter Partisanen‹.«

Nach Taschkent wurden während des Krieges zahlreiche Zivilisten evakuiert, daher die Redensart, die Jewsej so erzürnt. Das Buch, das er gesucht hat, trägt den Titel »Jüdische Helden der Sowjetunion«. Von den 120 Nationen, die in der Sowjetunion leben, haben nur die Russen, Ukrainer, Weißrussen und Tataren mehr »Helden der Sowjetunion« als die Juden hervorgebracht. 108 von ihnen wurde der Stern mit dem Titel Held angeheftet.

Kazimierz Kosiński, Wachmann aus Nowogródek, fuhr im September, zwei Stunden vor dem Einmarsch der Sowjets, auf seinem Dienstfahrrad nach Wilna, wo er von den Litauern interniert wurde. Noch am selben Abend tauchten in seinem Haus in Nowogródek Juden mit roten Armbinden auf und schnauzten die erschrockene Frau des Wachmannes an: »*Dawaj welosiped*!« Her mit dem Fahrrad!

Diese Geschichte erzählte mir Kosińskis Enkel, Zygmunt Boradyn. Er wohnt wie der Großvater in Nowogródek. Er absolvierte ein Geschichtsstudium in Minsk und hat nun ein Doktoratsstipendium bei Professor Tomasz Strzembosz an der Katholischen Universität Lublin. Er beschäftigt sich mit der Geschichte der AK, der polnischen Heimatarmee, im Gebiet von Nowogródek. Gegenwärtig sitzt er im Nationalarchiv der Republik Belarus, das seit kurzem Historikern offen steht.

Vor einiger Zeit fand Boradyn in den Dokumenten einen »Bericht über die Erfüllung des Versorgungsplanes« der sowjetischen Partisaneneinheit »Frunse« vom November 1943. Neben anderen Kleinigkeiten verfügte sie über sechs Tonnen Kartoffeln, drei Tonnen Fleisch und eine Tonne Wurst – unvorstellbar riesige Vorräte für jene Zeit, sogar für eine siebenhundert Mann zählende Einheit.

Führer der Einheit war der berühmte jüdische Partisan Anatol oder Tuwia Bielski. Polnischer Staatsbürger, Leiter eines Textilgeschäfts. Er hatte seinen Militärdienst absolviert. Korporal. Nach 1939 war er Bevollmächtigter des Regierungskommissars der Belarussischen SSR für Eisenmetalle. Im Juli 1941 nahm er seine Familie und ging mit ihr in den Wald. So entstand die erste Partisanengruppe im Gebiet von Nowogródek. Sie unterstellte sich der sowjetischen Führung. Die Deutschen setzten auf seinen Kopf einen Preis von 100 000 Mark aus.

Die zweite rein jüdische Gruppe in diesem Gebiet war die Abteilung Nr. 106 einer sowjetischen Partisaneneinheit im Gebiet von Baranowitschi. Achthundert Leute. Sie wurden angeführt von Scholem Sorin, einem Tischler aus Minsk, der als Organisator von Gruppenfluchten aus dem Minsker Getto Berühmtheit erlangte.

Im Prinzip handelte es sich um schlecht bewaffnete Überlebensgruppen, um mobile Walddörfer, organisiert in Gemeinden, mit Frauen, Kindern und Alten. Sie hatten Synagogen, Schulen und Spitäler.

»Gruppen von Räubern, nichts weiter«, sagt Boradyn. »Sie nahmen, von wem sie konnten und was sie konnten. Essen, Kinderkleidung, Bettwäsche, Löffel, Gabeln, Wertsachen ... Die Leute versteckten vor ihnen, was sie nur konnten. Das Getreide vergruben sie, die Kälber hielten sie in Kellern, die Schweine unter den Veranden oder in Hohlräumen unter den Häusern. Doch die Partisanen hatten dafür ihre eigene Methode. Sie drangen nachts in die Dörfer ein, durchstöberten die Höfe der Häuser und riefen *ciu, ciu, ciu* ... Dann horchten sie.«

Im Osten antwortet jedes Schwein auf einen solchen Ruf mit Grunzen. Die verzweifelten Bauern verstopften den Ferkeln die Ohren mit Hanfwerg.

Beide Einheiten überdauerten bis zum Kriegsende. Nach der Befreiung nahmen Bielskis Leute an der sowjetischen Parade in Nowogródek teil. 1945 fuhr Bielski nach Polen und noch im selben Jahr nach Palästina. Er war ein Nationalheld Israels und erfreute sich der Anerkennung und Dankbarkeit Hunderter Menschen, die er gerettet hatte. 1987 starb er in den Vereinigten Staaten.

Sorin fuhr 1971 nach Israel und starb dort drei Jahre später.

»Sorins Leute waren schlimmer als die Russen«, sagt Longin Kołosowski, Pseudonym »Longinus«. »Sie raubten und schlugen ... Die Menschen hatten große Angst vor ihnen. Die Russen nahmen nur Nahrungsmittel, sie nahmen alles.«

Longin Kołosowski war Partisan im 23. Regiment der Grodnoer Ulanen der AK, das im Nalibocka-Wald kämpfte.

»Die Gehenna begann 1942. In den Wäldern standen 20 000 sowjetische und jüdische Partisanen. Es setzten massenhafte Plünderungen der Dörfer ein. Und das geschah nicht einmal oder zweimal, sondern die einen verließen das Dorf und die anderen kamen. Die lokale Bevölkerung begann daher um ihr Brot zu kämpfen, die Menschen organisierten einen polnisch-weißrussischen Selbstschutz. Wir unterstützten ihn, und die Sowjets liquidierten ihn. Sie zerstörten ganze Dörfer. Derewno, Rubieszewicze, Starzynki, Michalowo. In Naliboki metzelten sie 127 Leute vom Selbstschutz hin. Alle sagten, Naliboki sei Bielskis Werk gewesen. Wissen Sie, ich kann diese Juden sogar verstehen, sie kämpften um das nackte Leben. Was sollten sie denn machen? Wir haben sie in unsere Abteilung nicht aufgenommen.«

Boris Lwowitsch Oserski war mit seinem Bruder schon im Kindertransport vom Minsker Getto ins Vernichtungslager. Eine christliche Bekannte, so erzählt er, holte sie aus dem Waggon. Boris versteckte sie im Waisenhaus, denn er war nicht beschnitten, der ältere, siebenjährige Bruder war beschnitten und mußte daher in den Wald gehen. Er kam zu Sorins Abteilung.

»Er wurde von polnischen Partisanen der AK ermordet, die mit den Deutschen kollaborierten«, sagt Boris Lwowitsch.

Im November 1943 erschoß eine Gruppe von Partisanen der Stolper Abteilung der AK, unter der Führung von Fähnrich Zdzisław Nurkiewicz, zwölf Partisanen der Abteilung Sorins.

»Unsere Leute gingen zu den Christen, um Lebensmittel

zu holen«, sagt Boris Lwowitsch, »sie aber wollten nichts hergeben und riefen ihre Leute.«

»Wissen Sie, auf welche Weise sie sich die Lebensmittel nahmen?«

»So wie alle anderen. Sie mußten ja von etwas leben. Das waren Menschen aus dem Getto. Familienverbände mit Frauen und Kindern.«

In den sechziger Jahren fand in Polen ein Prozeß gegen Fähnrich Nurkiewicz statt. Er wurde zum Tode verurteilt, später wurde die Strafe auf fünfzehn Jahre Gefängnis herabgesetzt.

In Kreisen der AK ist man der Meinung, Nurkiewicz trage keine Schuld am Tod der jüdischen Partisanen. Longin Kołosowski sagte mir, ein paar Jahre nach dem Prozeß gegen den Fähnrich sei herausgekommen, daß die Juden von der Begleitmannschaft erschossen wurden, die die Räuber zur Führung bringen sollte.

Die sowjetischen Partisanen nahmen keine Juden auf, weil diese »verseucht waren mit bürgerlichen und kaufmännischen Elementen, unfähig zum Kampf«. In den meisten Fällen ermordeten sie die Juden, ohne mit der Wimper zu zucken. Vor allem weil die Deutschen das Gerücht in Umlauf gesetzt hatten, bei den Flüchtlingen aus dem Getto handle es sich um Spione und Saboteure.

Jakow Ruwimowitsch, heute in Pension, fünfzig Jahre lang Lastwagenfahrer, hatte mehr Glück. Zuerst war er im Getto, dann versteckte ihn eineinhalb Jahre eine weißrussische Familie, und schließlich kam er zu sowjetischen Partisanen, deren politischer Kommissar Mascherow war, in den sechziger und siebziger Jahren Erster ZK-Sekretär in Belarus. Diese Partisanen nahmen auch Juden auf.

»Bei uns waren fast die Hälfte Juden, doch was waren das schon für Partisanen? Sie raubten bloß und vergewaltigten. Sie nahmen mich gern mit zur Aufklärung. ›Jascha‹, riefen sie, ›komm mit!‹ Ich war ein junger Spund, deshalb hatte ich Angst, ich machte den Mund nicht auf, sie aber vergewaltigten, wen sie nur fanden. Einmal ging ich zu unserem Führer, Romanow, und berichtete ihm, was ich gesehen hatte, er aber schnauzte mich an: ›Du solltest besser das Maul halten, *blad twoja*, Hurerei, kannst du es beweisen?‹ Das konnte ich nicht, denn ich stand meist auf der Straße, um aufzupassen. Sie nahmen gern die Frauen von Offizieren. Das machte allen Spaß.«

Auf dem sowjetischen Friedhof von Wrocław kann man in der Allee der Ehrengräber für Soldaten, ausgezeichnet mit dem Orden eines Helden der Sowjetunion, das Grab von Oberleutnant Josif Bumagin von der 135. Infanteriedivision sehen, eines neunzehnjährigen jüdischen Jungen aus Birobidschan im sowjetischen Fernen Osten. Im Buch von Ryszard Majewski und Teresa Sozańska, »Schlacht um Wrocław«, findet sich die Information, daß Josif »die Tat Alexander Matrosows wiederholte«.

Bis vor kurzem wußte in der Sowjetunion jedes Kind, wer dieser Matrosow war. Jedes Kind wußte, daß er mit seiner Brust eine feuerspeiende deutsche Schießscharte verdeckt hatte, wodurch er seinen Kameraden das Leben rettete. In späteren Kriegsjahren genügte es, in einem Brief an die Familie zu schreiben: »Euer Sohn hat die Tat Alexander Matrosows wiederholt«, und alles war klar.

«Ein armseliger, unglücklicher Narr«, sagt Eugenia Sokolowska aus Birobidschan über Josif. »Er fuhr zehntausend Kilometer aus dem Fernen Osten und kämpfte zwei

Jahre, um dann wie ein Narr in den letzten Kriegstagen umzukommen.«

Bumagin gab sein Leben am 24. April 1945 abends, zwölf Tage vor dem Fall der Festung Breslau.

»Sie nahmen ganze Schulklassen«, sagt Genia Sokolowska und umgürtet mich mit den seidenen Gebetsriemen ihrer rauchgrauen Augen. »Aus meiner Klasse holten sie im Winter 1943 alle Jungen. Wir hatten noch ein Jahr bis zum Abschluß der Schule. Von den zwölf sind zwei zurückgekommen, darunter mein späterer Mann Michail.«

In Ordnung, aber wie kamen die Juden in den Fernen Osten?

Bereits seit 1918 suchten die sowjetischen Behörden einen Platz für die Juden.

In der sowjetischen Enzyklopädie findet sich die Definition: »Eine Nation ist die Gesamtheit einer Bevölkerung in einem bestimmten Territorium, mit eigener Kultur, eigenen Gesetzen und eigenem wirtschaftlichem Leben.« Hier jedoch besitzen die Juden kein eigenes Territorium, und das bedeutet, daß wegen ihnen die marxistische Definition nicht stimmt.

Zu allem Überfluß passen die Juden in keine Klasse. Weder in die Intelligenz noch in die Klasse der Bauern, noch in die der Arbeiter. Man mußte sie also irgendwie zum sozialistischen Aufbau heranziehen oder sich dieses unsicheren Elements entledigen. So entstand Jewkom, oder Jewrejskij Komisariat, das Jüdische Kommissariat, das einen Platz für die Ansiedlung der Juden finden sollte, allerdings einen, wo sie sich nicht mit anderen Nationen vermischten.

Man schickte Expeditionen ins ganze Land aus. Vom Kaukasus bis nach Pskow, von Smolensk bis zum Ural, von

Sibirien bis zum Fernen Osten suchte man nach dem besten Platz. Schließlich wurde die Krim ausgewählt. Kein völlig unbesiedeltes Gebiet, denn dort wohnten die Tataren, doch die wollte man ja ebenfalls loswerden. Die Umsiedlungsaktion endete im Jahre 1926 mit einem Aufstand der lokalen Bevölkerung und einem Pogrom gegen die Juden. Die nächste Wahl fiel auf den Fernen Osten, eine Region im gegenwärtigen Gebiet von Chabarowsk am Amur. Früher einmal hatten hier die Baikal-Kosaken gelebt, doch die waren in der Zeit des Bürgerkrieges umgekommen, und ihre Frauen fielen 1929 unter die erste Kategorie von Kulaken (zur Erschießung). Die Kosaken besaßen nämlich pro Kopf vierzig bis fünfzig Hektar Land, das sie vom Zaren für die Verteidigung der Grenze zu China bekommen hatten.

Das auserwählte Land zeichnete sich durch ein mörderisches Klima aus. Im Winter eisige Fröste, im Sommer Hitze und eine Luftfeuchtigkeit, die einem den Atem verschlug. Überall Taiga, unfruchtbare Böden, schrecklich sauer, »ohne Kultur«, dazu Mücken und Stechfliegen, auch *maschkara* genannt, der Fluch der gesamten Taiga. Das sind Milliarden winziger Plagegeister, nicht Fliegen, nicht Mücken, die am Körper kleben und empfindlich stechen.

Die Juden sind ein Volk des Südens und Stadtbewohner, doch sie brachen dorthin auf. Seit 1928 machten sie sich von der Ukraine, Weißrußland, der Moldau auf. Sie fuhren, obwohl der Schriftsteller Ilja Erenburg prophezeite, dieses Land werde sich in ein riesiges jüdisches Getto innerhalb der Sowjetunion verwandeln. Sie flohen vor dem Hunger der Kollektivierung. Sie hatten nichts zu verlieren, denn sie waren *nuliwki*, vom russischen Wort *nul*, zero. Das schlimmste jüdische Elend.

Am 7. Mai 1934 faßt das Präsidium des Zentralen Exekutivkomitees der UdSSR den Beschluß, das Jüdische Autonome Gebiet ins Leben zu rufen, seit Jahrtausenden das erste Vaterland der »werktätigen Juden«.

»Die Bolschewistische Partei,« so heißt es in einer Broschüre aus jener Zeit, »verhehlt nicht, daß die Schaffung des Gebietes eine kommunistische Antwort ist auf das bürgerliche Projekt der Schaffung eines jüdischen Staates in Palästina – ein Projekt, entsprungen der nationalistischen jüdischen Ideologie, entstanden auf dem Boden der jüdisch-religiösen Konzeption des ›auserwählten Volkes‹.«

Das Jüdische Autonome Gebiet im russischen Fernen Osten sollte »die Idee eines proletarischen Zion symbolisieren«.

Es ist eines der wenigen Gebiete in Rußland, wo die Menschen in der ersten Runde der Präsidentschaftswahlen gegen Jelzin stimmten. »Das bedeutet«, sagen mir befreundete Juden in Moskau, »daß alle Juden von dort weggefahren sind. Wir waren gegen die Kommunisten und Zuganow.«

Ich fahre trotzdem hin.

Das Gebiet umfaßt 36 000 Quadratkilometer. 200 000 Einwohner (Israel: 20 700 Quadratkilometer und 4,5 Millionen Einwohner). Hauptstadt: Birobidschan. 80 000 Einwohner.

Ein paar Aufzeichnungen aus meinem Notizbuch:

Es gibt hier noch Gehsteige aus Holzplanken.

Ein halber Liter russischer Wodka kostet weniger als ein halber Liter chinesisches Bier (der Amur ist die Grenze zu China). Unmengen chinesischer Waren, vor allem Alkohol, dazu Kleidung, Speiseeis, Süßigkeiten, Spielsachen, Nahrungsmittel in Pulverform, Konserven, Instantkaffee – alles chemisch.

Für sie sind die Ukraine, Moskau, sogar der Ural der Westen.

Die Leute gehen in die Taiga, um zu fischen und Pilze zu sammeln, Himbeeren, Heidelbeeren, wilde Stachelbeeren, und *gitsche* – mandschurisches oder, wie man manchmal sagt, jüdisches Marihuana, das in diesem Klima wächst wie verrückt. Die Miliz ist machtlos, denn die Pflanzen wachsen wild, wie Unkraut. Die jungen Menschen gehen ständig benebelt herum. Man braucht im Autobus den Menschen nur in die Augen zu schauen. *Gitsche* ist außergewöhnlich, es wirkt ungemein stark und hält lange an. Jedes Kind weiß, wie man es mit *schestorkoj* zubereitet – mit sechsprozentigem Azeton.

Die Leute rauchen es, weil es billiger ist als Wodka. Armut. Dalselmasch steht still – eine Fabrik für Erntemaschinen (2200 Arbeiter), die Fabrik für Transformatoren (3000) steht still, die Schuhfabrik, Textilbetriebe. Nur die Staatsangestellten arbeiten, und die Schrebergärtner. Wenn es die nicht gäbe, würden die Menschen verhungern. Boden gibt es hier im Überfluß, deshalb konnte jeder bekommen, so viel er wollte.

Religiöses Leben gibt es keines. Am Sonntag brannte in der einzigen orthodoxen Kirche, die übrigens in einer Privatwohnung untergebracht ist, eine Kerze, und die habe ich angezündet. Der Kirchendiener Alieg ist Jude. Ähnlich leer ist es in der Synagoge.

Hier kann man sich nicht nach äußerlichen rassischen Merkmalen orientieren. Ich lernte Russinnen mit kaukasisch-dunklem Teint kennen, und Jüdinnen, weiß wie die

Engel, ich sprach auch mit einer Jüdin, die gelb war wie eine reife Melone. Eine ihrer Großmütter war Jüdin, die anderen Großeltern waren Chinesen. Sie fährt nach Israel. Zu Hause wird sie Hahn gerufen, in der Schule Lena, in Israel verlangt das Gesetz von ihr, einen jüdischen Namen anzunehmen. Ihr gefällt Ester.

Das Autonome Gebiet ist das einzige Territorium in der Sowjetunion, wo es keinen Antisemitismus gab. Hier übernahmen die Chinesen, die noch vor den Juden und den Kosaken hier gelebt hatten, die Rolle der Juden. Obwohl fast alle Chinesen weggezogen sind, singen Kinder noch heute, wenn sie einem Chinesen begegnen, hinter ihm her:

Einen Chinesen, Chinesen,
fingen sie hinterm Haus,
setzten ihn auf einen Klotz
und rissen ihm die Eier aus.

Nach den Ergebnissen der Volkszählung von 1989 waren von den 200 000 Bewohnern des Jüdischen Autonomen Gebiets 8829 Juden. Man kann davon ausgehen, daß zudem 20 Prozent der übrigen jüdische Vorfahren haben, doch man kann mit Fug und Recht behaupten, daß das Experiment einer freiwilligen Umsiedlung der Nation letztlich gescheitert ist. Die Menschen fahren weg. Seit dem Beginn der Perestroika sind fast 9000 nach Israel gegangen. Die Menschen suchen nach jüdischen Wurzeln – sie wollen weg von hier. Sie erzählen, wenn der letzte Jude von hier abfährt, werden 10 000 Juden zum Bahnhof kommen, um ihn zu verabschieden.

Eine ordentliche Dreizimmerwohnung (60 Quadratmeter) in einem Block kann man schon für 40 Millionen Rubel kaufen, das sind 7500 Dollar. Noch vor ein paar Jahren kostete eine solche Wohnung 20 000 Dollar.

Die Synagoge in Birobidschan ist eine kleine Hütte mit zwei Kammern und einem Gang. Am Freitag vor dem Sabbat sind dort nur zwei Personen anzutreffen – beide sind absonderlich.

Die erste Absonderlichkeit: Awrom Repik, siebzehn Jahre alt. Er studiert in einer Moskauer Jeschiwe. Jetzt ist er in den Ferien nach Hause gekommen. Einer seiner Großväter war ein slowakischer Katholik, der zweite ein moslemischer Aserbaidschaner. Eine Großmutter war orthodoxe Ukrainerin, die zweite ungläubige Jüdin. Im Vorjahr ließ sich Awrom beschneiden, jetzt läßt er sich Pejes wachsen.

Die zweite Absonderlichkeit: Dof Kofman, achtundvierzig Jahre. Sehr klein, mit langem rotem Bart und ebensolchem Haupthaar. Er ist Jude, glaubt jedoch auch an Jesus Christus. Das verbirgt er vor den anderen Gläubigen, das heißt vor Awrom. Er erzählt, wie er dreimal versuchte, sich zu beschneiden.

Das erste Mal, in seiner Jugend, wollte er das selber machen, doch es tat schrecklich weh, weshalb er auf die Idee kam, den unnötigen Teil des Körpers mit einem Faden zu umwickeln, damit er von selber abfiel, wie die Nabelschnur bei einem Säugling.

»Ein Problem entstand nur beim Pissen«, sagt Dof und umschnürt mich mit den seidenen Gebetsriemen seiner rauchgrauen Augen. »Ich mußte das jedes Mal aufknüpfen, bis einmal ein schrecklicher Knäuel entstand.«

Er kämpfte einen ganzen Tag lang damit herum, doch je mehr er sich abmühte, desto mehr verknotete sich der Faden.

Es kam zu einer Infektion. Der Körperteil schwoll an. Er begann zu bluten. Dof verlor das Bewußtsein.

Er wachte im Spital auf.

»Die Schwestern kamen aus allen Abteilungen, um mich zu betrachten. Die Saalschwester goß mir vor lauter Lachen heiße Suppe über den Kopf.«

Dof war damals siebzehn Jahre alt, er wollte einfach ein Jude sein.

Das zweite Mal ließ er sich beschneiden, als er an der Prostata operiert wurde. Es war die Zeit der Perestroika, deshalb hatte er keine Bedenken, den Chirurgen zu ersuchen, bei der Gelegenheit den Eingriff vorzunehmen. Der war einverstanden.

»Doch das war nicht koscher; als daher im Vorjahr Rabbiner aus Amerika zu uns kamen, bat ich sie, das zu machen, und sie erledigten es nach dem jüdischen religiösen Gesetz. Nach allem was vorher geschehen war, fanden sie nichts mehr vor, was sie hätten wegschneiden können. Zum Glück genügt es, jemanden zu ritzen. Es kam Blut – und ich war ein richtiger Jude.«

Das Dorf Walgen. Ein typisches sowjetisches Kolchosendorf. Oder vielleicht doch nicht. Die Kolchose »Lenins Testament« wurde von allen Delegationen besucht, die in das Gebiet kamen. Sie war eine Vorzeige-Landwirtschaft. Zwei Orden der sozialistischen Arbeit, das war schon etwas. Der erste, anläßlich des 50. Jahrestags des Großen Oktober, wurde, wie man einer entsprechenden Tafel entnehmen kann, »dem gesamten Kollektiv als Symbol des ewigen Wohlstands« verliehen.

Das Haus Henoch Schmuklers. Schulstraße 5. In dieser Straße wohnen die letzten Juden der Kolchose. Es ist Sonntag, und sie sitzen auf Schmuklers Veranda und schwatzen vor sich hin.

»Früher einmal hatte ich hundert Rubel und lebte wie eine Fürstin«, erinnert sich die energische Regina. »Ich kaufte mir, was ich nur wollte. Jetzt bekomme ich 20 000 und habe oft nicht genug zu essen. Gestern fuhr ich zum Beispiel in die Stadt, um auf dem Markt Schuhe zu kaufen, doch es gab keine, weil die Importware nichts für russische Frauen ist. Ich bin es gewöhnt, unsere Schuhe zu tragen, die in unserem Land hergestellt werden, denn ich habe einen breiten, russischen Fuß. Ich bin doch wohl normal, oder nicht? Eine große, grobknochige Frau, aber ich kann mir keine normalen Schuhe kaufen.«

»Das alles bereitet mir nur Kopfschmerzen«, sagt Sura und umschnürt mich mit den seidenen Gebetsriemen ihrer rauchgrauen Augen. »Ich bin eine Frau und möchte mich ordentlich anziehen, das kann ich aber nicht, weil auf dem Markt, *tschort wasmiot*, der Teufel soll's holen, alles ausländisch ist, chinesisch. Ich habe früher nie geraucht, doch jetzt habe ich wegen dem Ganzen angefangen. Hast du eine Zigarette für mich? Ich bin völlig apathisch, nichts interessiert mich mehr, nicht einmal die Natur, ich gehe nicht mehr baden, obwohl die Lehmteiche ganz in der Nähe sind ... Kannst du dir das vorstellen, seit einem halben Jahr zahlen sie uns schon nichts mehr.«

»Was eßt ihr dann?«

»*Zweti wosducha.*« (Das heißt wörtlich »Blumen der Luft«.)

Sura und Regina sind Erzieherinnen im örtlichen Heim für geistig behinderte Kinder. Die Männer arbeiten in der Kolchose.

»Mein ganzer Reichtum«, sagt Sura, »sind die Menschen. Wir leben hier wie Freunde miteinander. Willst du bewirtet werden?«

»Gern.«

»Aber es wird ganz einfach sein. Gurken, Kartoffeln, Fleisch gibt es keines. Und den Wodka kaufst du, abgemacht?«

Sie nehmen mich am Arm und führen mich zum Laden. Als wir zurückkommen, herrscht in Schmuklers Veranda ein Gedränge. Wegen der einen Flasche sind die Leute der ganzen Straße zusammengelaufen.

»Wenn du vor zehn Jahren zu uns gekommen wärst«, sagt der Hausherr, »hättest du sehen können, wie wir jemanden bewirten. Nur daß wir damals noch *kolchosniks* waren, und jetzt sind wir *akzjoneri.*«

Seit ein paar Jahren ist die Kolchose eine Arbeiter-Aktiengesellschaft. Henoch Schmukler ist Traktorist, doch er hat seit drei Jahren keine Kopeke bekommen. Manchmal erhält er einen Sack Mehl, ein paar Nudeln, Öl, Fleisch – das wird von seinem Konto abgebucht. Die Kolchose schuldet ihm acht Millionen Rubel. In der Praxis überleben sie mit Hilfe ihrer Gärten. Sie bauen Gemüse an, einen Teil davon verkaufen sie, das bringt genug für Brot und Zigaretten. Ein paar Erzieherinnen des Kinderheims haben keine Gärten, die müssen hungern.

Das erste Mal weinte sie, als ich ihr sagte, daß nur ein paar Kilometer entfernt von der Gebietshauptstadt, in der Kolchose »Lenins Testament«, die Menschen Hunger leiden. Die Tränen flossen nur so für den Führer der Oktoberrevolution, den sie auf ihrem Schreibtisch unter Glas vor sich hat.

Glaubt nur nicht, daß Fira Mojsejewna Kofman eine dumme Gans sei. Keineswegs.

Sie sitzt den ganzen Tag in dem von ihr organisierten Museum des Aufbaus von Birobidschan am Schreibtisch und wartet auf Besucher, die nicht erscheinen.

Die Eltern hat sie im Bürgerkrieg verloren, deshalb wuchs sie in einem Kinderheim im weißrussischen Minsk auf. Nach Absolvierung des Technikums meldete sie sich zur Reise in den Fernen Osten, obwohl sie damals schon Abgeordnete zum Gemeinderat war.

»Da herrschte ein solcher Enthusiasmus, ein Patriotismus. Vier von uns aus dem Kinderheim sind gefahren, der Linie des Komsomol folgend.«

»Wart ihr Juden?«

»Darüber habe ich mir nicht den Kopf zerbrochen«, sagt Fira Mojsejewna und umgürtet mich mit den seidenen Gebietsriemen ihrer rauchgrauen Augen. »Wir wurden im Geist des Internationalismus erzogen. Später erfuhr ich, daß wir alle Juden waren. Sie wollten mich zu einer anderen Arbeit schicken, doch ich liebte den Bau, das Kollektiv. Wir arbeiteten in einer großen internationalistischen Familie. Alle wollten das jüdische Gebiet aufbauen. Zu uns kamen Bauarbeiter aus Deutschland, Polen, Argentinien, Amerika …«

»Sind die noch hier?«

»Der Leiter der Baustelle, auf der ich als Brigadistin gearbeitet habe, kam aus Argentinien. Sie holten ihn 1937 und erschossen ihn. Den Oberingenieur unseres Betriebes, Grinschtajn, holten sie im selben Jahr. Ich wohnte in einem Holzhaus in der Kalinin-Straße, er gegenüber. Sie kamen, ließen sich die Tür zeigen und nahmen ihn mit.«

»Warum?«

Fira Mojsejewna begreift meine Frage nicht.

»Was heißt, warum?«

»Habt ihr nicht gefragt, was er angestellt hat?«

»Wir konnten das nicht wissen. In der Arbeit waren sie gute Leute, aber sonst, wer weiß? Was für eine Idee! Zu fragen, warum sie die Leute mitnehmen. Ihr redet dummes Zeug daher. Sogar ein Kind wußte damals, daß man solche Dinge nicht fragen darf. Bei uns haben sie noch 1939, als ich die Schule in Mikolajewsk errichten half, Leute mitgenommen.«

»Das war doch ein Kollektiv. Taten sie euch denn gar nicht leid?«

»Das schon. Unser großer jüdischer Schriftsteller Miller zum Beispiel. Unsere Söhne sind noch heute befreundet. Ich kannte die Familie und wußte, daß es ein Irrtum war. Wenn ich seiner Frau begegnete, redete ich mit ihr, versuchte sie aufzumuntern. Ihn haben sie 1948 mitgenommen.«

»Und Sie konnten nichts dagegen unternehmen? Sie waren doch Mitglied des lokalen Parteikomitees?«

»Was Ihnen einfällt!? Ich habe Wohnungen zugeteilt. Untertags war ich auf der Baustelle, abends empfing ich die Leute.«

Nach dem Krieg bekam Fira Mojsejewna japanische Gefangene als Arbeiter zugeteilt, dann »spezielle Umsiedler« aus der westlichen Ukraine, schließlich Häftlinge aus dem Gulag.

»Hundert *dwadsatpjatletnikow*, Fünfundzwanzigjährige, weil es keine Männer für die Arbeit gab.«

»Wofür haben die fünfundzwanzig Jahre bekommen?«

»Was sagt man dazu?! Schon wieder fragt er! Woher sollte ich das wissen?«

»Vielleicht waren sie Politische«, versuche ich zu raten.

»Die Wachmannschaften nannten sie Banditen.«

Der Ferne Osten und das Jüdische Autonome Gebiet waren eine weitere Insel im Archipel Gulag.

Fira Mojsejewna sagt, ihre Gefangenen hätten sich ein Spiel ausgedacht. Sie beschlossen, sie vom Gerüst herunterzuwerfen, obwohl sie sie gut behandelte. Dann spielten sie Karten, was verboten war, der Verlierer sollte die Tat ausführen. Sie erfuhr von dem Plan, als man die Gefangenen schon weggebracht hatte.

»Diese Stadt ist auf menschlichem Unglück errichtet«, sage ich. »Gefangene, Verbannte, Lagerhäftlinge ...«

»Na und? Häftlinge haben in allen Städten gearbeitet.«

»Einer dieser Häftlinge war vielleicht Ihr Freund Miller.«

»Schon möglich.«

Fira Mojsejewna beginnt zum zweiten Mal zu weinen.

Ihre Söhne wohnen in Rußland, jedoch tausend Kilometer von hier entfernt. Die Töchter sind in Israel. Vor der Abreise vor sechs Jahren kamen sie zur Mutter. Die eine wohnte in Dagestan, die zweite in Leningrad. Sie brachten die jüngsten Enkelkinder mit.

»Sie wollten mich umstimmen. Sie baten mich, mit ihnen zu fahren. Ich sagte, das käme gar nicht in Frage. Ich bin hier aufgewachsen, hier ist mein Vaterland. Jeder Mensch soll in seinem Vaterland leben. Sie führten Kapital von hier aus. Das werde ich nicht tun. So blieb ich zurück ohne Töchter, denn die dritte, die jüngste, ist vor zweiunddreißig Jahren im Fluß ertrunken. Rachela. Sie war schön. Sie studierte Geographie in Irkutsk. Sie liebte Vulkane.«

Fira Mosjejewna weint zum dritten Mal.

Vor ein paar Jahren wurde sie von einer japanischen

Journalistin gefragt, wann sie erstmals gefühlt habe, daß sie Jüdin ist.

»Ich war immer eine. Alle wußten das. Ich habe mich dessen nie geschämt und habe es nie verborgen. Ich war immer Fira Jewrejewa, Fira die Jüdin, mein lieber Genosse Korrespondent.«

Aus dem, was Fira Kofman sagt, geht hervor, daß die Repressionen in den Zeiten des Großen Terrors das jüdische Land nicht verschonten. Seit der offiziellen Ausrufung des Autonomen Gebiets im Jahre 1934 kümmerte sich Stalin persönlich darum. Als Sekretär des Gebietskomitees der Partei schickte er einen eingefleischten Kommunisten, den alten Bolschewiken Matwej Pawlowitsch Hawkin, der vorher Gebietssekretär in Smolensk gewesen war.

Bis das schlimmste Jahr für das Autonome Gebiet kam: 1937.

Hawkin wurde verhaftet. Er bekam fünfzehn Jahre Lager. Die übrigen elf Mitglieder des Gebietskomitees der Partei wurden erschossen, ebenso alle sechsunddreißig Mitglieder des Gebiets-Exekutivkomitees, mit dem Vorsitzenden Josif Isakowitsch Liberberg an der Spitze. An Stelle Hawkins schickten die Behörden einen Sekretär des Gebietskomitees aus Minsk, doch neun Monate später befahlen sie, auch den zu liquidieren. Dasselbe Schicksal ereilte die Mitglieder der neugewählten Exekutiv- und Parteikomitees. Sie kamen ausnahmslos ums Leben.

Alle kamen ums Leben, die Direktoren der Betriebe und der Schulen, die Vorsitzenden der Kolchosen, die Leiter der Baustellen und der Kulturhäuser, ihre Stellvertreter und ihre Nachfolger, ebenso die lokalen Künstler, Journalisten, Lehrer, Militärs, Leute vom NKWD und alle Juden, die aus dem

Ausland gekommen waren, berauscht von der Großzügigkeit der Sowjetmacht, die ihnen nach Tausenden Jahren der Wanderung ein gelobtes Land schenkte.

Sie kamen als Spione, Volksfeinde, Schädlinge, Revisionisten oder Sympathisanten Trotzkis ums Leben.

Naum Piwowar, der achtundzwanzigjährige Chef der Verkehrsbetriebe des Gebietes, wurde wegen eines Abendessens hingerichtet. 1936 kam der Volkskommissar Alexander Rykow für einen Tag nach Birobidschan. Er verbrachte den Tag in seinem Salonwagen im Bahnhof und speiste am Abend mit Piwowar, der dafür zwei Jahre später mit seinem Leben bezahlen sollte. Es war besser, an Krebs zu erkranken, als Rykow zu kennen, der wegen Beteiligung am rechten trotzkistischen Block angeklagt und hingerichtet wurde.

Dawid Isakowitsch Wajserman, Historiker und gegenwärtig stellvertretender Bürgermeister von Birobidschan, sagt, in den Jahren 1937–38 seien in dem Gebiet dreitausend Menschen ums Leben gekommen. Während des Zweiten Weltkrieges sind viertausend Bürger des Gebietes gefallen.

Nach den Säuberungen hat sich das Gebiet nicht mehr weiterentwickelt. Die sowjetischen Behörden schickten Sondertransporte mit Russen und Ukrainern, und die Juden wurden in ihrem Gebiet rasch zu einer kleinen Minderheit.

In der polnischen Musik-Enzyklopädie stehen Richard und Henryk Wagner nebeneinander. Der eine als Schöpfer von »Tristan und Isolde«, »Parsifal« und »Tannhäuser«, der zweite ein Jude aus der Twarda-Straße in Warschau, der seine Konzerterfahrungen im Kasinosaal einer Fabrik in Żyrardów, im Kino »Terra« und auf jüdischen Hochzeiten gesammelt hat. Der erste war der Lieblingskomponist Hitlers, dem zweiten ermordete Hitler die Mutter, den Vater, drei Schwestern und den Bruder.

Henryk Wagner wollte in die Künstlerische Brigade der I. Weißrussischen Front eintreten, obwohl sie dort keine Pianisten und Komponisten brauchen konnten.

»An die Front, mein lieber Sohn, kannst du kein Klavier mitnehmen«, versuchte ihn der Kommandeur abzuwimmeln.

»Ich melde gehorsam, daß ich in einem Monat Akkordeon spielen werde«, antwortete Henryk. »Beim Akkordeon geht die rechte Hand wie übers Klavier.«

Henryk Wagner war 1939 aus Polen geflohen. Die Familie kam später im Warschauer Getto um, er hingegen kämpfte zwei Jahre als Freiwilliger in der sowjetischen Armee. Er wollte nach Polen zurückkehren, doch dann heiratete er, und obwohl seine Frau Jüdin war, sagte sie, sie denke nicht daran, die Sowjetunion zu verlassen. Sie wohnen in Belarus, in Minsk. Henryk Wagner trägt den Titel eines Nationalkünstlers der Belarussischen Sowjetrepublik. Er hat Ballette, Konzerte, Symphonien und Opern geschrieben, die sogar im Bolschoi-Theater in Moskau aufgeführt wurden.

»Wie lebten die Künstler in sowjetischen Zeiten?« frage ich.

»Wunderbar«, antwortet Henryk und umschnürt mich mit den seidenen Gebietsriemen seiner rauchgrauen Augen. »Ich war kein Parteimitglied, doch ich lebte wie ein Lord. Für ein Ballett bezahlten sie 7000 Rubel, dafür bekam man ein Auto. Ich schüttelte drei solche Ballette aus dem Ärmel. Das war ein halbes Jahr Arbeit, aber du hast ein normales

Gehalt und Autorentantiemen bekommen. Künstler sind in der Sowjetunion immer gehätschelt worden.«

»Und sie mußten dienen.«

»Als Schriftsteller oder als Lyriker hätte ich ein schreckliches Leben gehabt, doch als Musiker ließen sie einen eher in Ruhe ... Obwohl, Schostakowitsch haben sie ganz schön gebeutelt.«

»Haben Sie eine Hymne zu Ehren Stalins komponiert?«

»Eine Hymne? Nein. Hier und da ein Lied oder ein Stück für Kinder, verstehen Sie, Vaterland, *och, choroscho w stranie sowjetskoj schit*, ach, wie gut man im Sowjetland lebt, doch speziell, aus eigenen Stücken, das nicht ...

Leonid Lewins Vater ging an die Front. Die Mutter floh mit dem Sohn bis nach Kirgisien, dort starb sie vor Hunger. Leonid lernte den Hunger, die Einsamkeit kennen, doch er konnte sich nicht rächen, er war erst fünf Jahre alt.

Heute ist er Architekt. Er bekleidet eine hohe Position. Er hat Erfolge vorzuweisen, von denen man in der ganzen UdSSR gehört hat. Er wohnt in Minsk. Er wurde zum Präsidenten der Jüdischen Organisationen und Gemeinden in Belarus gewählt. Wir unterhalten uns auf einem Empfang zu seinem 60. Geburtstag. Es wird russischer Wodka gereicht, armenischer Kognak, lettischer Hering in Öl. Die Matzos kommen aus den Vereinigten Staaten. die Gurken sind heimische, und der Champagner wird immer noch *sowjetzkoj* genannt.

Lewin ist Mitgestalter eines architektonischen Ensembles zur Erinnerung an die weißrussischen Dörfer, die im Krieg niedergebrannt wurden.

»Warum haben Sie dieses Denkmal gebaut?«

»Die Deutschen haben 633 Dörfer niedergebrannt, zusammen mit ihren Bewohnern. An diese Opfer muß man erinnern.«

»633, und Sie haben ausgerechnet Hatyn gewählt.«

»Ein wunderschöner Ort, in einem Wald gelegen, weit weg von allen Menschen, Fabriken, allem Lärm. Es fällt einem schwer zu glauben, daß in so einer Umgebung eine solche Tragödie geschehen konnte. 154 Personen. Ausschließlich Frauen und Kinder.«

»Sie haben Hatyn gewählt, weil das an Katyn anklingt.«

»Ein Zufall«, rechtfertigt sich Lewin.

»In der UdSSR gab es keine Zufälle.«

»Das Denkmal in Hatyn haben wir vor sechsundzwanzig Jahren errichtet, als noch kein Mensch von Katyn gehört hatte.«

»In Polen hat man seit 1943 über Katyn gesprochen.«

»Den Ort suchte Mascherow aus, der Erste Sekretär des ZK der Partei von Belarus. Er wollte, daß es nahe der Hauptstadt ist, außerdem hat ihm der Name gefallen. So weißrussisch, Hatyn, vom Wort *chata*, Hütte.«

1970 erhielten die Gestalter des Denkmals für ihre Arbeit den Leninpreis. Jedes Jahr wurde in der riesigen Sowjetunion nur ein einziger solcher Preis auf jedem Gebiet verliehen. In der Regel bekamen den verdiente, nicht mehr junge Künstler.

»Wir aber waren jeder erst dreiunddreißig und liefen im Pullover herum«, sagt Leonid Mendelejewitsch und umschnürt mich mit den seidenen Gebietsriemen seiner rauchgrauen Augen. »Die Kulturministerin der UdSSR, Furzewa, bekam fast einen Herzanfall, als sie uns sah.«

Ihr wichtigster Konkurrent um den Leninpreis war der Mamaja-Kurhan in Stalingrad.

»So ein mächtiges Weib«, sagt Lewin. »Der reine Sozrealismus. Und obwohl diese Richtung damals auf dem Höhepunkt war, bekam unsere kleine Komposition den Preis. Wir pfiffen als erste auf den Sozrealismus.«

»Waren Sie in der Partei?«

»Ich schrieb mich ein, als wir den Preis bekamen. Es ging nicht anders. Doch 1991 trat ich wieder aus. Und jetzt haben sie mich zum obersten Juden in Belarus gemacht. Ich konnte mich dem nicht entziehen. Aber ich glaube, mich holen alle Teufel, wenn jetzt verschiedene ehemalige Parteifunktionäre von mir verlangen, in Einklang mit der Bibel und der Thora vorzugehen. Als Mensch der Kultur habe ich natürlich die Bibel gelesen, aber ich will nicht, daß man daraus ein Parteistatut macht und aus mir einen Rabbiner. Ich will nicht einmal ein auserwähltes Volk haben, das war schon immer unser größtes Unglück. Ein mißlungenes Experiment des lieben Gottes. Ich möchte mit allen gleich sein und leben wie ein Mensch.«

Grigori Grigorijewitsch Krol stammt aus einer Soldatenfamilie. Das kommt bei Juden nicht gerade häufig vor. Schon der Großvater seiner Mutter verdiente sich im Krimkrieg drei Georgskreuze, wofür er von Zar Alexander II. ein Stück Land bekam. Im russischen Imperium hatten die Juden nicht das Recht, Land zu besitzen, die Situation der Krols war also eine Ausnahme.

Daß sie doch keine solche Ausnahme waren, erfuhren sie einen Tag nach dem Tod des Urgroßvaters. Da kamen die zaristischen Gendarmen und trieben die ganze Familie aus dem Dorf, obwohl damals strenger Frost herrschte. Es stellte sich heraus, daß die militärische Zuteilung des Landes an Juden nur für die Lebenszeit des Ausgezeichneten galt.

Auch der Vater von Grigori Grigorijewitsch kämpfte. In verschiedenen Kriegen – im imperialistischen Krieg, im Bürgerkrieg, im Vaterländischen Krieg. Der Bruder fiel bei Smolensk, und eine Tante kämpfte an der Front von Leningrad. Auch Grigori meldete sich als Freiwilliger, doch er schaffte es nur zur letzten Woche des Krieges. Aber er blieb im Militär und wurde Offizier, und weil er sich so sehr für das Soldatenhandwerk begeisterte, schickten sie ihn für acht Jahre nach China. Als Kommandant einer Batterie erfüllte er seine internationalistische Pflicht und half bei der glücklichen Vollendung der chinesischen Revolution. In die Heimat kehrte er erst ein paar Jahre nach Stalins Tod zurück, deshalb ging der Feldzug gegen die »Kosmopoliten« und »zionistischen Spione« glücklich an ihm vorüber. Er tat bei der Raketentruppe Dienst.

»Während der Kuba-Krise erlebte ich schwierige Zeiten. Sie riefen mich zigmal zu den Organen. Ich sah, daß sie einem Juden nicht mehr trauten als einem tollwütigen Hund, doch sie brauchten mich für die Raketen. Die Leute von der Sicherheit rechneten damit, daß ich zusammenbrechen und mir selber eine Kugel in den Kopf jagen würde.«

Grigori Grigorijewitsch leitete die technischen Vorbereitungen für den zweiten Start einer sowjetischen Interkontinentalrakete. Der erste Versuch war mißlungen, die Rakete war im Kosmodrom explodiert, statt in den Pazifik zu stürzen. Chruschtschow erlitt einen Wutanfall. Er wollte den Amerikanern beweisen, daß die Sowjetunion strategische Raketen besaß, die imstande waren, Atomsprengköpfe zu tragen. Das gelang dann auch.

»Ich war ein erstklassiger Spezialist«, sagt Grigori Grigorijewitsch. »Ich machte in den geheimsten, elitärsten Einheiten Dienst, doch es gingen weitere vier Jahre ins Land, und ich war immer noch ohne Beförderung, war immer noch Oberst. Lange wollte ich nicht begreifen, daß ich nicht mit einem Generalsrang rechnen durfte. Ein Jude als General, das ging zu weit. Wie wäre denn das, wenn Breschnew die Ernennung vornimmt und einem Juden die Hand reichen muß? Ich hatte hier keine Zukunft. Sie haben freudig zugestimmt, als ich um meine Entlassung einkam.«

Grigori Grigorijewitsch ist jetzt Präsident der Vereinigung der Nationalen Kinematographen, Generaldirektor von zwei Kinotheatern und Besitzer des Kinos »Pobeda«.

»In der russischen Armee gibt es jetzt schon jüdische Generäle«, sage ich.

»Ja, Lew Rochlin. Sie haben einen gefunden, und dann haben sie den Idioten nach Grozny geschickt, damit man wieder gegen die Juden hetzen kann.«

In den Fenstern Gitter, unwirsche Wächter mit Kippas, Türen wie zu einem Bunker, aus schwerem Stahl. Ein Guckloch und eine Gegensprechanlage, daneben die Aufforderung, vor dem Eintritt das Ziel des Besuches zu nennen. Über all dem die Aufschrift: »Jewish Agency ›Sochnut‹«.

Ich nenne das Ziel meines Besuches, doch sie lassen mich nicht hinein. »Ich bin von einer jüdischen Zeitung«, lüge ich. Sie lassen mich ein.

Die Sochnut ist eine weltweite Nichtregierungsorganisation, die sich, nach eigenen Angaben, der Repatriierung von Juden nach Israel widmet. Ihre Aufgabe besteht nur darin, sie ins gelobte Land zu bringen. Dort nehmen sich dann Regierungsorganisationen der Repatrianten an. Die Sochnut erhält sich aus Spenden, vor allem der amerikanischen und westeuropäischen Diaspora.

Dabei handelt es sich um beachtliche Beträge. Seit 1989 brachte die Agentur 700 000 Juden aus den Gebieten der ehemaligen Sowjetunion nach Israel. Wenn die Fahrkarte für jeden durchschnittlich 400 Dollar kostet, macht das schon 280 Millionen Dollar. Dazu kommen der Transport von Hab und Gut der Menschen, die Erhaltung der Büros, die Bezahlung der Mitarbeiter, der Hebräischunterricht.

Über 200 000 sowjetische Juden sind aus der ehemaligen UdSSR in die Vereinigten Staaten, nach Deutschland und in andere reiche Länder gegangen. Von den 1,5 Millionen Juden, die hier 1989 lebten, sind also nur 500 000 geblieben. Doch die Repatriierung wird fortgesetzt.

Außer den Juden haben auch alle Menschen ein Recht auf Repatriierung und auf die israelische Staatsbürgerschaft, deren Ehepartner, Väter oder Großeltern Juden sind oder waren.

Seit vier Jahren wird die Repatriierung aus Belarus von Lew Ruderman geleitet, der 1972 die Sowjetunion verließ.

»Während des Sechstagekrieges leerten sie in der Presse, in Rundfunk und Fernsehen ganze Kübel voll Unrat über dem kleinen Israel aus, ich aber dachte mir damals, Aggressoren, schön und gut, aber diese Itzigs haben sich tapfer geschlagen. Die nächste Überlegung war, daß ich ja selber ein Itzig bin; ich war sogar stolz auf mein Land. Ich begann von diesem Land zu träumen, obwohl ich nichts darüber wußte, nicht einmal eine Landkarte hatte ich. Das Wort ›Israel‹ war verpönt, doch ich fand eine Gruppe von Leuten, die so wie ich krank nach diesem Land waren.«

Sie trafen sich beim Getto-Denkmal, wo sie Blumen niederlegten, die von der Miliz weggeworfen wurden. Sie fanden einen alten Mann, der ihnen Hebräisch beibrachte.

Im Jahre 1971 reichte Lew Ruderman seine Papiere für die Ausreise ein, doch sie wurde ihm verweigert. Dann kam eine Genehmigung, allerdings nur für seine schwangere Frau.

»Hatten Sie keine Angst, daß man euch für immer trennt?« frage ich.

»Wir hatten höllische Angst. Doch noch mehr Angst hatten wir davor, hier zu bleiben, so gab es wenigstens eine Chance für sie und das Kind. Mich ließen sie fünf Monate später fahren. Damals besuchte Nixon die Sowjetunion, und die Behörden befürchteten, wir könnten eine Demonstration veranstalten. Wir wollten hier nicht mehr leben. Hier, wo wir jetzt sitzen, war das Getto, in dem 150000 Juden umgekommen sind. Keiner kann mir garantieren, daß sich das nicht wiederholt.«

»Ich glaube nicht, daß Sie aus Angst vor einem neuen Holocaust geflohen sind. Da müssen Sie sich schon etwas anderes ausdenken.«

»Als ich sechzehn Jahre alt war«, sagt Lew Ruderman und umgürtet mich mit den seidenen Gebetsriemen seiner rauchgrauen Augen, »hatte ich einen Freund. Wir waren wie eine Person. Unzertrennlich. Wir gingen zusammen ins Kino, zum Tanz, zum Komsomolzen-See auf ein Glas Wein. In der Schule saßen wir in derselben Bank. Er wußte, daß ich Jude bin, doch wir sprachen nicht darüber. Denn ein Jude, das war so wie ein Invalide. Die Burschen sagten von mir: ›Er ist in Ordnung, aber ein Jude.‹ Wenn in einem Gespräch dieses Wort fiel, wurde ich rot, und die Burschen schauten mich mitleidig an. Als hätte ich Syph, verdammt! Doch für meinen Waschek war das kein Thema.

Einmal standen wir mitten in der Nacht, ein wenig angetrunken, mit Mädchen im Stiegenhaus und blödelten herum. Schließlich verabschiedete ich mich und ging, doch dann hörte ich, wie sich ein Betrunkener zu den anderen gesellte. Waschek stieß ihn an, denn bei uns in den Stiegenhäusern war es ganz dunkel, und der andere begann ihn zu beschimpfen: ›Chaim, du jüdischer Sauhund …‹ Es gab eine schreckliche Rauferei. Waschek schlug auf ihn ein, das Schimpfwort hatte ihn entsetzlich wütend gemacht. Daß man ihn, einen Russen, einen Juden nennen konnte! Er war zwar mit mir befreundet, doch im Unterbewußtsein glaubte er, er sei etwas Besseres als ich. Ich war ihm deswegen für immer böse.

Mein Vater sagte mir, während des Krieges seien die Deutschen durch die Häuser gegangen, und die Leute hätten ihnen gezeigt, wo die Juden wohnten. Wenn heute ein Krieg ausbräche, würde mein Freund auf mich zeigen, weil ich doch schlechter bin als er. Ich wollte nicht in einem Land leben, in dem alle besser sind als ich.«

»Und warum fährst du nicht nach Israel?«

»Weil ich Europäer bin«, sagt der neunundzwanzigjährige Andrej Setnow, den ich in der Hauptsynagoge von Moskau treffe. »Wie kann sich Jerusalem mit Moskau messen?! Die Leute, die von hier wegfahren, sagen, Israel sei die reinste Provinz. Dorthin können Leute aus der Ukraine fahren, aus den kleinen Städten, aber nicht aus der Hauptstadt.«

Andrej ist zur Probe gekommen. Er singt im Jüdischen Männerchor der Moskauer Akademie für Kantoren. Sie sind erst vor kurzem vom Festival Jüdischer Kunst in Krakau zurückgekehrt.

Alle Sänger der Gruppe haben eine höhere musikalische Ausbildung genossen. In der UdSSR war es für einen Juden am leichtesten, einen Platz in der Musikakademie zu ergattern. Zu den Militärhochschulen wurden sie nicht zugelassen, ebensowenig an die Institute für die Beziehungen zum Ausland oder für Atomphysik, dafür konnten sie Musik studieren, Stomatologie oder Jus. Die Folge davon ist, daß in Rußland die Hälfte der Symphonieorchester zu Kammerorchestern geschrumpft sind (gar nicht davon zu reden, daß es niemanden gibt, der Zähne behandelt). In Israel hingegen sind alle Orchester russischsprachig, jeder Klavierspieler in einem Café, jeder Straßenmusiker besitzt ein Diplom eines russischen Konservatoriums.

Andrej fühlt sich als Europäer, doch Manieren hat er sowjetische. Als ihn etwas in der Kehle kitzelt, dreht er sich um und spuckt einen Batzen auf den Boden aus dem 19. Jahrhundert.

»Die von der Sochnut wollen den einfachen Leuten einreden, daß die Juden in Israel leben sollten ... Semitische Propaganda. Was soll ich dort machen? Die minderen Juden sind etwas anderes.« Andrej deutet mit dem Kopf in Richtung einer Gruppe von Männern, die bunte Kippas tragen. »Die können sich leicht adaptieren, auch klimatisch. Wenn du so einen in die Wüste Negev schmeißt, steht dort einen Monat später ein Restaurant.«

Juden aus dem Süden – jovial, dickbäuchig, laut. Gefährlich, doch heiter. Wenn sie wollen, können sie sich sogar in Moskau anpassen. Sie kleiden sich schwarz und behängen sich mit Gold. Ringe, Ketten, Armketten, Uhren, dazu weiße Socken, schwarze Mokassins, grelle Kippas. Sie sind schön, vor allem in dieser bezaubernden, mit Vergoldungen geschmückten neoklassizistischen Synagoge. Als ich ein Foto mache, droht mir ihr Chef, mit einem Bauch so mächtig wie eine Zisterne, freundlich lächelnd mit seiner riesigen Faust.

Schenia, oder Jeschua, Rosenzwejg, der Schammes der Synagoge, kommt angerannt und ermahnt mich, die Warnung nicht auf die leichte Schulter zu nehmen. Sie sind launisch wie das Wetter im Kaukasus.

»Jetzt lächeln sie, aber du machst ein Foto von ihnen, und sie rammen dir den Apparat mit der Faust in den Rachen.«

Die Bergjuden sind keine europäischen Juden. Es gibt zigtausend von ihnen. Sie leben in Aserbaidschan, in Georgien und Dagestan. Sie sind in den ersten Jahrhunderten unserer Zeitrechnung aus Palästina über Persien und Kleinasien gekommen. Die in Moskau sind einfache Gangster. Es sind nicht viele, doch sie beherrschen zum Beispiel den Handel mit Blumen. Das Hauptquartier dafür ist der Weißrussische Bahnhof. Täglich kommen ein paar von ihnen mit Luxuslimousinen zum Morgengebet gefahren.

Nach dem Gottesdienst lädt einer der Männer zu einem Umtrunk. Er ist nicht reich, doch er hat, wie man sagt, »eine reiche Seele«. In einem Seitenschiff hat er auf Tischen Früchte, Gemüse, Brot, Fisch, Getränke und Stolitschnaja-Wodka ausgelegt. Zur Besänftigung des Herzens.

Es ist eine alte Tradition, die Menschen am Todestag des Vaters zu bewirten. Der Herrgott ist ihnen nicht gram, daß sie in Seinem Haus Wodka trinken.

Sie sind drei. Piotr Fomenko, Mark Sacharow und Kama Ginkas – die drei großen Theaterregisseure in Moskau. Doch Ginkas vom Theater des jungen Zuschauers nimmt eine Ausnahmestellung ein. Er hat seine eigene Sprache, und die ist nicht Russisch. Sie ist irgendwie europäischer.

»Ich habe immer so nichtsowjetische, nichtrussische Aufführungen mit einem deutlich baltischen, westlichen Akzent gemacht, und deshalb war ich arbeitslos. Die Form stimmte bei mir nicht, und auch der Inhalt war nicht entsprechend, und obendrein ein Jude, und so einer lebt und redet nicht so, wie er soll.«

»Was soll das bedeuten?«

»Man sollte in die Partei eintreten, zu Versammlungen gehen, zu Umzügen, Beifall klatschen, Denunziationen lesen und schreiben, seine Treue demonstrieren; ich jedoch – die erste Aufführung nach dem Studium habe ich gleich verpatzt.«

Es war im März 1968. In Warschau gab es Demonstrationen, die Miliz prügelte und verhaftete Studenten, und Ginkas brachte in Leningrad Gorkis Stück »Die Letzten« über die Familie eines Polizisten auf die Bühne.

»Die Aufführung begann mit einer Stimme aus einem Megaphon«, erinnert er sich. »›Wir liegen auf dem menschlichen Weg wie Schutt von einem Haus oder einem Gefängnis. Wir sind Schutt, elende Schalen, wir liegen im Staub der Zerstörung und lassen die Menschen nicht weitergehen.‹ Alle wichtigen Fragmente des Textes schallten aus dem Megaphon. Das ist so ein Regisseurstrick. Zum Beispiel: ›Erinnerst du dich, wie du diese kleine Studentin verhaftet hast und wie sie während des Verhörs gestorben ist?‹ Die Menschen dachten, es gehe um Polen, daher wurde das Stück nach zehn Aufführungen abgesetzt.«

Jede weitere Aufführung, die Ginkas einreichte, lehnte die Zensur entweder ab oder nahm sie erst nach fünf, sechs Überarbeitungen und Kastrierungen an. Ginkas machte alle drei Jahre höchstens eine Aufführung.

»Sie sagten, ich hätte nicht den richtigen Blick. Nicht unseren. Einen feindlichen Gesichtspunkt. Sogar wenn ich eine typische Komödie machte und weiße Dekorationen haben wollte, fragten sie, warum nicht rote, was hat das zu bedeuten? Die Kollegen rieten mir, wegzufahren, ich sei europäisch, ich könne dort wunderbar arbeiten und leben, doch ich wußte, daß ich nur für den sowjetischen Menschen arbeiten kann. Wenn ich singe: ›das Feuer brennt, auf den Lichtungen Harz wie Tränen, und in der Erdhütte spielt die Harmonika‹, dann sagt dir das nichts, und die Leute im Westen begreifen noch weniger, daß es um den Krieg geht, doch für den sowjetischen Menschen ist das auf Anhieb klar. Ich kenne den sowjetischen Menschen. Ich kann auf ihn einwirken, deshalb bin ich geblieben.«

»Wovon hast du gelebt?«

»Meine Frau hat gestrickt, ich habe Pullover verkauft.«

Henrietta Janowska, Kama Ginkas' Frau, ist ebenfalls Regisseurin. Auch ihr erlaubte die Zensur nicht zu arbeiten.

Da Ginkas keine Stücke auf die Bühne bringen konnte, begann er eigene zu schreiben. Das über Puschkin führten sie bei sich zu Hause auf.

Das sah die große russische Schauspielerin Nina Brobischew, und sie wollte darin die Hauptrolle spielen. Das war im Jahr 1981.

Kama Ginkas begann in Moskau zu arbeiten.

»Eine Ende wie in einem Märchen«, sage ich.

»Oder wie in einem Roman des 19. Jahrhunderts. Mein ganzes Leben setzt sich aus solchen Romanen zusammen. Das ist der erste.«

»Und der zweite?«

Dieser Roman ist eigentlich der erste, denn er beginnt am 21. Juni 1941, als die Deutschen in Kaunas einmarschieren. Kama ist sechs Wochen alt.

Zwei Jahre lebt er im Getto. Die Deutschen ermorden Alte, Kranke, dann Menschen mit diversen Berufen, die im Krieg nicht benötigt werden, doch als sie sich die Kinder vornehmen, flüchten Kamas Eltern mit ihm aus dem Getto.

Für eine dreiköpfige Familie ist es nicht leicht, unterzutauchen. Sie trennen sich. Kama wird von einer litauischen Familie, dann von einem Ordensbruder versteckt.

»Er beschloß, auch meine Seele zu retten. Ich war also beschnitten und getauft.«

Die letzten zwei Jahre verbringt er in einem Heim für geisteskranke Kinder. Es wird von geistlichen Schwestern geleitet.

»Dort war es schrecklich. Es kam die Gestapo, doch sie suchte keine Juden. Sie nahm die behinderten Kinder mit. Ein paar Tage vor der Befreiung liquidierten die Deutschen das Haus. Sie schafften alle Kinder fort, mitsamt den Schwestern. Mich haben sie im Schweinestall versteckt. Die letzten Tage verbrachte ich bei den Schweinen. Dort fand mich mein Vater.«

Kama Ginkas behauptet, das Getto von Kaunas hätten fünf Kinder überlebt.

»Das sagten die Juden in Kaunas und die Leute, die sie gerettet haben. Es haben so wenige Juden überlebt, weil alle Menschen einander kannten, alles voneinander wußten, jeder nach dem anderen fragte. Es überlebten drei Mädchen. Estera Jelinajte, eine hervorragende Pianistin. Sie gewann den Chopin-Wettbewerb im Jahre 1965. Roza Fajn, eine große Geigerin, Siegerin des Wieniawski-Wettbewerbs 1957.

An den Namen des dritten Mädchens kann ich mich nicht erinnern. Sie ist eine bekannte Malerin, die in Deutschland lebt und ihre Bilder in ganz Europa ausstellt. Wer das vierte Kind ist, weiß ich nicht, das fünfte bin ich, ein Avantgarderegisseur.«

1990 bekommt Kama Ginkas einen Brief aus Litauen.

»Lieber Kama. Ich habe in der Zeitung über dich gelesen. Ich habe gelesen, daß du ein großer Regisseur geworden bist. Ich weiß, daß das du bist, mein Söhnchen, das ich im Krieg versteckt habe. Ich spüre noch heute deinen kleinen Körper, wie er sich in meinen Laken suhlte ...«

»Ich kannte alle Menschen, die mich während des Krieges gerettet hatten. Ich war mit ihnen im Kontakt. Schwester Antonina konnte das nicht sein. Die Leute hatten erzählt, sie sei zusammen mit den behinderten Kindern erschossen worden. Ich flog nach Litauen. Sie war es. Die Schwester, die sich im Kinderheim um mich gekümmert und mich im Schweinestall versteckt hat, als sie in den Tod ging. Sie hatte wie durch ein Wunder überlebt. Die Bolschewiki jagten den Orden auseinander, also ging sie ins Volk. Sie heiratete sogar, doch sie hatte keine Kinder, nur mich ...«

«Wie im Märchen.«

»Oder wie in einem Roman. Das ist der zweite.«

»Und der dritte?«

Diese Geschichte ist verbunden mit dem einzigen Kind Kama Ginkas'. Danil war ein genialer Junge. Seit frühester Jugend schrieb er Erzählungen und Stücke für kleine Theateraufführungen. Dann studierte er Regie im Theaterstudio MChAT. Als er zweiundzwanzig war, wurde in Moskau sein Stück »Der kahle Brünette« aufgeführt. Die Hauptrolle spielte Nekta Mamonowa, der berühmteste russische Rockstar. Nach fünf Jahren wird das Stück immer noch gespielt und macht Furore. Es wurde auch in Deutschland und in Amerika auf die Bühne gebracht.

»Das letzte Stück schrieb er für mich«, sagt Kama mit brechender Stimme. »Das war ›Katerina Iwanowna‹, nach Dostojewski. Er schrieb es und ging fort. Er wollte nicht so sein wie ich. Er wollte nicht einmal meinen Namen tragen. Er legte die litauische Endung ›as‹ ab, und so blieb das jüdische ›Gink‹.«

Danil verließ seine Frau, das Kind, die Eltern, das Schreiben, und wurde orthodoxer Jude. Er lebt in einer Jeschiwe in Israel. Er studiert die Thora, sonst macht er nichts. Jedes Detail des Lebens, der Kleidung, jede Tätigkeit hat eine religiöse Bedeutung. So geht das schon seit vier Jahren.

»Ich habe eben ›Katerina Iwanowna‹ aufgeführt«, sagt Kama. »Ich zeigte das Stück in Schweden, in Finnland und in Wrocław, im Grotowski-Zentrum. Das ist alles, was mir von meinem Sohn geblieben ist. Die Juden haben ihn mir genommen.«

Herr Isaak ersucht mich, ihn nicht lange zu quälen, er hat hohen Blutdruck. Sehen Sie, schon wieder 190 zu 90. Alles ist bereits gepackt, nur der Apparat zum Blutdruckmessen liegt noch ausgerollt auf dem Tisch. In der Küche köchelt ein Huhn vor sich hin. Herr Isaak erhebt sich schwerfällig vom Bett, geht in die Küche, schüttet die Suppe in den Abfluß und gießt zum zweiten oder dritten Mal frisches Wasser über das Huhn. Er versucht das Cholesterin loszuwerden.

Isaak Mimilsztajn ist fünfundachtzig und fliegt morgen nach Deutschland. Heute vormittag fuhr er mit seinem

Sohn Ilia zum Friedhof, um sich von seiner Frau zu verabschieden.

»Herr Bader, ich möchte, daß neben meinem Bett, wenn ich sterbe, eine *medsestra*, eine Krankenschwester, steht,« so beginnt der alte Isaak und umgürtet mich mit den seidenen Gebetsriemen seiner rauchfarbenen Augen. »Hier habe ich Angst zu sterben. Als meinem Bekannten die Frau starb, hat ihn das Begräbnis acht Millionen gekostet. Hier habe ich Angst, krank zu werden, wenn man eine ernste Operation braucht, muß man Millionen hinlegen. Sie dürfen nicht glauben, daß ich mich nach den Bolschewiki sehne. Da sei Gott vor, aber mir ist nur mehr wenig Zeit verblieben, und ich sehne mich nach Ordnung, hier jedoch herrscht so ein br… bur… wie heißt das doch gleich?«

»Burdel. Bordell. Saustall.«

»Genau. Burdel.«

Manchmal sucht Herr Isaak nach einem Wort. Bis 1939 wohnte er in Polen, in Pabianice. Er spricht ein schönes Polnisch, mit einem leichten jüdischen Anflug, den meine Nachkriegsgeneration nur mehr aus dem Kabarett kennt.

»Diese Löcher in den Gehsteigen und Straßen, dieser Dreck. Die Menschen sind zwar gut, sie machen einem Platz in der Metro, doch für Ordnung haben sie nichts übrig. Alle Blumenbeete haben sie zertrampelt. Ich möchte ausruhen, mich auf eine Bank setzen, doch die haben sie auch zertrampelt.«

»Und in siebenundfünfzig Jahren haben Sie sich nicht daran gewöhnt?«

»Wenn Ihnen, nehmen wir einmal an, der Bauch weh tut, sogar eine ganze Woche lang, können Sie sich daran gewöhnen? Ich habe eine andere Erziehung genossen. Ich bin aus Polen hierher gekommen, als ich sechsundzwanzig war, ich hatte polnische Manieren, Kultur. Ich konnte mich nicht daran gewöhnen. Gewöhnen kann sich nur, wer im Terror aufwuchs. Ich bin in Pabianice in der ulica Garncarska aufgewachsen. Dort standen kleine jüdische Holzhäuser. Es herrschte Armut, dort wohnten einfache Weber aus Wajnsztajns Fabrik, aber alles war sauber und ordentlich. In ganz Polen war es sauber. Vor dem Krieg gab es einen Premierminister, Sławoj-Składkowski. Er befahl, große Ordnung zu machen. Er ließ die Aborte frisch kalken.«

Herr Isaak wollte nach Polen ausreisen, wo er einen Bruder hat. Er fragte in der Botschaft an, wie er die Staatsbürgerschaft zurückbekommen könne, und bekam zur Antwort, das wüßten sie auch nicht, damit müßten sich der Präsident oder der Sejm befassen. Den polnischen Paß haben ihm die Russen weggenommen, doch er besitzt immer noch die Geburtsurkunde, in der steht, daß er polnischer Staatsbürger ist.

Herr Isaak fliegt am Dienstag, den 6. August, mit einer Maschine der Aeroflot nach München. Die dortige jüdische Gemeinde hat ihn eingeladen. Der deutsche Staat zahlt ihm 500 Mark Rente und noch 200 wegen seines Diabetes, die Wohnung bezahlt die Gemeinde.

Das Flugzeug fliegt um 11.40 ab, doch Herr Isaak ist schon um 8.30 am Flughafen. Er hat darauf bestanden, früher dort zu sein, dagegen war nichts zu machen. So sitzt er also umzingelt von seinen Paketen da und mosert leise vor sich hin.

»Wie mich die geschunden haben. Jeden Tag könnte man eine Geschichte aufschreiben. Allein um sich abzumelden … Wie viele Papiere man da braucht! Zwei Tage, allein um zum Chef der Miliz zu gelangen. Überall Volk, stickig, nirgends kann man sich setzen ... Gott strafe Rußland.«

Ein paar Tage später rufe ich Herrn Isaak an. Er ist begeistert. Er ißt sich mit Cornflakes mit Honig satt, mit Müsli mit Waldfrüchten und Milchbrei für Säuglinge. Er verspürt überhaupt keinen Appetit auf gekochtes Huhn. Er sitzt den ganzen Tag auf einer Bank vor dem Haus und schaut den Brummfliegen zu, die um die Beete mit Levkojen und Phlox surren.

Ich fahre an München vorbei, noch weiter nach Westen, ins alte Freiburg in Baden-Württemberg. Die deutsche Regierung hat beschlossen, 40000 russische Juden aufzunehmen.

In Baden-Württemberg errichten die Magistrate der Städte, in denen es vor dem Krieg Synagogen gegeben hat, für die jüdischen Gemeinden Kulturzentren mit Bethäusern. Das in Freiburg wurde 1987 eröffnet. Vor dem Eingang hat jemand ein Hakenkreuz hingesprayt, das offenbar nur mich stört, denn eine ganze Woche lang macht sich keiner die Mühe, es zu entfernen.

Das Zentrum in Freiburg ist ein schönes, modernes Gebäude. Es wurde wie eine Plombe in eine Lücke gesetzt, die während des schrecklichen und sinnlosen alliierten Bombenangriffs im November 1944 entstand.

Die Synagoge befindet sich im obersten Stock. Man kann mit einem futuristischen gläsernen Lift, der sich in einem Glasrohr bewegt, hinauffahren. Die Freiburger Gemeinde zählt 900 Mitglieder. 650 von ihnen stammen aus der ehemaligen UdSSR, doch selbst zum Sabbat-Gebet kommen nicht mehr als dreißig. Nach dem Gebet gehen alle in einen großen Saal, wo sie ein koscheres Abendessen mit Wein und Chala, Striezel, einnehmen. Hier sind schon mehr Personen. Auch Jugendliche, doch nur solche aus Rußland. Sie wollen sich treffen, in der Muttersprache unterhalten.

Man kann auf den ersten Blick sagen, wer aus der Sowjetunion gekommen ist. Welche deutsche Frau würde Männerschuhe anziehen? Viele Frauen tragen noch Kopftücher.

Ich sitze an einem Tisch, esse Thunfisch aus der Dose und unterhalte mich mit Boris Michajlowitsch, doch dann kommt Frau Sousan gelaufen und sagt, ich solle das Aufnahmegerät ausschalten. Ich darf auch keine Bilder machen, nicht einmal den Namen von Boris Michajlowitsch darf ich in mein Notizbuch eintragen, denn das ist alles Arbeit, und von dem Moment an, da während des Gebets die Kerzen entzündet wurden, herrscht Sabbatruhe, und man darf nur essen, trinken und rasten. Ich sage, ich sei kein Jude, doch das hilft nichts. Das ist ein jüdisches Haus und man darf hier nicht arbeiten.

Die russischen Juden betrachten Frau Sousan wie eine Verrückte, sie können nicht begreifen, weshalb sich Menschen ihr Leben selber mit sinnlosen Vorschriften erschweren wollen. Doch sie sagen nichts. Der sowjetische Mensch ist geübt im Schweigen. Obendrein ist Frau Sousan die Vorsitzende der Gemeinde und die Frau des Rabbiners, das ist schon eine Obrigkeit.

Daher gehe ich mit den jungen Leuten hinaus, um mich mit ihnen zu unterhalten. Wir kaufen Pommes frites und setzen uns vor den herrlichen Freiburger Dom. Olga. Katja, Jula und Jewgeni sind aus Kiew, Gennadi kommt aus Odessa, Ilia ist aus Moskau. Sie sind zwischen fünfzehn und achtzehn Jahre alt, einige tragen Ketten mit dem Davidstern.

»In Kiew würde ich das nie tun«, sagt Ola, »doch hier ist es wunderbar, alle behandeln uns normal. Wir sind weder Russen noch Juden, wir sind wie alle anderen auch.«

Wir sprechen über ihre Eltern. Von sechs Vätern arbeiten nur zwei, und das erst seit kurzem, die übrigen sind arbeitslos. So ist das, seit sie hierhergekommen sind, das heißt seit zwei, drei Jahren.

»Was macht das schon?« sagt Jula Wajnberg. »Schlimmer als in Rußland wird es hier nicht werden. Meine Familie ist weggefahren, damit ich etwas lernen kann, eine Ausbildung erhalte. Uns wird es anders ergehen als unseren Vätern. Wir werden zurechtkommen.«

»Warum seid ihr nicht nach Israel gefahren?« frage ich.

»Ich bin Jude«, sagt Ilia lachend, »aber kein Idiot. Dort herrscht doch Krieg.«

»Habt ihr Heimweh?«

Sie schütteln die Köpfe.

»Doch ihr sprecht nur Russisch.«

»Immer. Auch meine Kinder werden Russisch sprechen.«

»Meine auch.«

»Ich werde nur einen Russen heiraten. Einen anderen nehme ich nicht.«

Wir sind wieder in Rußland.

Woswraschtschenzy – diejenigen, die zurückgekehrt sind, die Kinder der *otkazniki*, der Juden, die in den siebziger Jahren auf ihre Staatsbürgerschaft verzichteten, ihre Personalausweise zurückgaben, das Recht auf Emigration forderten und nach vielen Schwierigkeiten endlich ausreisen durften.

Die *Woswraschtschenzy* bilden einen exklusiven Klub.

Sie bleiben unter sich und lassen keine Fremden in ihren Kreis. Sie zerfallen in zwei überaus snobistische Sekten, die aus Israel und die »Besseren« aus den Vereinigten Staaten.

Sie sind in der Emigration aufgewachsen, nach der Perestroika, und haben sich entschlossen, zurückzukehren.

»Kaum jemand ist freiwillig emigriert«, sagt Natalia Bolenkaja-Grinberg. »Meine Eltern haben mich aus meiner Umgebung gerissen, als ich Brodski zu lesen begann und Galitsch hörte. Ich war verzweifelt, ich hatte zahllose Bekannte und Freunde. Die nationalistischen Probleme gingen mich nichts an.«

»Während der ganzen Fahrt habe ich ihnen gesagt, wir sollten bleiben«, erinnert sich der zweiundzwanzigjährige Stasch Mogilewski, »Das war vor sechs Jahren, als sie mich nach Israel mitnahmen. Dort sagte ich von Anfang an, wenn ich erwachsen bin, werde ich zurückkehren. Ich wohne seit einem Jahr in Moskau.«

»Die Amerikaner sind schreckliche Ignoranten«, sagt Natalja. »Was das Leben und die Kultur angeht. Als ich ihnen sagte, ich sei in Petersburg geboren, fragten sie mich, ob ich übers Wochenende dorthin fahre? Sogar Menschen mit Bildung sind beschränkt. Ich habe hervorragende Juristen getroffen, die noch nie von Dostojewski gehört haben ... Sie wußten nicht einmal, daß Eliot ein amerikanischer Dichter ist.«

»Ich habe in Tel Aviv, in Köln, in New York gewohnt, und jetzt wohne ich wieder in Moskau«, sagt Rigor Mechow, der zwanzig Jahre außerhalb Rußlands verbracht hat. »Ich werde oft gefragt, was ich bin: Russe, Amerikaner, Jude? Oder wo ich mein Leben verbringen will. Das sind Fragen aus einer anderen Epoche. Ich möchte dort leben, wo es mir gefällt. An dem Tag, an dem ich mich in Moskau nicht mehr wohlfühle, fahre ich von hier weg.«

»Seit 1991 wohnte ich bei einem Onkel in Brooklyn, im Bezirk Brighton Beach, den die Leute dort Klein Odessa nennen«, sagt der vierundzwanzigjährige Tola Rubinowitsch. »Ich studierte und arbeitete. Ich verkaufte Popcorn an der Börse. Als jedoch 1992 bei uns die Privatisierung einsetzte, sagte ich mir, es sei Zeit, zurückzukehren. Ich absolvierte die russische Plechanow-Wirtschaftsakademie. Ich leite die Wertpapierabteilung einer großen Firma, an der die Amerikaner mit siebzig Prozent beteiligt sind. Ich bin an der Valuten- und Warenbörse aktiv. Ich verdiene 25 000 Dollar im Jahr. In New York würde ich noch zehn Jahre lang Popcorn verkaufen. Hier bin ich jemand.«

Kama Ginkas ist Matwejs liebster russischer Theaterregisseur. Er bewundert ihn und versucht nun sein eigenes Talent. Zur Premiere der Aufführung von Georg Büchners »Dantons Tod«, am Tag der russischen Präsidentschaftswahlen, kam die Creme der Dissidenten-Intelligenz mit Jelena Bonner an der Spitze. Kein Wunder: Der Regisseur der Aufführung, Matwej Jankelewitsch, ist Jelena Bonners Enkel; sie ist die Witwe von Andrej Sacharow, der mit dem Friedensnobelpreis ausgezeichnet wurde.

Der dreiundzwanzigjährige Matwej wohnt seit einem Jahr in Moskau. Er hat Rußland mit vier Jahren verlassen. Er lebte in den Vereinigten Staaten. Er studierte russische Literatur an der University of Connecticut, machte dort sein Diplom. In Moskau lebt er von Englischstunden. Davon kann man problemlos leben. Alle Firmen sind wie verrückt darauf aus, ihren Mitarbeitern Englisch beizubringen, und amerikanische Lehrer sind sehr gefragt.

Matwej versammelte eine Gruppe junger Leute um sich. Sie fanden einen Keller am Prospekt Lenina und richteten selber einen Saal mit fünfzig bis achtzig Plätzen ein. »Dantons Tod« führten sie zur Eröffnung des Theaters »I« auf (sie sagen: »kurzes i«).

»Unsere Eltern sind voller Haß gegen diesen Staat«, sagt Matwej. »Ich kenne jüdische Familien aus Rußland, in denen es nicht erlaubt ist, Russisch zu sprechen. Wir, die Kinder der Flüchtlinge, verstehen das nicht. Wir haben keine schlechten Erinnerungen, im Gegenteil. Wir wollen wissen, wovor unsere Eltern so davonlaufen. Als ich nach Rußland fuhr, herrschte zu Hause helle Verzweiflung. Mama hat Angst, daß man mich verprügelt, weil ich Jude bin, oder weil ich Amerikaner bin, oder daß die Kommunisten zurückkommen. Sie glauben, Rußland sei ein Land, das einen, wenn es einen einmal angezogen hat, nicht mehr losläßt. Wenn es dich einmal bezaubert hat, kannst du nicht mehr weg von hier.«

»So etwas gibt es.«

»Jetzt weiß ich das auch. Davor haben die Flüchtlinge Angst. Sie haben zu viel gelitten. Es kam schon vor, daß sie das Land liebten, wenn also ihre Kinder jetzt nach Rußland fahren, dann fragen sie sich: Wozu haben wir das alles durchgemacht?«

Matwej erzählt von der ersten Zeit nach seiner Ankunft in Rußland. Sie fuhren vom Flughafen zur Großmutter. Sie quälten sich durch den Stau in der Gorki-Straße. Er fühlte sich verloren in dieser riesigen, fremden Stadt, doch als er das Stiegenhaus betrat, erfuhr er eine wunderbare Überraschung.

»Wenn man ein Puzzle zusammenfügt, kann es einem

passieren, daß man das eine Stück verlegt hat, ohne das es sich nicht zum Ganzen fügt. Als ich über die Stiegen zur Großmutter ging und mir dieser Geruch des russischen Stiegenhauses entgegenschlug, sagte ich mir: ›Ja, hier bin ich schon einmal gewesen. Ich bin zu Hause.‹ Das ist dieses eine Fragment meines Lebens, das mir immer gefehlt hat«, endet Matwej und umschnürt mich mit den seidenen Gebetsriemen seiner rauchgrauen Augen.

1996

Paweł Smoleński

Beisetzung eines Mordbrenners

Im Dezember 1997 reiste Anna Karwańska zum wiederholten Mal von Amerika nach Polen, mit dem Entschluß, ihren Mann Dymitr würdig zu beerdigen.

Dymitr Karwański war im einunddreißigsten Lebensjahr gefallen. Er liegt auf einem unfruchtbaren Stück Land, nicht Feld noch Weide, neben zweiundzwanzig anderen jungen Leuten, die im Jahre 1946, am Dreikönigstag, beim Dorf Bircza in der Region Przemyśl ums Leben kamen. Sie wurden in eine eilig ausgehobene Grube geworfen und mit Erde zugeschüttet; heute kratzen dort Hühner, liegt Unrat, wuchern verwilderte Ribiselsträucher. Auf Dymitrs Grab hat in all diesen Jahren keiner auch nur den kleinsten Kerzenstummel entzündet, dort hat keiner ein Gebet gesprochen.

Obwohl er gläubig war, bekam Anna Karwańskas Mann kein christliches Begräbnis, denn er war Ukrainer und Offizier der Ukrainischen Aufständischen Armee (UPA), Mitglied des Stabes des Kuren[1] Przemyśl der UPA. Für über ein halbes Jahrhundert hatten die *Upowcy*, die Mitglieder der UPA, kein Recht auf Grabkreuze, Tafeln mit ihren Namen

1 *kuren*, ukr., hist. Kosakenlager, Kosakenabteilung

und Todesdaten. Anna Karwańska war nach Polen gereist in der Hoffnung, fünfzig Jahre seien lange genug, um das zu ändern.

Im Prinzip sagte keiner Anna Karwańska offen ins Gesicht: Auf mich dürfen Sie in Sachen Beisetzung nicht rechnen. Oder: Es ist leider so, daß wir wichtigere Probleme haben. Als sie jedoch nach ihrem letzten Besuch in Bircza, nach Gesprächen in Warschau, nach Begegnungen mit Polen und Ukrainern, die in Polen leben, am Warschauer Flughafen Okęcie ins Flugzeug stieg, fragte sie die sie begleitenden Bekannten: »Warum sind alle gegen mich?«

Ich bin den Spuren Anna Karwańskas gefolgt, um zu begreifen, warum sie sich in ihren Bemühungen so einsam fühlt.

Die sterblichen Überreste Karwańskis und seiner Soldaten warten immer noch auf ihre Beisetzung. Es ist für sie kein Platz auf dem Friedhof von Bircza und auch nicht im benachbarten Stanisławczyk, wo Dymitr geboren wurde, noch in Przemyśl, auf dem Friedhof der Ssitscher Schützen – der ukrainischen Soldaten aus dem Ersten Weltkrieg.

In Geschichtswerken, die in Volkspolen erschienen, in belletristischen Werken, besserer oder schlechterer literarischer Fiktion, in Enzyklopädien und Lexika heißt es, die Ukrainische Aufständische Armee sei eine »radikal nationalistische, faschistische, militärisch-terroristische« Organisation, die mit den Deutschen zusammengearbeitet hatte und verantwortlich war für massenhafte Massaker an der polnischen Bevölkerung, für »Morde an Vertretern der Staatsmacht und Parteiaktivisten«. In dieser Beschreibung findet sich kein Wort der Unwahrheit (mit Ausnahme der »faschistischen Organisation«), wer jedoch behaupten wollte, das ergäbe ein wahres Bild der UPA, der lügt.

Die 1992 erschienene »Allgemeine Enzyklopädie« informiert, so wie ihre kommunistischen Vorgängerinnen, über die antipolnischen bewaffneten Aktivitäten der UPA, »die darauf abzielten, die Polen völlig aus Wolhynien, Polesien und Ostgalizien zu vertreiben«, fügt jedoch hinzu: »In den von Ukrainern bewohnten Gebieten Polens wurde die Gruppe San gebildet. Diese hatte die Aufgabe, die ukrainische Bevölkerung vor der Aussiedlung in die UdSSR zu schützen. In der Zeit ihrer Tätigkeit kam es zu einer militärischen Zusammenarbeit zwischen ukrainischen Verbänden und dem polnischen antikommunistischen Untergrund.«

Doch insgesamt brachte die neue Zeit keine Veränderungen in der Einschätzung der UPA mit sich. Die Teilnehmer der Konferenz »Polen – Ukraine im Raum der Geschichte«, organisiert im Jahre 1997 in Krakau vom Verband der Kombattanten der Polnischen Republik und der Ehemaligen Politischen Gefangenen (um der Konferenz besondere Bedeutung zu verleihen, wurden unter den Organisatoren auch die Polnische Akademie der Wissenschaften und die Jagiellonische Universität angeführt), stellten fest: »Die UPA wurde von einem rabiaten Chauvinismus faschistischer Färbung angetrieben und agierte planmäßig und überlegt, sie vollbrachte Grausamkeiten, die zivilisierter Nationen unwürdig sind, sie entwickelte die Folter zur Virtuosität.« Oder: »Ein Vergleich der UPA mit den Hitlerdeutschen ist eine Beleidigung für die Hitlerdeutschen.« Oder: »Bei den Ukrainern ist Morden und Brennen seit Jahrhunderten üblich, so rufen die Worte der ukrainischen Nationalhymne zu Morden und Brandschatzen auf.«

Und in den »Wiadomości Birczańskie« (Nachrichten aus Bircza) finden sich – neben dem Text des örtlichen Lehrers, Roman Balawejder, der in einem Kommentar zu den Problemen rund um die Beisetzung schreibt, die Bewohner von Bircza hätten »der Welt auf eigenen Wunsch kein menschliches Antlitz, sondern eine Fratze des Hasses gezeigt« – Beiträge über die nationalistischen Mörder der UPA.

Anna Karwańska war Melderin der UPA. Dafür wurde sie zu sechzehn Jahren Gefängnis verurteilt, von denen sie sieben in Bydgoszcz Fordon absaß. Sie ist keine naive Person, sie mußte daher wissen, daß das Klischee des Ukrainers als Mörder und Brandschatzer in Polen nach wie vor stark verbreitet ist. Banditen verscharrt man hinter der Friedhofsmauer.

Bircza – um das Dorf schlängelt sich ein schmales Flüßchen, an dem die Straße entlangführt. Eine Kirche, ein Pfarrhof, eine Handvoll ehemals jüdischer Häuser, die sich tief in den Boden ducken, eine Kneipe, ein paar Läden, ein Kulturhaus, nicht weit davon der weiße, mächtige Bau der neuen Schule. Auf dem Marktplatz ein Denkmal, gewidmet den Gefallenen im Kampf »gegen die faschistischen Banden der UPA« (Jahr für Jahr werden davor Blumen niedergelegt) und das plumpe Gebäude des gemeindeeigenen Kulturhauses, benannt nach den Opfern des Faschismus.

Anfang 1946 waren in Bircza polnische Soldaten und Angehörige des NKWD einquartiert, aus den umliegenden Weilern wurden bewaffnete Milizionäre zusammengezogen. Sie besaßen Handfeuerwaffen, schwere Maschinengewehre, Mörser. Das Dorf steht auf einem steil aufragenden Hügel, es sieht aus wie eine natürliche Festung. Zwei vorherige Sturmangriffe der UPA auf Bircza waren problemlos zurückgeschlagen worden.

Aus der Operationsmeldung der Führung der 26. taktischen Abteilung der UPA, »Lemko«, vom Jänner 1946: »Die westliche Gruppe, bestehend aus U-2 und U-6, unter der Führung von Oberst ›Konyk‹[2], sollte in den Ort eindringen und diesen niederbrennen. Unter dem starken Beschuß von Maschinengewehren und Mörsern mußten sich unsere Einheiten zurückziehen. Das Resultat der Aktion: Feindliche Verluste – ca. siebzig Tote (stark übertrieben, es kamen weniger als zwanzig Polen ums Leben, Anm. PS), eigene Verluste – dreiundzwanzig Tote, darunter die Kommandanten ›Konyk‹ und ›Orskyj‹ (Dymitr Karwański, Anm. PS), zwei Verwundete. Es wurden sieben feindliche Bunker zerstört und etwa ein Dutzend Holzhäuser niedergebrannt.«

In der Meldung stand nicht geschrieben, daß der Angriff auf Bircza keine Aussichten auf Erfolg hatte und militärisch idiotisch war. Darüber hinaus deutet alles darauf hin, daß sich unter den Ukrainern ein Spitzel befand, der der polnischen Führung die Pläne der UPA verriet.

Oberst »Konyk« verstand sich aufs Kriegshandwerk, vor dem Krieg hatte er in der Armee der Polnischen Republik gedient. Er war sich der Absurdität der Aktion bewußt. Dennoch erteilte er den an Selbstmord grenzenden Befehl, obwohl er wußte, daß er damit sich und seine Soldaten in Gefahr brachte. Auch Dymitr Karwański vertraute kurz vor dem Angriff seiner Frau an, daß er eine böse Vorahnung habe. Er wollte den Sturmangriff nicht und sagte, die Aktion sei sinnlos.

2 ukr. Pferdchen

Doch in den ersten Jännertagen des Jahres 1946 stattete der *Prowyjdnyk*[3] der UPA für die Region, Myrosław Onyszkiewicz, dem Kuren Przemyśl eine Visite ab. Die Deportationen der Ukrainer nach Osten dauerten an, polnische Repatrianten quartierten sich in ehemals ukrainischen Dörfern ein. Onyszkiewicz brauchte eine spektakuläre Aktion, am besten einen an ein Wunder grenzenden militärischen Erfolg, um die ukrainische Moral aufzurichten und den Glauben zu festigen, daß die *Samostijna Ukraina*, die Unabhängige Ukraine, in der Region Przemyśl den Sieg davontrug. Die militärischen Erfahrungen »Konyks« und die Vernunft Karwańskis mußten hinter den politischen Bedürfnissen zurückstehen. Für ihren Fanatismus bezahlten sie mit dem Leben.

Die polnischen Verteidiger von Bircza wurden auf dem Friedhof bestattet. Dort liegen über hundert polnische Opfer der polnisch-ukrainischen Auseinandersetzungen. Oberst »Konyk«, Dymitr Karwański und die übrigen gefallenen *Upowcy* wurden von ukrainischen Bauern, die im Arrest von Bircza einsaßen, entkleidet und nackt in die Grube geworfen. Dann wurden die Bauern erschossen und ihre Leichen auf die der *Upowcy* geworfen; ein paar alte Häftlinge führten die Beerdigung zu Ende. Als sie freigelassen wurden, zerstreuten sie sich in den Dörfern von Pogórze, den nördlichen Karpatenausläufern, und verbreiteten die Kunde vom Sturm auf Bircza und der makabren Beerdigung.

Einer starb auf der Schwelle seiner Hütte. Ein zweiter erzählte den Nachbarn, er habe den eigenen erschossenen Sohn neben den entkleideten »Konyk« gelegt; möge der

3 ukr. Führer

Knabe wenigstens im Tode neben einem Helden zu liegen kommen.

Mit dem Angriff am Dreikönigstag des Jahres 1946 begann der bis heute andauernde Spektakel von Spannungen, Wahnsinnigkeiten und Absurditäten in Bircza.

Was dachte sich Anna Karwańska, als sie bei zwanzig Grad minus nach Przemyśl reiste? Dachte sie, dieses Mal könne sie etwas bewirken? Der Ausflug kostete sie eine Menge Aufregungen: als sie in der kleinen Holzkirche in Stanisławczyk ihres Mannes gedachte oder als sie unter den Ribiseln, wo er begraben liegt, ein Grablicht entzündete. Und ein Meer von Tränen, als Jan Laszkiewicz, der Besitzer der Ribiselsträucher, unter denen Dymitr ruht, mit betrunkener Stimme erklärte: »Ich pflanze auf ihnen Blumen, ich tue, was ich kann. Sie essen Mais, haben Erdäpfel, ich setze Kraut für sie. Da ist kein Misthaufen.«

Anna Karwańska war nach Polen gekommen, damit man ihr ins Gesicht sagte: Wir haben wichtigere Dinge im Kopf als ein Grabmal für die UPA.

Und trotzdem hatte sie gehofft.

Vor einem halben Jahrhundert war Anna ein hübsches zwanzigjähriges Mädchen, und Dymitr ein gut aussehender, reifer Mann, der unter den Ukrainern im Ruhm eines Kommandanten der UPA erstrahlte. Sie lernten einander in der Konspiration kennen, in der Konspiration heirateten sie, das Schicksal gewährte ihnen gerade einmal ein halbes Jahr, um sich aneinander zu erfreuen. Jadwiga Nowakowska, eine Journalistin des Polnischen Fernsehens (TVP), die Anna Karwańska während ihres Aufenthalts in Polen begleitete, war der Ansicht, das sei ein hervorragendes Material für einen Film über eine große, tragische, unerfüllte Liebe.

Anna Karwańska sagte immer wieder und wieder: »Ich habe Dymitr geliebt«, und wenn sie das sagte, wurden ihre Augen feucht. Aber schon als sie von ihrer Partisanenhochzeit erzählte, tat sie das nach Meinung der Journalistin allzu sachlich und ohne größere Emotionen. Dafür erklärte sie mit viel Gefühl, warum sie in die UPA eingetreten war: »Die Jugend strebte in die Organisation, ich bin ich auch eingetreten, weil wir die Freiheit erlangen wollten. Ich glaubte, daß wir kämpfen müßten, sonst würden wir in Unfreiheit verharren. Schließlich hat jede Nation ... Auch Polen war geteilt und hat gekämpft, um die Freiheit zu erringen. Wenn die ukrainische Nation wiederauferstanden war, dann um frei zu sein wie andere Nationen.«

Und: »Ich war Patriotin seit meiner Kindheit, das haben mich meine Eltern gelehrt. Die Polen sagen nie von sich, sie seien Nationalisten, sie sagen immer, sie seien polnische Patrioten. Ja, ich bin eine ukrainische Patriotin.«

Jadwiga Nowakowska meint, aus dem geplanten Film über die Liebe sei nicht viel geworden. Dafür konnte sie eine äußerliche Veränderung ihrer Heldin beobachten. Innerhalb von zwei Wochen wurden die Haare von Anna Karwańska vollständig grau.

Keiner hatte von Nowakowska einen Beitrag über den ukrainischen Patriotismus erwartet. Nach der Sendung (am frühen Nachmittag, ein Arbeitstag, im Fernsehen nennt man das eine »schlechte Zeit«) erhielt sie Anrufe mit Vorwürfen, sie gebe sich unnötigerweise mit Bandera-Leuten[4]

4 Stepan Bandera, 1909–1959, ukrainischer nationalistischer Politiker, der zeitweise mit Hitlerdeutschland kooperierte

ab. Die Anrufe begannen für gewöhnlich mit der Frage: »Haben Sie eine Ahnung, was die uns angetan haben?«

Anna Karwańska und Jadwiga Nowakowska wurden von Eugeniusz Misiło zusammengebracht, einem halben Ukrainer und Historiker, der in den jahrelang verschlossen gehaltenen Archiven der Volksrepublik Polen schürft, die Geheimnisse jener Zeit bergen.

Vor Jahren wirkte er bei einem Fernsehbeitrag über die Aktion »Weichsel«[5] mit. Karwańska sah ihn und schrieb aus Amerika an Misiło, ob er das Grab Dymitrs suchen könne? Das kann ich – schrieb Misiło zurück, und bewaffnet mit einem Papier, das ihn als Mitarbeiter des Polnischen Fernsehens auswies, fand er die Grube, in die man die *Upowcy* geworfen hatte. Das kostete ihn ein paar Viertelstunden, um mit den Bewohnern von Bircza zu reden, obwohl es jahrzehntelang geheißen hatte, der Ort, an dem Dymitr und seine Genossen verscharrt wurden, sei unauffindbar.

Karwańska machte Misiło zu ihrem Bevollmächtigten in ihren Bemühungen um die Exhumierung und Beisetzung. Das brachte Misiło auf die Idee, Bircza könnte für die polnisch-ukrainischen Beziehungen zu einem ebensolchen Symbol werden, wie es Krzyżowa für die polnisch-deutschen Beziehungen wurde. Daß auf dem von polnischem und ukrainischem Blut getränkten Hügel (eine hochgestochene Formulierung, aber er dachte wirklich so) eine historische Versöhnung erfolgen solle.

5 Als im März 1947 ein polnischer General und Vizeminister für Verteidigung von Partisanen der UPA erschossen wurde, ordnete die Regierung in Warschau die Aussiedlung der ukrainischen Minderheit aus den südöstlichen Gebieten Polens an; die mit großer Brutalität durchgeführte Maßnahme trug den Namen »Aktion Weichsel«

Mit dieser Idee fuhr er zu einem Treffen mit den Bewohnern von Bircza. Er stand vor einem vollen Saal im Kulturhaus der Gemeinde, benannt nach den Opfern des Faschismus. Er sagte, er würde gern die Gefallenen auf den Friedhof überführen und bei ihrem Grabmal ein zwei Meter hohes Kreuz aufstellen.

»Fünfzig Jahre lang hat keiner mit euch über die ukrainische Problematik gesprochen. Das Problem hörte auf zu existieren, als die Ukrainer ausgesiedelt wurden. Doch heute kehrt es zurück, und sei es in Form dieses Grabmals.«

Darauf bekam er zur Antwort:

»In die Ukraine mit ihnen. Das sind Banditen!«

Misiło: »Ich glaube nicht, daß sie Banditen waren. Die *Upowcy* waren Soldaten und griffen eine Garnison der Polnischen Armee an, die hier stationiert war.«

Saal: »Lügen. Sie haben Kinder verbrannt. Sie haben mit Äxten gemordet.«

Misiło: »Bei einer Begegnung mit den Gemeinderäten habe ich die Opfer des Angriffs auf Bircza in meinem Namen und in dem der Familien der *Upowcy* um Vergebung gebeten. Ich bitte Sie, verlangen Sie nicht mehr von mir.«

Saal: »Wir haben euch die Dörfer nicht niedergebrannt. Banden! Banden! Die Ukrainer haben bei uns Leichen zurückgelassen, die Polen hingegen haben in diesen heißen Zeiten edelmütig die ukrainischen Leichen aus den Wäldern und aus dem Fluß geholt, um sie in einem gemeinsamen Grab zu bestatten.«

Misiło: »Sie sprechen von dieser Begräbnisstätte hier, ja?«

Ein Mann aus dem Saal: »Ja. Der Ort eignet sich ebensogut wie jeder andere für ein Grab.«

Es war nicht so, daß ganz Bircza lauthals gegen Misiło

protestiert hätte. Ein paar Personen wollten den Saal dazu bringen, Erbarmen zu zeigen:

»Wir haben nicht zu den Waffen gegriffen, wir sind nicht nach Lemberg gezogen, um ihnen die Dörfer anzustecken, so wie sie das getan haben. Ich aber gehe in die Kirche, und es ist meine Pflicht, zu vergeben. Sie wurden auch hier geboren. Sie verdienen ein christliches Begräbnis.«

Diejenigen, die sich in der Versammlung für ein Begräbnis ausgesprochen hatten, wollen heute nicht mehr daran erinnert werden.

»Wir müssen hier leben«, sagen sie. »Wir haben andere wichtige Dinge zu tun.«

Der Ortsvorsteher von Bircza, Józef Żydownik, hätte die Ukrainer schon längst wie Menschen beigesetzt, denn obwohl er hier geboren wurde und seine Eltern ihm erzählten, wie die *Upowcy* die Hütte der Familie niedergebrannt hatten, weiß er, daß es dem Gesetz des Krieges entspricht, zu töten, dem Gesetz des Friedens aber, die Versöhnung zu suchen. Und er würde die anonymen Schreiben ignorieren, die ans Amt geschickt wurden: »Sie sind sehr unüberlegt vorgegangen, als Sie den ukrainischen Ultranationalisten Jewhen Misiło zur Versammlung der Gemeindebewohner einluden, vor allem nachdem er ihnen sein Projekt für ein Grabmal mit Symbolen der UPA gezeigt hatte. Man braucht nicht lange nachzudenken, um zu wissen, daß die Gräber nur ein Vorwand sind und daß es vor allem darum geht, den ukrainischen Charakter von Bircza und der gesamten Region zu demonstrieren.« Daher sagt er seufzend:

»Wenn es nur von mir allein abhinge.«

Aber weil er vom Gemeinderat in die Funktion des Ortsvorstehers gewählt wurde, muß er Rücksicht nehmen auf dessen Meinung, das heißt auf die Demokratie.

»Ich könnte es mit Gewalt versuchen«, sagt er, während wir Tee trinken, den er in blumengeschmückte Gläser eingeschenkt hat. »Aber meine Anordnung, sie beizusetzen, würde nie befolgt werden. So ist das Volk hier nun einmal; am lautesten schreien diejenigen, die sich überhaupt nicht mehr an diesen Krieg erinnern können.«

Wenn der Ortsvorsteher beschließen würde, die *Upowcy* zu exhumieren, dann würde er bei der nächsten Gemeindesitzung aufhören, Ortsvorsteher zu sein, weil im Gemeinderat die Starrköpfe in der Mehrheit sind.

»Ich klebe nicht an meinem Sessel«, erklärt er, »aber schauen Sie nur, wie schön wir es hier haben, wie sich die Gemeinde entwickelt. Zum ersten Mal in der Geschichte des Dorfes haben wir eine Mittelschule und ein neues Schulgebäude, wir haben eine Kläranlage gebaut, die Kanalisation, eine Sporthalle, die Straßen sind asphaltiert, die allgemeine Versorgung mit Telefonanschlüssen geht voran. Früher einmal wurden die Ortsvorsteher alle anderthalb Jahre ausgewechselt, und es ging nichts weiter. Wir schafften es nicht, uns aus dem Elend zu rappeln. Wenn ich auf dem Grabmal bestehe, kommt statt mir ein Neuer, der vielleicht alles zunichte macht. Ich habe Frau Karwańska gesagt, wir würden alles Erforderliche tun. Es wird einen Grabstein geben, nur ohne Inschrift, damit ihn keiner mit Farbe übergießen, keiner Hakenkreuze schmieren kann, so daß man wieder in ganz Polen über Bircza redet. Still, langsam, so geht es. Nur daß sie nicht mehr daran glauben will.«

»Ich persönlich, mein lieber Herr, habe von den Ukrainern nichts Schlimmes erfahren«, Janina Ryzner richtet mit der Hand ihr glatt gekämmtes graues Haar. »Deshalb bin ich in meinem Urteil objektiv und gemäßigt.«

Wir sitzen in der Küche, auf dem braunen Kachelofen blubbert die Essenz in der Teekanne. Volle Aschenbecher, das Wachstischtuch von Zigaretten verbrannt, am Rand des Tisches steht eine seltsam aussehende, aus Blechstücken und Holz gefertigte Maschine. Janinas Mann Franciszek ist, wie er selber sagt, eine Kreuzung zwischen Thomas Alva Edison und Graham Bell; die Maschine braucht er, um ein Rätsel zu lösen, das (nach seiner Ansicht) die Gesetze der Mechanik regiert.

»Ich war in Sibirien, ich habe die Sowjetunion mit der Armee von General Anders verlassen und bin erst 48 nach Polen zurückgekehrt.« Trotz ihrer schwierigen Kriegsbiographie sieht Janina Ryzner aus wie eine gutmütige Großmutter. »Ich bin 53 nach Bircza gekommen, persönlich habe ich also nichts gegen die Ukrainer. Aber ob ich Milch holen ging oder jemanden auf dem Weg traf, jeder wollte mir davon erzählen, wollte sein Herz ausschütten. Bitte, lesen Sie das.« Sie reicht mir ein maschinengeschriebenes Manuskript.

Vor mir liegen eine Liste mit Namen, die von den Gräbern in Bircza abgeschrieben wurden, und einige Berichte über der UPA zugeschriebene Verbrechen. Das schrecklichste aus dem benachbarten Sufczyna: Mit den entsetzlich zugerichteten Leichen der Familie des örtlichen Lehrers, von Polen und Ukrainern gleichermaßen geschätzt, hatten die Mörder die Szenerie einer sexuellen Orgie gestaltet. Es gibt keine Zeugen für das Verbrechen, auch die Motive sind unbekannt; möglicherweise hatte jemand den Lehrer umgebracht, weil ihm der ein paar Jahre zuvor eine Zwei ins Zeugnis geschrieben hatte. Es herrscht allerdings die (vielleicht berechtigte) Überzeugung, den Mord hätten Ukrainer begangen.

Janina Ryzner deutet mit dem Finger auf eine fett gedruckte Stelle: »Ich bringe die Ansicht der Mehrheit der Bewohner von Bircza zum Ausdruck. Exhumierung – ja, Beisetzung – nein.«

»Was hat die Erinnerung an das Verbrechen von Sufczyna mit der Beisetzung zu tun?« frage ich.

»Sehr viel. Die Ukrainer sagen, die UPA, das seien Soldaten gewesen. Aber welcher Soldat verhält sich so? Für uns sind das Mordbrenner, Banditen, Wilde. Die Menschen aus Bircza wollen es nicht hinnehmen, daß die Mörder neben den Ermordeten zu liegen kommen.«

»Im Tod sind alle gleich.«

»Es geht nicht um die Gestorbenen, sondern um die Lebenden. Ich sehe schon, wie sie zu den Gräbern gepilgert kommen, wie ein neuer Ort eines ukrainischen Kults entsteht. Das wollen wir nicht haben.«

»Und wenn sie kämen, die Hand zur Versöhnung ausgestreckt und um Vergebung bittend?«

»Und wenn Hitler käme, soll ich den auch empfangen? Sie sollen offen sagen, daß sie gemordet haben, und wenn da einer war, der nicht gemordet hat, dann soll er zugeben, daß er morden wollte! Dann kann man ihnen vielleicht vergeben.«

»Das war eine Bande, die gegen den polnischen Staat gebildet wurde«, fügt Franciszek Ryzner hinzu. »Für sie reicht die Ukraine bis nach Krakau. So ist das immer schon gewesen; schon in den mittelalterlichen Chroniken schrieben sie: ›*paschol Wlodimir Welykyj na Lachiw*‹, Wladimir der Große zog gegen Polen. Die Grabsteine auf den Friedhöfen brauchen die Ukrainer, um in hundert, zweihundert Jahren sagen zu können: hier sind unsere Gräber, also liegt Bircza in der Ukraine.«

»Wir haben der Karwańska erklärt, die Verzögerungen hinsichtlich der Beisetzung seien nicht unsere Schuld, sondern die der Behörden, der in Bircza, in Przemyśl und der obersten in Warschau«, sagt Jarosław Sydor, Vorsteher der Vereinigung der Ukrainer in Przemyśl. »Im Vorjahr wurde zwischen der Vereinigung der Ukrainer und dem Rat für die Pflege des Gedenkens an Kampf und Märtyrertum ein Übereinkommen unterzeichnet, wonach jeder das Recht auf ein Begräbnis haben soll, egal wer er war. Wenn es von polnischer Seite den Willen gäbe, das zu erledigen, dann wäre das längst erledigt. Doch die Polen haben eben Wichtigeres zu tun.«

Wir unterhalten uns im ersten Stock eines schönen Wohnhauses in Przemyśl, das vor dem Krieg aus ukrainischen Spenden errichtet wurde. Den hohen Gang schmücken farbige Graffiti, an den Wänden sind Spuren eines Feuers zu erkennen; hier haben vor kurzem unbekannte Täter versucht, eine Tür in Flammen zu setzen. Die Vereinigung bekommt das Gebäude nicht zurück, aber Jarosław Sydor kann sich darüber nicht mehr wundern, denn wenn man es zurückgeben wollte, dann wäre es längst zurückgegeben worden. Offenbar ist jemand darin interessiert, die gegenseitigen Spannungen weiter zu schüren.

»In die Angelegenheit von Bircza kam Bewegung, als sich die Polen für die Renovierung des Friedhofs der Jungen

Adler[6] in Lemberg zu interessieren begannen; vorher wollte sich keiner unsere Bitten auch nur anhören«, fährt Sydor fort. »Wenn die in Lemberg sagen würden, Bircza für den Łyczakowski-Friedhof, dann wäre das schon erledigt; es gibt ja bereits Stimmen, die so etwas fordern. Nach dem Gesetz ist es so, daß der Vorsteher von Bircza die Exhumierung anordnen müßte, und dann müßte er die sterblichen Überreste auf den seit dem Krieg nicht mehr benützten griechisch-katholischen Friedhof überführen lassen, aber nicht die Leute befragen und Versammlungen einberufen. Und wenn der Vorsteher das nicht tut, dann sollten es der Wojewode machen oder die Regierung. Dann gäbe es von polnischer Seite Unzufriedenheit und Geschrei? In diesem Fall müßte man sie unter Polizeischutz exhumieren und neuerlich beisetzen. So aber treten wir auf der Stelle.«

»Vielleicht haben die Unzufriedenheit und das Geschrei der Polen damit zu tun, daß in der Region Przemyśl ein paar Denkmäler zum Gedenken an die UPA errichtet wurden, wobei die geltenden Gesetze gebrochen wurden?«

»Wenn die Ukrainer Denkmäler errichten, dann erheben die Polen ein Geschrei, daß wir das Gesetz brechen. Wenn wir stillsitzen, dann zetern die Polen, hinter dieser Stille verbergen sich Konspiration, Verschwörungen und Ränke gegen die Allerheiligste Königin Polens. Dabei ist in der Gegend von Przemyśl das größte Problem die Armut. Wenn sie einem Polen etwas bezahlen, dann stellt er ihnen ein illegales Denkmal für die UPA auf und denkt nur daran, wie er zu seinem Geld kommt. Gehen Sie doch hin und hören Sie sich um, wie die Polen Ukrainisch lernen, damit sie besser

6 Łyczakowski-Friedhof in Lemberg, auf dem die Jungen Adler ruhen, polnische Jugendliche, die in den Kämpfen 1919/20 gegen die Ukrainer fielen

mit den Unsrigen aus der Ukraine handeln können. Im allgemeinen ist die Atmosphäre gut.«

»So gut, daß in Bircza nichts weitergeht.«

»Es wird schon gehen, es wird gehen, wenn die Ukraine harte Forderungen stellt.«

»Können Sie guten Gewissens behaupten, daß Sie alles getan haben, um Anna Karwańska zu helfen?«

»Ich habe einmal im Wojewodschaftsamt vorgesprochen, zweimal, zehnmal. Keiner hat mir gesagt: Gut, wir werden sie beisetzen, keiner hat gesagt: wir werden sie nicht beisetzen. Ich kann mich doch nicht zum Idioten machen, ich habe auch meine Würde, ich kann nicht herumlaufen und betteln. Ich glaube, die Karwańska hat das begriffen.«

Józef Myca, ein kleiner, grauhaariger Herr mit sanftem Gesichtsausdruck, führt die Organisation der ukrainischen politischen Gefangenen der Stalinzeit. Vor einiger Zeit stand er vor der Kamera als Held eines Films mit dem Titel »Banditen«. Myca sagte ganz Polen (der Film wurde im Fernsehen ausgestrahlt), daß er Soldat der UPA war.

»Und stellen Sie sich vor«, erinnert er sich lächelnd, »das wurde in meiner polnischen Umgebung sehr positiv aufgenommen.«

Myca hat seine Strafe für die Zugehörigkeit zur UPA abgesessen. Als er aus dem Gefängnis entlassen wurde, ließ er sich in der Gegend von Koszalin nieder. Er war fünfzig Jahre alt, als er sich für ein Fernstudium der Agrarwissenschaft einschrieb, damit sie im Dorf nicht sagen konnten, ein Ukrainer sei ein Dummkopf. Heute besitzt er einen prosperierenden Agrarbetrieb und vergibt Arbeitsplätze, die in den Dörfern hier rar sind.

Die Organisation der ukrainischen politischen Gefangenen ist in Wahrheit eine Vereinigung der Kombattanten der Ukrainischen Aufständischen Armee. Myca kämpfte im Kuren Przemyśl, und obwohl er selber am Sturm auf Bircza nicht teilnahm, kann er sich gut an damals erinnern. Es fällt ihm schwer, die Behauptung zu akzeptieren, der Angriff sei militärisch absurd gewesen. Noch schwerer – unter den ukrainischen Partisanen habe es einen polnischen Spitzel gegeben. Er ist oft in Warschau, als Mitglied einer polnisch-ukrainischen Kommission, die sich endlich auf den Inhalt der Inschrift geeinigt hat (»Sie sind für die Freiheit der Ukraine gefallen«), die auf den Grabmälern in Bircza und einigen anderen Orten stehen soll, wo Partisanen der UPA bestattet liegen. Die Verhandlungen zogen sich über Monate hin, jedes Treffen dauerte mehrere Stunden. Nur daß man die Inschrift nirgends einmeißeln kann, weil die Kommission weder die Exhumierung noch die Bestattung anzuordnen hat.

Myca sagt, die würdige Beisetzung der Waffengefährten sei seine moralische Pflicht.

»Vielleicht hätten sie mit Misiło oder mit der Karwańska nach Bircza fahren, sich vor die Menschen dort hinstellen und ihnen sagen sollen: Ich habe im Kuren Przemyśl gekämpft, vergebt mir bitte, so wie auch ich vergebe. Vielleicht würden dann ihre Waffengefährten bereits in geweihter Erde liegen.«

»Ich bitte Sie, in Bircza gibt es niemanden, mit dem man reden könnte. Wunder darf man keine erwarten.« Myca betrachtet seine ineinander verflochtenen Hände.

»Haben Sie Angst, sich vor die Bewohner von Bircza hinzustellen und die Hand zur Versöhnung auszustrecken.«

»Eh, das ist es nicht. Aber es gibt dort keinen, der sich versöhnen möchte.«

»Es ist keine Kunst, mit Leuten zu reden, die überzeugt sind.«

Józef Myca läßt den Kopf sinken.

»Irgendwann einmal werde ich hinfahren.«

In Polen, in den Vereinigten Staaten und in Kanada lebten noch eine Handvoll Teilnehmer des Angriffs auf Bircza. Jahrelang hat sich keiner von ihnen für eine Begräbnisstätte für ihre Kommandanten interessiert, auch nicht dann, als in anderen Orten der Region Przemyśl illegale Denkmäler errichtet wurden, mit Aufschriften wie »Ehre den Helden, gefallen für die Freiheit der Ukraine«, oder »Ruhm den Helden der UPA«. Diese Emigranten, heute eher Amerikaner als Ukrainer, alte, oft wohlhabende Herren, die sich marmorne, mit Dreizack[7] geschmückte Grabstätten erbauen lassen, wollten nicht ins arme Bircza fahren und die armen Menschen dort um Versöhnung bitten. Eugeniusz Misiło glaubt, aus Angst.

Diejenigen, die in Polen leben, vertrauen nicht einmal den eigenen Kindern an, daß sie Soldaten der UPA waren.

»Warum hat die Kirche Anna Karwańska nicht bei ihren Bemühungen um die Beisetzung ihres Mannes unterstützt?« fragte ich den griechisch-katholischen Priester von Przemyśl.

Der Priester ist jung, mutig und unter den Ukrainern dafür bekannt, daß er sich für das Gedenken an die Aktion »Weichsel« einsetzte. Er antwortet, ohne zu zögern: »Die

7 *tryzub*, Dreizack, Symbol der unabhängigen Ukraine

Beisetzung der Soldaten von Bircza hängt nicht von der Kirche ab. Uns kann man keine Vorwürfe machen. Wir haben nicht einmal einen griechisch-katholischen Friedhof.«

Wir schwiegen, die Stille hallte vom Gewölbe des Kirchenvorraums wider, der Priester barg das Gesicht in den schmalen Händen und fügte hinzu:

»Wenn das in den Masuren wäre, im Gebiet von Koszalin, in Danzig, wo ich geboren wurde, gäbe es keine Probleme. Aber hier, im Gebiet von Przemyśl ... Hier ist es anders. Wissen Sie, in mein Dorf im Gebiet von Żuławie sind oft Deutsche gekommen, um ihre früheren Höfe zu sehen. Es gab im Dorf Leute, die die Gäste hineinbaten. Und solche, die sie mit Hunden verjagten. Ich weiß, daß es hier nur eine Handvoll gibt, die die Ukrainer mit Hunden verjagen würden. Doch das sind die, die in die Versammlungen gehen, das Maul aufreißen, Briefe und Proteste verfassen. Nur allzu oft verstehen sie es, ihren Standpunkt durchzusetzen.«

Im Sommer 1997 führte der Priester in Leszno, das ukrainisch Pasdjatsch genannt wird, zum Fest der Verheißung des Heiligen Geistes eine Prozession an. Es waren dreißig Personen, lauter Alte und ein, vielleicht zwei Kinder. Sie beteten, sangen Lieder, und eine entlang des Kreuzwegs aufgestellte Menge skandierte im Rhythmus, wie Fußballfans: »U-krai-ne, Hu-re, Schwei-ne.«

Dann brüllten rund zwanzig betrunkene Männer, reife Familienväter und Milchbärte, dem Priester zu: »Wir werden eure Hajdamaken-Kapellen in Brand stecken!« Und die Kreuzwegstationen, genau dieselben wie bei römischen Katholiken, gingen in Flammen auf.

Der Priester zählt auf: eine kleine Tafel an der griechisch-katholischen Kapelle in Leszno, die an die Deportation der

Bewohner des Dorfes nach Westen erinnert – zerschlagen. Die Tafel an der Kirche in Kobylnica Wołoska – zerschlagen, und der Konservator schickte ein Schreiben mit der Aufforderung, man solle nicht versuchen, eine neue anzubringen.

»Hier im Gebiet von Przemyśl ist es so,« sagt er, »daß die kleinste Angelegenheit, die nebensächlichste Forderung unsererseits sofort auf Widerstand stößt. Wir wollten die heutige Straße der Kommission der Nationalen Erziehung wieder, wie vor dem Krieg, nach Bischof Antoni Radylowskyj benennen. Die Bewohner erklärten sich einverstanden; der Bischof hat sich mit schönen Taten ins Buch der Geschichte von Przemyśl eingetragen. Die städtischen Behörden sagten nein. So ist es mit allem.«

Und über Bircza: »Was vermag denn ich, was vermag die Kirche? Ich kann das Schicksal von Frau Karwańska beweinen, aber ich muß an das Wohl der gesamten ukrainischen Gemeinschaft denken. Es darf keiner glauben, daß wir das Gedenken an die UPA unterstützen. Obwohl die Beisetzung in Bircza eine Christenpflicht ist, halten viele Polen sie für eine politische Angelegenheit. Unsere Kirche wirkt nicht im leeren Raum, sie muß Rücksicht nehmen auf die Stimmung der Polen. Sonst haben wir es noch schwerer. Sie müssen das verstehen, wir können nichts riskieren, wir dürfen keinen Vorwand liefern, vielleicht sind wir übertrieben vorsichtig. Wenn hinter der Karwańska wenigstens ein polnischer Priester stünde ... Dann wäre alles einfacher.«

Diese Szene wurde gefilmt, aber nicht in die Fernsehreportage aufgenommen. »Als Polin konnte ich sie nicht aufnehmen«, sagte mir Jadwiga Nowakowska.

Im Filmausschnitt sieht man den Pfarrer von Bircza,

Pater Stanisław Misiak, wie er sich auf die Frage nach der Beisetzung von Dymitr Karwański wortlos umwendet und weggeht.

Pater Misiak war bei der Dorfversammlung dabei, in der beschlossen wurde, die Beisetzung zu verbieten. Er sagte: »Ich bin euer Pfarrer, ich möchte, daß wir uns einmal vor dem Herrgott wiedersehen. Wenn wir sie hier beisetzen, dann wird es Zerstörungen geben, Lästerungen. Damit es dazu nicht kommt, sollen sie exhumiert und von hier weggeschafft werden.«

Und in einem Interview für die *Wiadomości Birczańskie* (auf die Frage: Sind die Ukrainer als Nation unsere Brüder in Christo?): »Liebet eure Feinde – das ist das schwierigste Gebot ... Was die Gesten der Versöhnung angeht, glaube ich, daß es dafür noch zu früh ist, es braucht Jahre, viele Jahre, um diese Spuren zu verwischen.«

Ich stattete Pfarrer Misiak einen Besuch ab. Ich fragte ihn nach der Beisetzung.

»Lassen Sie mich damit in Ruhe, ich lebe hier, ich habe wichtige Dinge zu tun«, antwortete er an der Schwelle des Pfarrhofs.

»Auf einer Versammlung aller Priester der Diözese Przemyśl sagte unser Bischof Józef Michalik, jeder habe ein Recht auf ein Kreuz, ein Todesdatum, den eigenen Namen am Grabstein, und er hat den Priester von Bircza gerügt, weil er die Bemühungen um die Beisetzung nicht unterstützt,« sagte mir ein anderer katholischer Priester. »Nur daß das keine konkrete Folgen hat. Ich habe den Eindruck, daß sich der Erzbischof heute um möglichst gute Beziehungen zu den Griechisch-Katholischen bemüht, und morgen schauen die Kurienbeamten weg, wenn Extremisten antiukrainische Exzesse begehen. Warum das so ist, was man von all dem halten soll, weiß ich selber nicht.«

»Warum schleppt sich die Angelegenheit der Beisetzung in Bircza so lange hin?« fragte ich Andrzej Przewoźnik, den Sekretär des Rates für die Pflege des Gedenkens an Kampf und Märtyrertum, mit dem die Vertreter der Vereinigung der Ukrainer über den Inhalt der Inschriften auf den geplanten Grabstätten verhandeln.

»Bircza ist Teil eines größeren Problems«, antwortete er. »Sie müssen wissen, daß hier ungeheure Emotionen mitspielen, und das macht eine Erledigung dieser Angelegenheit nicht leichter, das ist einer vernünftigen Lösung nicht förderlich. Die örtliche Bevölkerung hat von der UPA viel Schlimmes erfahren. Im Bewußtsein der Bewohner hat sich seit dem Krieg nicht viel geändert, in diesen fünfzig Jahren hat sich das negative Klischee von den Ukrainern verfestigt. Außerdem ist es nicht unsere Sache, Entscheidungen zu fällen. Die Sache scheitert am Ort der Beisetzung. Wenn die *Upowcy* in Bircza beigesetzt werden sollen, dann ist der Gemeindevorsteher zuständig, wenn in Przemyśl, auf dem Friedhof der Ssitscher Schützen, dann liegt die Entscheidung beim Wojewoden, beim Denkmalamt, beim Wohnungsbauamt. Sie sehen selber, daß das nicht so einfach ist. Solche Dinge lassen sich nicht übers Knie brechen.«

Und dennoch ist Andrzej Przewoźnik voll Optimismus. Immerhin hat man sich bereits auf den Inhalt einer allgemeinen Grabinschrift geeinigt. Vorher hat der Rat ein positives Urteil über ein geplantes, zwei Meter hohes Kreuz gefällt, das auf der Begräbnisstätte von Dymitr Karwański und seinen Gefährten stehen soll. Man konnte sich nur nicht darauf verständigen, am künftigen Grab die Bezeichnungen der taktischen Einheiten der UPA und die Dienstgrade der Gefallenen anzubringen.

»Warum nicht?«

»Ich weiß«, sagt Przewoźnik, »daß die Ukrainer in Bircza einen Posten der Bürgermiliz, des polnischen Militärs und des NKWD angegriffen haben, aber wir beurteilen die UPA eindeutig negativ. Außerdem handelt es sich nach unserer Auffassung nicht um ein Kriegergrab, sondern um ein ziviles. Solche Inschriften würden neue Konflikte heraufbeschwören.«

»Auf die Gräber der Kämpfer des polnischen Untergrundes werden die Dienstgrade geschrieben. Und viele Jahre lang waren das auch zivile Gräber.«

»Das ist etwas anderes.«

»Stellen Sie sich vor, daß unter den Ribiseln in Bircza Polen lägen.«

»Dann wäre ihrer schon längst in der nötigen Form gedacht worden.«

Als Anna Karwańska nach Bircza kam, führte Eugeniusz Misiło sie auf den Friedhof, wo die polnischen Kriegsopfer liegen. Die Karwańska fegte den Schnee vom nächsten Grab und wollte schon ein Licht entzünden, als sie die Inschrift sah: »Ermordet von den faschistischen Banden der UPA«.

»Ich kann nicht«, sagte sie. »Wir waren keine Banden, sondern Soldaten.«

»Frau Anna«, redete Misiło auf sie ein, »die Kerze ist ja nicht für die Inschrift, sondern im Namen der Versöhnung und Vergebung.«

Ich erzählte in Bircza von der Geste Anna Karwańskas.

»Das ist eine ukrainische Unverschämtheit und Arroganz«, so lautete der häufigste Kommentar.

Nur der Ortsvorsteher Żydownik schrieb den Punkt »Beisetzung« auf die Tagesordnung der nächsten Gemeinderatssitzung.

Für eine Weile sah es so aus, als würden die Gebeine Dymitr Karwańskis auf dem orthodoxen Friedhof in Przemyśl zur Ruhe gebettet werden. Nicht unentgeltlich; der Friedhof könnte eine solide Umzäunung gebrauchen, man dachte sich also, Dymitr und seine Gefährten bekämen im Tausch für einen Zaun einen Platz auf dem Friedhof.

Ich rief den orthodoxen Priester an, der für den Friedhof zuständig ist:

»Sie haben eine wahrhaft christliche Haltung bewiesen.«

»Hier hängt nichts von mir ab«, sagte er. »Was zählt, ist die Meinung meines Bischofs.«

»Aber wenn Sie eine Entscheidung treffen könnten, würden sie gewiß schon dort liegen.«

»Das sind nicht meine Glaubensgenossen.«

Als am Tag nach Dreikönig im Jahre 1946 in Bircza ein frostiger Morgen anbrach, fanden zwei polnische Jungen in einem Gebüsch neben dem Weg einen Ukrainer, der beim Sturm gefallen war. Die Leiche lag mit dem Gesicht im Schnee, der rot war vom Blut, sie war beinhart gefroren, in den ausgestreckten, kalten Händen hielt sie einen Karabiner. Einer der Jungen packte den Lauf und zog daran, kraftvoll, um den erstarrten Händen die Waffe zu entreißen. Er sah nicht, daß der Zeigefinger der rechten Hand am Abzug lag und der Karabiner entsichert war. Ein Schuß fiel.

Der Ukrainer (vielleicht war es Dymitr Karwański) wurde in die Grube auf dem Grundstück von Jan Laszkiewicz geworfen. Der Junge wurde neben den Soldaten bestattet, die bei der Verteidigung von Bircza gefallen waren. Auf seinen Grabstein schrieb man, er sei dem ukrainischen Terror zum Opfer gefallen.

Vielleicht hat Anna Karwańska an eben diesem Grab ein Licht entzündet?

Nachdem ich den ganzen Weg Anna Karwańskas nachgegangen war, rief ich sie in New York an, wo sie wohnt.

»Ich weiß schon nicht mehr, an wen ich mich wenden, wen ich bitten soll«, vernahm ich eine schwache Stimme im Hörer. »Was kann ich allein noch ausrichten, was kann ich tun? Das dauert schon so lange, schon fünf Jahre. Ich will nichts anderes als sie beisetzen. Damit soll alles enden.«

*

Die Beschreibung der Versammlung von Bircza ist ein Fragment einer Reportage von Lidia Ostałowska, »Entschluß« (*Gazeta Wyborcza*, 15. Februar 1995).

Einige Aussagen von Anna Karwańska und Jan Laszkiewicz stammen aus der Fernsehreportage »Die Lebenden mögen nicht die Hoffnung fahren lassen«, von Jadwiga Nowakowska (2. Programm TVP, 1997).

Die Geschichte des zufälligen Todes des Burschen aus Bircza wurde im Buch von Zbigniew Ziembolewski, »Vendetta in den Bieszczady«, beschrieben.

1998

Tomasz Patora / Marcin Stelmasiak

Die Hautjäger von Łódź

In der Redaktion rief ein Arzt an. Wir hatten ein paar Monate zuvor mit ihm gesprochen, als wir nach Verbindungen zwischen Bestattungsunternehmen und dem Rettungsdienst suchten, doch damals hatte er nicht viel sagen wollen. Nun hörten wir: »Ich habe mir alles überlegt, ich möchte mit euch über die Häute reden.«

Warum hat er seine Meinung geändert?

»Die Sache ist zu weit gegangen«, antwortete er nur. Er war merklich aufgeregt. Er ersuchte uns, ihn abends zu Hause aufzusuchen. »In eine Kneipe könnte ein Bekannter kommen, auch bei euch in der Redaktion könnte mich jemand sehen und dann daraus Schlüsse ziehen. Ich habe Angst – ich weiß selber nicht, was dabei herauskommen kann.«

Bei der Rettung hat er nicht viel verdient. Für einen Arzt mit langjähriger Dienstzeit wohnt er bescheiden. In einem kleinen Zimmer eine Garnitur, eine Couch und Fauteuils aus falschem Leder.

Der Arzt schaute traurig drein.

»Ihr wißt sicher, was eine Haut ist?« fragte er.

Wir glaubten die richtige Antwort zu kennen. »Ein verstorbener Patient, den die Besatzung eines Rettungswagens und der Disponent an ein Bestattungsunternehmen verkaufen.«

»Und habt Ihr gewußt, daß man Häute auch machen kann?«

Nach Włodzimierz Sumera suchten wir ein paar Wochen lang. Vor einigen Jahren hat er mit Bestattungen ein Vermögen verdient. Jetzt steckt er in Schwierigkeiten. Er wohnt als Bettgeher bei der Familie. Vor ein paar Monaten wurde auf ihn geschossen, er meidet große Straßen und fremde Menschen.

Von der Ausbildung her ist er bildender Künstler. Ungefähr vierzig, mit dem Aussehen eines Studenten, dunkle Gläser auf der Nase. »Warum ich bereit bin, offen zu reden? Nicht etwa, weil ich ein ehrlicher Mensch wäre. Diese Sache hätte man längst in Ordnung bringen müssen, vielleicht gelingt es euch. Ich kann nicht viel zu meiner Rechtfertigung vorbringen. Höchstens, daß ich die Folgen nicht vorhergesehen habe, obwohl ich sie hätte vorhersehen müssen.«

Über den Handel mit Häuten weiß Sumera beinahe alles. »Schließlich habe ich mir das Geschäft mit dem Rettungsdienst ausgedacht, daß wir die Häute von ihnen übernehmen.«

An der Wende von den achtziger zu den neunziger Jahren arbeitete er nebenbei als Sanitäter bei der Rettung von Łódź. »Die Familien der Verstorbenen warteten oft stundenlang zu Hause, bis der Wagen vom kommunalen Bestattungsunternehmen kam und die Leiche ins Kühlhaus brachte. Doch die Zeiten hatten sich geändert, und ich war der Meinung, hier sei Platz für mein Business«, erzählt er.

1991 kehrte er der Rettung den Rücken und gründete mit einem Kollegen die Firma C. »Ich kaufte einen kleinen Lieferwagen und verteilte bei der Rettung unsere Visitenkarten. Ich sagte, sie sollten mich anrufen, wenn ein Leichentransport anfiel. Die Sache wuchs mir über den Kopf – wir konnten die Aufträge nicht mehr bewältigen. Zuerst riefen mich die Leute von der Rettung als ehemaligen Kollegen an. Ich zeigte mich erkenntlich. Anfangs noch nicht mit Geld.«

»Mit Kaffee? Kognak?«

»Mit Wodka. Ich brachte kistenweise Wodka zur Rettung. Die Firma begann Gewinn abzuwerfen. Wir waren darauf bedacht, mit dem Geld ordentlich zu wirtschaften, die Firma auszubauen. Und Leichen gab es so viele, daß wir einen Schritt weiter gingen und auch Bestattungen machten. Wir stellten Leute ein, steckten sie in schöne Kleider, kauften als erste für die damalige Zeit elegante Autos. Mein Traum war es, aus der Firma eine Bonbonniere zu machen, wie ich das nannte. Teilweise ist mir das auch gelungen.«

Doch zu diesem Zeitpunkt waren Sumeras einstige Kollegen vom Rettungsdienst schon nicht mehr nur Kollegen. Seit es um Geld ging, waren sie Geschäftspartner.

Heute versichert Sumera: »Wir waren nicht die ersten, die etwas bezahlten. Als die Konkurrenz zu zahlen begann, schlug ich den Burschen vor, etwas für die Rettung anzuschaffen: einen Fernseher, eine Couch, Decken. Sie wollten nur Bargeld. Also überbot ich die Konkurrenz. Und aus den Leichen wurden rasch Häute, das heißt eine Ware für den Verkauf. Eine gute, gängige Ware.«

Welcher Weg führt vom Anruf bei der Rettung bis zum Verkauf einer Haut?

Den Anruf unter der Nummer 999 nimmt der Disponent entgegen. Aufgrund des Gesprächs mit dem Anrufenden muß er einschätzen, wie ernst der Zustand des Patienten ist und – damit verbunden – ob er ein Rettungsfahrzeug schicken soll und welches (mit einem Notarzt, nur mit Fahrer und Sanitäter, die den Kranken in die Klinik bringen oder manchmal auch an Ort und Stelle versorgen), einen Unfallwagen (mit Arzt, Fahrer und Sanitäter) oder eine Erka, einen Wagen mit einem Reanimationsgerät (mit einer zusätzlichen Krankenschwester, das Team wird ausgeschickt, wenn es darum geht, Leben zu retten). Es gibt genügend Rettungswagen, sie warten an verschiedenen Punkten der Stadt. Aufgabe des Disponenten ist es, die richtige Art von Wagen und denjenigen auszuwählen, der am schnellsten beim Patienten sein kann.

Wenn der Patient stirbt, muß der Arzt den Tod feststellen und die Dokumente ausfüllen – eine Informationskarte und den Totenschein – und zum Wagen zurückkehren. Und die Familie steht vor einem Problem, denn laut Sanitätsgesetz darf der Leichnam nicht zu Hause liegen bleiben. Man muß ihn ins Kühlhaus bringen, wo er bis zum Tag des Begräbnisses wartet.

Wir haben eine freie Marktwirtschaft, daher hängt es von der Familie ab, welche Firma den Leichnam abtransportiert, dann das Begräbnis vorbereitet und die Beisetzung selber durchführt. Die Familie ruft die von ihr gewählte Firma an, darauf wird die Leiche ins Kühlhaus gebracht.

Nur die wenigsten sind finanziell auf den Tod einer nahen Person vorbereitet, deshalb ist es wichtig, daß die Bestattungsfirma rasch eine Rechnung ausstellt. Mit dieser Rechnung geht man zur Sozialversicherung, um das Sterbegeld zu kassieren – das sind heute mehr als 4000 Złoty –, und mit dieser Summe kann man die weiteren Formalitäten erledigen: im Bestattungsunternehmen und auf dem Friedhof.

Das ist alles.

Wo ist hier Raum für den Verkauf einer Haut? In den Details. In der Regel hat keiner die Telefonnummern eines Bestattungsunternehmens bei der Hand. Und keiner hat auch nach dem Verlust eines Nächsten den Kopf für geschäftliche Fragen: sich nach Preisen zu erkundigen, die Qualität von Dienstleistungen zu vergleichen. Viele wissen überhaupt nicht, was sie weiter machen sollen. Der Leichnam jedoch muß abtransportiert werden. Die Besatzung des Rettungswagens hat die Wohnung noch nicht verlassen, da drängt sich schon die Bitte auf die Lippen: Helft mir! Der Arzt (Sanitäter, Fahrer) soll die Prozedur erläutern. Er kann aber auch die Telefonnummer einer Firma nennen. Und er kann sogar auf der Stelle bei einer Firma anrufen.

Włodzimierz Sumera versichert, die ersten Beträge, die er an die Besatzungen von Rettungen bezahlte, seien nicht hoch gewesen. »Ungefähr 50 000 Złoty pro Haut. Alte Złoty natürlich, das sind nach heutigem Geld fünf Złoty. Das reichte gerade für eine Schachtel Zigaretten. Aber sofort begannen die Bestattungsunternehmen, die Preise untereinander hochzutreiben. 1995 bezahlte ich schon 500 Złoty für eine Haut.«

Der Verkauf von Häuten wird rasch zum blendenden Geschäft, und manche Besatzungen von Rettungswagen warten nicht mehr darauf, daß Familienangehörige sie bitten, ihnen bei der Suche nach einem Bestattungsunternehmen zu helfen. Und auch die Disponenten möchten am Geschäft beteiligt werden – sie schließen informelle Abkommen mit den Besatzungen der Rettungswagen ab: Ich erfahre als erster vom Tod, dann schicke ich meinen Wagen zur Haut, und du gibst mir einen Teil vom Gewinn ab.

Dann gilt es noch abzurechnen.

Sumera: »Es gibt zahllose Formen der Abrechnung. Ich habe manchmal der Bequemlichkeit halber der Rettung eine Pauschale für zehn Häute im voraus bezahlt. Wenn das Limit erreicht war, rief mich der Disponent an, das nächste Kuvert sei fällig. Wie sie das untereinander aufteilten, war ihre Sache.«

Witold Skrzydlewski, Mitglied des Gemeinderates von Łódź, dessen Familie die größte Kette von Blumenhandlungen und Bestattungsunternehmen in der Region besitzt, erklärt, wie die Besatzung eines Rettungswagens hinter einer Haut herjagt: »Ein Profi wird der Familie nie sagen, jetzt kommt die Bestattungsfirma XY. Die Verwandten könnten einwenden: Die wollen wir nicht. Er sagt: Gleich kommt ein Transport und bringt den Verstorbenen ins Kühlhaus. Für einen durchschnittlichen Rentner ist das ein Teil derselben Institution, nämlich des Rettungsdienstes. Der Arzt, der Sanitäter oder der Fahrer gehen hinaus und rufen an. Und dann kommen zwei traurige Herren. Sie stellen sich nicht vor, sondern sagen nur: Unterschreiben Sie bitte diese Dokumente. Sie können mir glauben, es gibt keinen, der in diesem Augenblick einen Beleg liest. Die Leute unterschreiben also. Erst am nächsten Tag schauen sie nach, wohin sie fahren sollen, um die restlichen Formalitäten zu erledigen.

Dann sehen sie, daß sie nicht zum Rettungsdienst fahren müssen, sondern zu einem Bestattungsunternehmen.«

Es ist eine allgemein verbreitete und von der Sozialversicherung akzeptierte Praxis, daß ein Vertreter eines Bestattungsunternehmens mit der schriftlichen Vollmacht der Familie das Sterbegeld erhält. Diese Vollmacht ist eines der Dokumente, das die Verwandten den beiden traurigen Herren unterschrieben haben.

Gemeinderat Skrzydlewski schildert, was weiter geschieht: »Im Bestattungsunternehmen haben die Verwandten keine Wahl mehr, denn die Firma hat sich sofort alle Dokumente besorgt und – was am wichtigsten ist – von der Sozialversicherung das Sterbegeld kassiert. Und den Leuten ist gar nicht aufgefallen, daß sie im Vertrag ihr Einverständnis für die Ausrichtung des Begräbnisses erklärt haben und daß sie, wenn sie jetzt davon zurücktreten wollen, so und so viel Pönale bezahlen müssen. Die Leute wollen nicht herumstreiten, denn da ist der Tote, die Tragödie, man kann sich das vorstellen.«

Skrzydlewski sagt, unser Gespräch falle ihm schwer, er selber habe auch an die Rettung bezahlt. Er versichert: »Als es um hohe Summen ging, zogen wir uns zurück. Wir meinten, das werde langsam gefährlich, irgendwie könnten sich die Grenzen zwischen der Rettung eines Menschenlebens und dem bloßen Tun als ob verwischen.«

Wir wissen, daß die Firma der Familie Skrzydlewski seit ein paar Jahren dem Rettungsdienst nichts mehr bezahlt. Sie kann sich das leisten, sie ist sehr potent auf dem Markt von Łódź.

Die Sätze für Häute wurden weiter hinauflizitiert.

Włodzimierz Sumera: »1998 bezahlte ich noch etwas. Damals nur mehr, um den Preis hochzutreiben. Ich erhöhte ihn von 800 auf 1000 Złoty pro Haut. Ich dachte mir, wenn ich die Preise hinauftreibe, verdienen die Firmen nichts mehr, und dann hört sich das alles auf.«

Zur Erinnerung: Die Firma hat für die Bestattung 4000 Złoty Sterbegeld von der Sozialversicherung (die Quote des Jahres 2001) zur Verfügung. Je mehr sie dem Rettungsdienst für die Leiche abgibt, desto niedriger ist ihr Gewinn.

Warum wurden die Preise überhaupt weiter erhöht? Ganz einfach – je höher die Bestechungssummen für den Rettungsdienst wurden, desto mehr verteuerten die Firmen die Bestattungskosten.

Skrzydlewski: »Die Unternehmen wählten eine Methode, die ein wenig der aus dem Film ›Kiler‹ gleicht, wo Siara-Rewiński mit Englert teilt: zwei Goldbarren für mich, ein Goldbarren für dich. Ein Verwandter des Toten kommt, und sie geben ihm vom Sterbegeld noch etwas ab. Der Verwandte rümpft zwar die Nase, weil nur so wenig übriggeblieben ist, doch insgesamt ist er zufrieden. Weil er nicht weiß, was ihn noch erwartet. Dann geht er zum Friedhof und erfährt, daß er so und so viel fürs Grab und so und so viel für den Priester bezahlen muß. Das zahlt er zusätzlich, aus der eigenen Tasche – obwohl man mit dem Sterbegeld wirklich ein durchschnittliches Begräbnis mit Grab und Priester ausrichten kann. Die Firmen, die mit dem Rettungsdienst zusammenarbeiten, richten jedoch die billigsten Bestattungen aus, mit dem schäbigsten Sarg, und das fürs ganze Sterbegeld. Weil sie die Besatzung der Rettung am Profit beteiligen müssen.«

Wie verbirgt die Firma, daß sie einen »Anteil für die Haut« bezahlt hat, um Probleme mit dem Finanzamt zu vermeiden? Das scheint gar nicht in der Buchhaltung auf, weil sie mit dem Finanzamt pauschal abrechnet. Und es kommt nur selten vor, daß ein Kunde nach dem Begräbnis eine ordentliche Rechnung mit allen Positionen verlangt (und wenn er das tut, schreibt die Firma »Zuschlag für den Sarg«).

Das Lizitieren der Häute geht weiter, und es gibt immer mehr Mitspieler.

Skrzydlewski: »Es gibt eine Firma, die bezahlt nur 1200 Złoty, aber sie bietet den Mitgliedern der Rettung zusätzliche Dienstleistungen an, wie etwa Ferienaufenthalte in Spanien. Andere Firmen bezahlen 1600 Złoty pro Stück.«

Eine der letztgenannten Firmen ist das Unternehmen P. Noch vor ein paar Monaten bezahlte sie den Besatzungen von Rettungswagen nichts, die Folge war, daß sie nur ein paar Begräbnisse pro Monat ausrichten konnte. Jetzt sind es zirka 150.

Seit unserem Gespräch mit Skrzydlewski (vor zwei Wochen) wurde der Preis neuerlich hinaufgesetzt. Die Firma CZ. bezahlt 1800 Złoty für eine Haut.

»Jeder kann ein Bestattungsunternehmen aufmachen, Sie brauchen dafür keine besonderen Voraussetzungen zu erfüllen. Sie brauchen dafür nicht einmal Geld«, erklärte Skrzydlewski. »Die Produzenten, von denen es viele gibt, liefern Ihnen die Särge gern auf Kredit. Sie stellen den Familien von Verstorbenen ein paar Rechnungen aus, und am nächsten Tag in der Früh haben Sie ihr Sterbegeld in der Hand. Sie brauchen also kein Kapital, um in diesen Markt einzusteigen. Niemand überprüft, ob jemand, der ein solches Geschäft eröffnet, vorbestraft ist. Bestattungsunternehmen wurden von Krankenschwestern eröffnet, von Sekretärinnen von Spitalsdirektoren, für Bestattungsunternehmen fahren Chauffeure von Rettungsambulanzen usw. Auf diesem Markt herrschen die Gesetze von Banditen.«

Einer unserer Gesprächspartner war Jacek T., eine bekannte Figur in der Welt der Łódźer Bestattung. Seit Jahren in der Prosektur des Spitals der Militärakademie für Medizin beschäftigt, ein Mitarbeiter Sumeras, der erste »Lehrer« Skrzydlewskis (der Anfang der neunziger Jahre als Florist arbeitete und erst später ins Bestattungsgeschäft einstieg).

Jacek T. verdiente mit dem Ankleiden und Waschen von Leichen, und er war auch an einem Bestattungsunternehmen beteiligt. Und er war ein Spezialist für den Ankauf von Häuten vom Rettungsdienst.

»Wenn er richtig gedacht hätte, wäre er heute ein reicher Mann«, erinnert sich Sumera. »Doch er gab das Geld genauso leicht aus, wie er es verdiente. Wenn sich der Herr Oberst – so wurde er genannt – im Lokal ›Kaskada‹ vergnügte (in den kommunistischen Zeiten das teuerste Lokal von Łódź, heute ein Symbol der verflossenen Epoche), hielt er alle Gäste frei. Jaceks vierzigsten Geburtstag feierten alle aus der Bestattungsbranche und der halbe Rettungsdienst.«

1998 geriet Jacek T. in Konflikt mit einigen konkurrierenden Bestattungsunternehmen. Auch auf seiner Seite standen ein paar Firmen.

Ein Jahr später flog Jacek Ts. neuer Renault in die Luft – jemand hatte eine Bombe unters Auto gelegt. T. beschuldigte die Konkurrenz, angeblich erhielt er auch Todesdrohungen. Aber es wurden keine Schuldigen gefunden – die Staatsanwaltschaft stellte beide Untersuchungen ein.

Während einiger Treffen im Sommer 2001 erzählte uns Jacek T. detailliert über die Kooperation von Bestattungsunternehmen mit der Rettung. Zu einem weiteren verabredeten Gespräch kam es nicht mehr. Es stellte sich heraus, daß er in der Zeit unserer Gespräche einen Mord geplant hatte. Im September 2001 wurde er in einem Supermarkt festgenommen, als er einem gedungenen Mörder 25 000 Złoty übergab. Das war eine Anzahlung, noch einmal soviel sollte der Mörder erhalten, nachdem er Skrzydlewski erschossen hatte. In der Untersuchung bekannte sich Jacek T. schuldig, er wartet auf seinen Prozeß.

Es geht um viel Geld. Eine einfache Rechnung: Allein in Łódź registriert der Rettungsdienst pro Monat 400 Todesfälle. Für wie viele Häute bezahlen die Bestattungsfirmen den Besatzungen der Rettung? Erinnern wir uns, daß die Firma P., seit sie für die Häute bezahlt, über 140 Begräbnisse pro Monat ausrichtet. Und sie ist nicht der einzige Betrieb, der bezahlt.

Nach einer vorsichtigen Schätzung kassieren die Besatzungen von Rettungswagen monatlich für 200 bis 250 Häute ihren Anteil. Wenn man einen Durchschnittsbetrag für eine Haut (von 1200 bis 1800 Złoty) auf 1500 Złoty ansetzt, kommen wir auf 200 bis 370 000 Złoty monatlich und 3,6 bis 4,5 Millionen im Jahr. Unversteuert!

Es ist uns gelungen, vier schriftliche Erklärungen von Familien zu erhalten, die allein im vergangenen Monat gedrängt wurden, die Leistung eines bestimmten Unternehmens in Anspruch zu nehmen:

23. 12. 2001, Wiesława W.: Der Arzt schlug mir das Bestattungsunternehmen W. vor;

25. 12. 2001, Maria K.: Der Arzt schlug mit das Bestattungsunternehmen CZ. vor;

29. 12. 2001, Halina M.: Der Arzt schlug mir das Bestattungsunternehmen P. vor;

3. 1. 2002, Sławomir B.: Der Arzt rief ohne mein Einverständnis das Bestattungsunternehmen CZ.

Manche Verkäufer von Häuten gehen noch einen Schritt weiter. Wenn die Familie mit der vorgeschlagenen Firma nicht einverstanden ist, setzen sie sie unter Druck.

Die Familie hat wenig Chancen, denn der Arzt besitzt ein starkes Druckmittel – den Totenschein. In diesem stellt er die Todesursache fest: Er kann »Fremdverschulden« ausschließen, das heißt einen natürlichen Tod feststellen, oder »Fremdverschulden nicht ausschließen«, das heißt Verdacht auf Mord äußern. In diesem Fall kompliziert sich die Prozedur, die Leiche wird nicht freigegeben, sondern zur Obduktion gebracht. Und das Begräbnis verspätet sich um ein paar Tage oder gar Wochen.

Konkret: Oktober 2001. Eine Rettungsärztin wird zur Feststellung des Todes eines Bewohners von Widzew (ein Bezirk von Łódź) gerufen, sie schlägt dem Schwiegersohn des Verstorbenen vor, die Firma A. zu rufen. Sie hat Pech – der Schwiegersohn ist Arzt und weiß Bescheid über die Prozedur. Er protestiert. Die aufgebrachte Ärztin zerreißt vor seinen Augen den Totenschein mit der Bemerkung »ein Fremdverschulden schließe ich aus« und schreibt blitzschnell einen zweiten mit »schließe ich nicht aus«.

Am 5. Jänner 2002 macht ein Arzt in Górna (ebenfalls ein Bezirk von Łódź) dasselbe, als eine Frau nicht einverstanden ist, das Bestattungsunternehmen CZ. zu ihrer verstorbenen Schwester zu rufen.

Auch die mit Häuten handelnden Disponenten beteiligen sich am Gerangel. Sie haben eine erprobte Methode, um sofort den ihnen genehmen Rettungswagen (zum Beispiel mit Reanimationsapparatur) zu schicken.

Nehmen wir an, ein Verwandter ruft an und sagt: »Kommen Sie bitte, meine Großmutter ist gestorben.« Da sie gestorben ist, hat es die Rettung nicht eilig, das Ableben kann man eine Stunde später auch noch feststellen. Doch dem Disponenten kommt es darauf an, daß die befreundete Besatzung so rasch wie möglich losfährt, um sich die Haut zu sichern. Er lenkt daher das Gespräch so geschickt, daß er in der Dokumentation schreiben kann, »sie lebt vermutlich nicht mehr«, statt »sie lebt nicht mehr«. Er fragt also den Anrufer: »Haben Sie den Puls geprüft? Sind Sie sicher, daß man der Oma nicht mehr helfen kann? Sind Sie Arzt, daß Sie das mit Sicherheit behaupten können?« Am Ende bekommt der Disponent das ersehnte »Vermutlich« zu hören und schickt die befreundete Besatzung mit Sirenengeheul los.

Und zu Sterbenden und Menschen, die wirklich rasch Hilfe brauchen, kommt oft nicht die Ambulanz, die den kürzesten Weg hat, sondern eine andere – die der Disponent auswählt. So stellten wir fest, daß drei Rettungswagen bedeutend öfter Einsätze fuhren – mehr als doppelt so oft – als andere.

Im Dezember 1999 brach in die ulica Pabianicka ein Mann zusammen. 500 Meter weiter standen zwei Rettungswagen, doch der Disponent schickte eine Besatzung vom anderen Ende der Stadt. Sie kamen zu spät, die Reanimation blieb erfolglos. Die Menge der Gaffer beschimpfte die Besatzung der Ambulanz.

Ein Mitarbeiter eines Łódźer Bestattungsunternehmens: »Ich arbeite schon seit ein paar Jahren in der Firma, ich führe Leichen von zu Hause zum Kühlhaus. Ich habe von verschiedenen Situationen gehört, in denen die Besatzung von Rettungswagen sich Zeit ließ, weil eine Chance bestand, daß der Kranke vor ihrem Eintreffen stirbt.«

Sumera: »In der Branche nennt man das einen McDonald-Einsatz, das heißt, wir lassen uns Zeit und essen unterwegs einen Hamburger.«

Wir besorgten uns den Bericht eines Feuerwehreinsatzes. 21. Jänner 2001: ein Brand in einer Wohnung in der ulica Wółczańska. Die Feuerwehrleute tragen zwei Personen mit Rauchgasvergiftung hinaus. Sie machen Wiederbelebungsversuche. Um 3.25 rufen sie die Rettung. Um 3.36 urgieren sie den Einsatz. Um 3.39 abermals. Die Wagen treffen um 3.46 ein. Sie benötigten für die Fahrt 21 Minuten. Von der Station zum Brandort sind es 2200 Meter, während dieser nächtlichen Zeit herrscht in den Straßen kein Verkehr.

Das ist nicht alles: Die Besatzung eines Rettungswagens weist die Feuerwehrleute an, die Wiederbelebungsversuche an der Frau zu unterbrechen und sie zum Ambulanzfahrzeug zu bringen. Die Feuerwehrleute legen die Bewußtlose auf die Trage der Rettung. Rettungsfahrer und Sanitäter heben die Trage hoch, die Frau fällt von einem Meter Höhe herunter, wobei sie mit dem Gesicht auf dem Beton aufschlägt. Die beiden werfen sie wieder auf die Bahre und laufen zum Wagen. Den Mann mit Rauchgasvergiftung läßt die zweite Besatzung ebenfalls zur Ambulanz bringen. Um vier Uhr sagen die Ärzte der beiden Ambulanzen den Feuerwehrleuten, die Patienten seien gestorben.

Noch ein Beispiel: Wie wir feststellen konnten, erhielt ein

Disponent einer Station im November 2000 einen Ruf zu einem Patienten mit Verdacht auf Herzinfarkt. Im Zimmer nebenan saß ein Arzt und trank Kaffee, er erfuhr nichts vom Anruf. Da die Ambulanz nicht eintraf, rief die aufgeregte Familie wieder bei der Rettung an. Der Disponent sagte, der Wagen sei längst an Ort und Stelle. Er log, er schickte ihn erst zwanzig Minuten nach dem Anruf los. Dennoch gab es keine Haut – der Patient überlebte wie durch ein Wunder.

Włodzimierz Sumera, ehemaliger Besitzer eines Bestattungsunternehmens: »Ein Rettungsarzt kam mit einem sterbenden Patienten in meinen Betrieb. Während der Mann in den letzten Zügen lag, füllte er seelenruhig den Totenschein aus.«

Unser nächster Gesprächspartner, Janusz Pietraszkiewicz, war Fahrer eines Rettungswagens. Er gab zu, ebenfalls mehrmals Geld für eine Haut genommen zu haben. Er hat gekündigt, wie er sagt, »weil ich nicht länger daran teilhaben wollte«.

»Aber die Ärzte waren mit diesem System einverstanden. Ich kann Ihnen Namen nennen: X, Y, Z (Pietraszkiewicz nennt Vornamen und Namen von Ärzten), der hieß bei uns auch Todesengel.«

»Warum Todesengel?« fragen wir.

»So wurde er genannt, weil er Leute fertigmachte.«

»Wie?«

»Er kam, schaute sich um und sagte: Ach, da gibt es nichts mehr zu reanimieren. Er prüfte den Puls – und auf Wiedersehen. Dabei hätte man den Patienten retten können.«

»Woher wissen Sie das?«

»Es gab einen Vorfall in Dąbrowo (eine Siedlung in Łódź), in der Nacht. Er kam zu einer Frau, die neben der Couch lag, prüfte den Puls und sagte, da sei nichts mehr zu machen. Mit uns war ein Sanitäter, der sagte: ›Aber die hat ja noch einen Puls, wir müssen sie reanimieren.‹ Der Todesengel darauf: ›Was willst du mit mir diskutieren?‹ Denn er hatte schon den Totenschein ausgestellt. Der Kollege war ein Idealist, der nie eine Prämie für eine Haut genommen hatte, er gab nicht auf und reanimierte die Frau. Sie stand auf und legte sich ins Bett.«

»Warum machte der Todesengel das?«

»Einzig und allein des Geldes wegen. Nehmen wir ein anderes Beispiel: Wenn dem Todesengel ein Patient im Ambulanzwagen starb, befahl er mir unverzüglich, zur Firma C. zu fahren. Dort wurde die Leiche verkauft.«

Pietraszkiewicz hat eine schwerkranke neunundneunzigjährige Großmutter. »Zuletzt war wieder ein Rettungsarzt bei ihr. Als er hinausging, wollte er mir eine Telefonnummer geben. Er sagte: ›Wenn sie stirbt, rufen Sie bitte dort an, damit dieselbe Besatzung kommt.‹«

»Hat er gesagt, warum dieselbe Besatzung kommen soll?«

»Nein, aber das ist doch klar: damit sie eine Haut haben.«

Sumera und Pietraszkiewicz nennen noch andere Pseudonyme von Mitgliedern der Rettungsteams: Doktor Mengele, Hautfänger, Doktor Kali (Kalium verlangsamt die Herztätigkeit, die Verabreichung einer Überdosis oder auch der richtigen, aber zu schnell, ist tödlich).

Das alles erzählten wir dem Arzt, der uns zu sich nach Hause gebeten hatte. Er hörte uns ruhig an und nickte nur traurig. Dann begann er zu reden.

»Mitte 2001 bekam die Rettung von Łódź einen neuen Vizedirektor, Janusz Morawski. Er sah die Dokumentation durch, auch den Durchlauf von Medikamenten. Er ist Anästhesist, es ist daher nicht verwunderlich, daß ihm der Name Pavulon ins Auge stach. Ich arbeite seit bald zwanzig Jahren als Arzt, doch ich habe erst einmal Pavulon verwendet«, fährt der Arzt fort. »Ich hätte mir auch ohne behelfen können, mit einem schwächeren Entspannungsmittel, Scolin, das drei Minuten lang wirkt. Als der neue Vizedirektor die Papiere durchsah, stellte er fest, daß bei der Rettung ein riesiger Bedarf an Pavulon herrschte. Aufgrund der chaotischen Dokumentation konnte man nicht sagen, wann es verabreicht wurde, welcher Patient eine Injektion und welche Dosierung erhalten hatte. Dieses ungewöhnliche und gefährliche Medikament wurde auf normalen Sammelrezepten ausgeschrieben, wie sie Ärzte ausstellen, um den Bedarf der Rettungswagen aufzufüllen. Das heißt, in den meisten Fällen wurde Pavulon bei solchen Rezepten hinzugefügt, noch dazu in einer anderen Handschrift. Der Vizedirektor ging zum damaligen Direktor der Station, und der ordnete unverzüglich an, daß Pavulon nur mehr auf Einzelrezept ausgegeben wurde, dazu mußte jede Verwendung sachlich begründet werden, aus welchem Grund, unter welchen Umständen und welchem Patienten das Mittel verabreicht wurde. Mit einem Mal sank der Bedarf an Pavulon auf Null.«

Pavulon ist, intravenös verabreicht, ein ungewöhnlich starkes Entspannungsmittel für die Skelettmuskulatur. Ein synthetisches Derivat von Curare. Es wird vor allem in der Anästhesie verwendet, um die Muskeln während der Operation zu entspannen. Es wirkt ungefähr vierzig bis fünfundvierzig Minuten lang. Es darf ausschließlich verwendet werden, wenn der Patient intubiert wird. Es bewirkt auch ein Erschlaffen des Zwerchfells und in der Folge ein fast augenblickliches Aussetzen der Atemtätigkeit.

Prof. Wojciech Gaszyński, Leiter des Lehrstuhls für Anästhesiologie an der Akademie für Medizin in Łódź und Landeskonsulent für Fragen der Anästhesie und Intensivtherapie: »Ohne große Erfahrung sollte dieses Medikament nicht verabreicht werden. Formal haben ausschließlich ausgebildete Anästhesisten das Recht dazu. Pavulon darf nur im Operationssaal verabreicht werden, Rettungsteams sollten das Mittel überhaupt nicht verwenden. In den USA dürfen solche Medikamente nur von berechtigten Ärzten angewendet werden. Mehr noch, die Berechtigung dafür wird nur für begrenzte Zeit erteilt und unter zusätzlichen Sicherheitsauflagen. Wenn zum Beispiel ein Arzt innerhalb eines bestimmten Zeitraums nicht eine gewisse Anzahl von Intubationen mit Hilfe des Medikaments durchführt, verliert er die Berechtigung und muß eine neuerliche Schulung absolvieren.«

Wir suggerieren, das Medikament sei möglicherweise bei der Rettung gestohlen worden, um es am Schwarzmarkt zu verkaufen. Aber Professor Gaszyński kann sich nicht vorstellen, wozu jemand Pavulon brauchen könnte.

In manchen Ländern werden ähnliche Mittel zur Vollstreckung von Todesurteilen bei vorheriger Einschläferung des Delinquenten zum Beispiel mittels Barbituraten verwendet.

Dr. Ryszard Golański, ebenfalls Anästhesist, Vizechef der Kreisärztekammer von Łódź: »Entspannungsmittel sind dazu da, im Operationssaal die Atmung des Patienten auszuschalten, für den eine Maschine atmet. Damit sein eigenes Atmen nicht die Arbeit des Gerätes ›stört‹. Die Verabreichung von Pavulon an einen Patienten bei Bewußtsein ohne Intubation bedeutet einen den grausamsten Tode, den man sich vorstellen kann. Der Patient ist bei vollem Bewußtsein und kann nicht mehr atmen. Da die Muskeln erschlaffen, fallen ihm auch die Lider zu. Er kann nicht sprechen, nicht einmal einen Finger rühren. Er erstickt, er stirbt unter Qualen. Ich weiß, wovon ich rede: Ich habe mit Patienten gesprochen, denen irrtümlich im Spital Pavulon injiziert wurde, die jedoch zum Glück gerettet werden konnten. In meiner Arbeit in der Kreisärztekammer hatte ich mit Fällen zu tun, in denen verschiedene Medikamente abgezweigt wurden oder verschwunden sind, wie zum Beispiel Dolargan oder Morphin, das von Rauschgiftsüchtigen verwendet wird. Aber wozu sollte jemand Pavulon brauchen?«

Wir stellen dem Arzt, der uns zu sich nach Hause bat, offen die Frage, ob die unerklärliche Verwendung von Pavulon vielleicht mit dem Handel mit Häuten in Verbindung stehen könnte?

»Ich befürchte, ja. In letzter Zeit tauchte in der Station ein neuer Begriff auf: ›zweifelhafte Todesfälle‹. Von einem solchen Fall habe ich gehört: eine psychisch kranke Patientin, der Arzt ging für kurze Zeit hinaus. Als er zurückkam, sah er, daß ihr der Sanitäter ein Mittel intravenös verabreichte. ›Was gibst du ihr da?‹ fragte er. ›Dasselbe wie immer‹, bekam er zu hören. Nach ein paar Minuten war die Patientin tot. Als ich von der Sache mit Pavulon erfuhr, erinnerte ich mich sofort an mehrere seltsame Gespräche, Vorkommnisse, Andeutungen, Pseudonyme. Einige Teams verabreichten zum Beispiel den Patienten unverdünntes Euphilin, ein ungeheuer starkes blutdrucksenkendes Mittel. Heute kann ich mich des Gedankens nicht mehr erwehren, daß dahinter manche Todesfälle stecken. Wenn man ein Mittel auf diese Weise verabreicht, bedeutet das nichts anderes, als die Herztätigkeit zu stoppen.«

»Welche Pseudonyme haben Sie gehört?«

»Früher einmal dachte ich, das seien idiotische Scherze: Doktor Mengele, Doktor Kali, Todesengel.«

Ignacy Baumberg, Anästhesist, fuhr ein paar Jahre als Rettungsarzt: »Ich habe auch gehört, daß Euphilin unverdünnt verabreicht wurde. Oft brachten Beobachter das mit der plötzlichen Verschlechterung des Zustandes eines Patienten in Verbindung. Schon Anfang der neunziger Jahre organisierten die Mitarbeiter von Rettung und Bestattungsunternehmen ein System, in dem es profitabler ist, daß ein Patient stirbt, als daß er überlebt.«

Im Oktober 2001 bekam die Rettung von Łódź nach zwölf Jahren einen neuen Direktor. Bogusław Tyka ist kein Arzt, sondern Ökonom, vorher leitete er ein Spital in Łódź. Als wir Material für den Artikel über den Handel mit Häuten sammelten, ersuchten wir ihn, uns die Dokumentation der Rettung zu zeigen, vor allem hinsichtlich der Ausfahrten von Ambulanzen. Er räumte ein, auch schon viel über dieses Nekro-Business gehört zu haben, doch die Dokumentation müsse er zuerst selber durchsehen.

Heute wissen wir, daß Direktor Tyka bereits im Spätherbst 2001 durch den neuen Vizedirektor Morawski vom verdächtigen Schwund von Pavulon erfahren hat. Mit einer Gruppe vertrauenswürdiger Ärzte prüfte er die Dokumentation der Station, und ein paar Wochen nach unserem Gespräch führte er ein weiteres Gespräch – mit dem Vizechef der Zentralen Untersuchungsbehörde in Łódź.

Fast zwei Wochen hindurch ersuchten wir Direktor Tyka in regelmäßigen Abständen um ein Gespräch zum Thema Pavulon, verdächtige Todesfälle und den Handel mit Häuten. Er wollte nicht mit uns reden. Als er schließlich erkannte, daß wir auch so über die Sache Bescheid wußten, verabredete er sich mit uns im Beisein von Vizedirektor Janusz Morawski.

Direktor Tyka ist sehr aufgeregt. Er spricht steif, als würde er einen Text ablesen, er stockt und wägt jedes Wort ab: »Ich wollte dem Thema ein Ende bereiten, das so häßlich Handel mit Häuten genannt wird, ein Vorgang, dessen man unter anderem die Besatzungen von Rettungsfahrzeugen beschuldigt. In meinen Augen ist das ein strafwürdiger Vorgang. Ich glaube, daß der Umfang dieses Vorganges seit dem Moment, da ich davon Kenntnis erhielt, radikal zurückgegangen ist. Wir fahren jetzt nicht mehr jedes Mal aus, um einen eingetretenen Todesfall festzustellen. Wir machen das nur im Rahmen humanitärer Hilfe für Menschen, die nach 17 Uhr zu Hause allein mit einer Leiche sind. Die übrigen Todesfälle sollen Ärzte feststellen, die die Patienten in den letzten dreißig Tagen behandelt haben. So verlangt das die immer noch gültige, wenn auch kaum angewendete Verordnung aus dem Jahre 1956. Offiziell weiß ich von drei Fällen eines Handels mit Häuten: In zwei Fällen weigerte sich der Arzt, der Familie einen Totenschein auszustellen, in einem wollte er Fremdverschulden nicht ausschließen. Ich habe Verwarnungen ausgesprochen, die Fälle kommen vor die Ethik-Kommission der Ärztekammer.«

»Werden Sie diese Prozedur abstellen?«

»Natürlich. Dessen bin ich sicher.«

Wir konfrontieren ihn mit dem nächsten Problem: »Vermutlich lebt der Patient nicht mehr.«

»Es gibt viele Fälle, wo sich auf der Meldekarte des Disponenten der Vermerk findet: ›lebt vermutlich nicht mehr.‹ In so einem Fall habe ich nicht das Recht, die Entsendung der Rettung zu verweigern. Aber ich habe jetzt ein computergesteuertes System zur Aufzeichnung von Gesprächen, jeder Anruf wird dort archiviert. Unsere Kommission überprüft alle auf die Möglichkeit, daß der Disponent das Gespräch so lenkt, daß er die Antwort erhält: ›vermutlich lebt er/sie nicht mehr.‹ Solche Fälle müssen radikal eliminiert werden, wir müssen zur Normalität zurückkehren.«

»Haben Sie die Polizei von einem Verbrechen verständigt? Von welchem?«

»Wir haben ein Gespräch in der Zentralen Untersuchungsbehörde geführt. Gewisse Verdachtsmomente drängten sich auf in Zusammenhang mit dem Abgang von Medikamenten und dem Bedarf nach ungewöhnlichen Medikamenten. Wir konnten dieses Thema nicht ruhen lassen. Wir informierten die entsprechenden Stellen, die die Möglichkeit haben, unsere Vermutungen zu überprüfen.«

»Welche Vermutungen?«

»Das möchte ich in diesem Moment nicht sagen. Ich bin kein Arzt – ich könnte mich irren. Der Bedarf an bestimmten Medikamenten in Verbindung mit erfolglosen Reanimationen gab uns Anlaß für gewisse Vermutungen.«

»Was den Tod von Patienten betrifft?«

»Ja.«

Direktor Tyka bestätigt, daß nach Einführung der Kontrolle von Pavulon der Verbrauch dieses Mittels auf Null sank. Er fügt hinzu, daß es dieses Mittel heute bei der Rettung gar nicht mehr gibt.

Doktor Morawski schweigt. Als wir ihm eine Frage stellen, fällt er uns ins Wort: »Ich darf keine Auskunft geben. Dazu habe ich mich den Untersuchungsbeamten gegenüber verpflichtet.«

Wir fahren in den Łódźer Vorort Główno. Im dortigen Spital wurde vor kurzem Ryszard Lewandowski zum Direktor ernannt. Vorher leitete er zwölf Jahre lang die Rettung von Łódź.

Als Direktor der Rettungsstation von Łódź wich er Fragen nach dem Handel mit Häuten aus.

»So etwas gibt es nicht, liefert mir Beweise«, sagte er. »Ich habe nie festgestellt, daß die Rettung mit Bestattungsunternehmen zusammenarbeitet. Wenn mir so etwas zu Ohren kam, waren das Gerüchte oder Verleumdungen.« So ein Zitat vom Oktober vorigen Jahres, kurz vor seiner Abberufung von der Funktion (er wurde aus ökonomischen Gründen abberufen, die Rettung ist stark verschuldet).

Lewandowski schätzt den Ausdruck »Häute« nicht. Er korrigiert: »Der Verkauf von Informationen über den Eintritt von Todesfällen.«

Doch erstmals räumt er ein:

»Ich muß objektiv sagen, daß es mir nicht gelungen ist, das zu bekämpfen. Ich war nicht erfolgreich. Obwohl ich oft versuchte, diese Prozedur abzustellen oder wenigstens auf ein zivilisiertes Maß zurückzuschrauben, war ich erfolglos. Die Sache ist ungeheuer schwer zu beweisen. Auf der einen Seite haben wir eine Familie, die sich beklagt, auf der anderen Seite keinen, der das bestätigen könnte oder wollte. Ich habe davon gehört, habe es gewußt, ich habe Beschwerden entgegengenommen, aber ich habe keinen auf frischer Tat ertappt.

Obendrein waren die Institutionen, die sich eigentlich dafür interessieren müßten, in Wahrheit nicht interessiert. Anfang der neunziger Jahre benachrichtigten wir zum Beispiel das Amt für Staatsschutz, die Polizei, die Finanzbehörden. Es gab seinerzeit Treffen mit Vertretern der Staatsanwaltschaft, der Gerichte. Alle diese Leute zeigten keinerlei Interesse, diese Prozedur abzustellen.

Jetzt weiß ich, daß es sich dabei um eine allgemein verbreitete Erscheinung handelt und daß daran Personen beteiligt sind, denen ich das nie zugetraut hätte. Personen, die gewisse Positionen in die Hierarchie des Rettungsdienstes einnehmen, das heißt, die mehr können, besser, klüger, moralischer sein sollten. Es stellt sich heraus, daß sie das nicht sind.«

»Um welche Positionen handelt es sich?«

»Ich persönlich habe keinerlei Gratifikationen erhalten. In niedrigeren Positionen gab es solche. Davon, daß diese Personen Geld nahmen, habe ich nichts gewußt. Wenn jemand, der zum Beispiel in der Station für die Aufsicht verantwortlich ist, einen Defekt aufweist, dann ist er nicht imstande, die Station ordnungsgemäß zu führen.«

»Kam Ihnen nie der Verdacht, jemand könnte aus finanziellen Erwägungen keine Hilfe leisten?«

»Wenn ich den Verdacht auf Verbrechen gehabt hätte, hätte ich diesen den zuständigen Behörden melden müssen. Ich hatte keine Anhaltspunkte für einen solchen Verdacht. Das hätte den Sinn der ganzen Institution in Frage gestellt.«

Wir fragen ihn nach dem verdächtigen Verbrauch von Medikamenten zur Muskelentspannung.

»Ich kann mir denken, was hinter Ihrer Frage steckt. Ich weiß nicht, was mit diesen Medikamenten geschah, ich habe sie nicht genommen. Aber es wäre mir nicht recht, wenn Sie Ihre Vermutungen ... nicht weiterführen würden.«

Dr. Ryszard Golański von der Kreisärztekammer: »Der Verdacht, daß Ärzte oder andere Mitglieder der Besatzung von Rettungswagen ihre Patienten umgebracht haben, ist erschreckend. Als Arzt kann ich mir so etwas nicht vorstellen. Ich werde das erst glauben, wenn das Gericht ein rechtskräftiges Urteil gefällt hat.«

Witold Skrzydlewski, dessen Familie eine Kette von Bestattungsunternehmen besitzt, hat von verdächtigen Todesfällen gehört, er möchte jedoch darüber nicht sprechen. »Vielleicht breche ich auch einmal zusammen und möchte, daß mich die Ambulanz rettet. Jedem meiner Bekannten sage ich, wenn bei ihm zu Hause jemand die Rettung braucht, soll er dem Team, das bei der Tür hereinkommt, 2000 Złoty anbieten. Dann gibt es eine Garantie, daß sie versuchen, das Leben zu retten.«

Kann man die zweifelhaften Todesfälle nachweisen, wenn der Patient vor dem Tod Pavulon erhielt? Das ist ein Problem: Das Medikament zersetzt sich ungewöhnlich rasch im Körper. Man sagt sogar, Pavulon könnte theoretisch für einen »perfekten Mord« verwendet werden.

Prof. Andrzej Kulig, Leiter der Abteilung für Pathomorphologie des Gesundheitszentrums »Mutter Polens« erklärt: »Es gibt keinen perfekten Mord. Der Mörder hinterläßt immer Spuren. Die einen sind leicht zu erkennen, für andere braucht es langwierige Untersuchungen. Man kann die chemische Verbindung untersuchen oder ihre Metaboliten, das heißt das, was der Organismus daraus macht. Viele Mittel zersetzen das Gewebe, andere, rasch wirkende, hinterlassen keine so sichtbaren Spuren. Hier sind toxikologische Untersuchungen nötig. Doch diese werden immer besser.«

Aus inoffiziellen Quellen erfahren wir, daß die Untersuchungsorgane in Betracht ziehen, die Leichen ehemaliger Patienten der Rettung zu exhumieren, deren Tod Zweifel aufwirft.

Wir fragen Kazimierz Olejnik, Appellationsstaatsanwalt in Łódź, ob er eine Untersuchung über sogenannte zweifelhafte Todesfälle durchführt, unter anderem wegen erfolgloser Reanimation von Patienten in Verbindung mit dem unkontrollierten Schwund von Medikamenten, wie zum Beispiel Pavulon, und über den sogenannten Handel mit Leichen.

»Ich kann bestätigen, daß wir die nötigen Untersuchungen in dieser Sache durchführen. Im gegenwärtigen Stadium kann ich keine weiteren Auskünfte geben.«

Der Arzt, der uns zu sich nach Hause gebeten hat, trinkt seinen Kaffee aus.

»Ich bin mir darüber im klaren, was geschehen ist. Was jemand empfindet, der jetzt die Rettung zu einem nahestehenden Menschen ruft. Wie die ehrlichen Ärzte leiden werden, meine Kollegen von der Rettung, die sich nie mit so etwas die Finger schmutzig gemacht haben. Bekannte werden sogar mit Blicken fragen, ob auch ich an so etwas beteiligt war. Wenn man das leugnet, bringt es den gegenteiligen Effekt.«

Ein Kalendarium der Nekro-Affäre:

Im *Frühjahr 2001* beginnen die *Gazeta Wyborcza* und Radio Łódź Recherchen über den »Handel mit Häuten«, das heißt den Verkauf von Informationen über das Ableben von Patienten durch Angehörige der Rettung.

Mitte 2001. Als der neue Vizedirektor der Rettung die Dokumentation durchsieht, stellt er einen ungewöhnlich hohen Verbrauch von Pavulon fest. Er informiert davon Direktor Ryszard Lewandowski, der jedoch nicht reagiert.

Herbst 2001. Bei der Rettung wird der Direktor ausgewechselt. Der neue, Bogusław Tyka, beauftragt einige vertrauenswürdige Ärzte damit, die Dokumentation von Patienten zu überprüfen, die während der Intervention der Rettung unter ungeklärten Umständen verstorben sind. Als er die Ergebnisse der ärztlichen »Untersuchung« erhält, verständigt er die Zentrale Untersuchungsbehörde vom Verdacht auf Tötung von Patienten.

21. Jänner 2002. Die Staatsanwaltschaft Łódź leitet ein Verfahren wegen der Tötung von Patienten »aus besonders verwerflichen Gründen« ein, das heißt wegen Profit aus dem Handel mit Häuten.

23. Jänner 2002. In der *Gazeta Wyborcza* erscheint die Reportage »Hautjäger«, im polnischen Radio wird die Reportage »Haut« von Przemysław Witkowski ausgestrahlt.

26. und 27. Jänner 2002. Die ersten Festnahmen. Über ein Dutzend Mitarbeiter der Rettung und von Bestattungsunternehmen landen hinter Gittern. Den ersten wirft die Staatsanwaltschaft die Annahme von Schmiergeld vor, den zweiten die Bezahlung von Schmiergeld für Informationen über den Tod von Patienten. Nach vielen Wochen werden die Verdächtigen auf freien Fuß gesetzt. Die Staatsanwaltschaft erhebt gegen weitere Personen den Vorwurf der Korruption.

30. November 2002. Zwei Ärzte werden verdächtigt, Schwerkranken keine Hilfe geleistet zu haben. Die Patienten verstarben. Bis Mitte 2003 erhebt die Staatsanwaltschaft gegen vier weitere Rettungsärzte ähnliche Vorwürfe.

15. Juni 2003. Die Staatsanwaltschaft beschuldigt den Sanitäter Andrzej N. der Tötung von zwei Patienten durch Pavulon und der versuchten Tötung einer dritten Person. Andrzej N. bekennt sich schuldig, die Morde für Geld aus dem Handel mit Häuten begangen zu haben. Er wird verhaftet.

12. Dezember 2003. Die Staatsanwaltschaft beschuldigt einen weiteren Sanitäter, Karol B., eine Patientin mit Pavulon getötet zu haben (weiters soll er Informationen über den Tod von Patienten verkauft haben). Karol B. gibt den Mord zu.

November 2004. Der Staatsanwalt schickt den ersten Anklageakt im Fall der Łódźer Rettung gegen zwei Sanitäter (angeklagt der Tötung in fünf Fällen) und zwei Ärzte (sie verursachten den Tod von vierzehn Patienten und nahmen Geld von Bestattungsunternehmen an) an das Gericht. Obwohl der Anklageakt nur fünf Fälle der Tötung mit Hilfe von Pavulon umfaßt, kommt die grausame Wahrheit an den Tag: Es ist nicht auszuschließen, daß bis zu hundert Personen ermordet wurden, doch nur in fünf Fällen ist es gelungen, das zu beweisen.

April 2005. Der Prozeß gegen die »Hautjäger« im Łódźer Kreisgericht beginnt. Die Untersuchung wird fortgesetzt ...

2002–2004

Włodzimierz Nowak

Von Wanda, die den Deutschen nicht wollte

Das muß lustig ausgesehen haben. Gerdi, ein alter, grauhaariger Deutscher, liegt im Gras und hält mich am Fuß, er zittert geradezu vor Anstrengung, und ich hänge mit dem Kopf nach unten im Schilf und versuche den kleinen, braunen Hund von Frau Ewa, der das steile Ufer hinuntergerutscht ist, aus dem Fluß zu ziehen. Wir haben den kleinen Kläffer gerettet. Gerdi strahlt, schüttelt seinen grauen Schopf, stolz, daß er dem Hündchen als erster zu Hilfe geeilt ist.

Frau Ewa sagt, Gerdi habe viel Herz, mehr als Verstand, und deshalb habe er sich von einem gerissenen Weibsstück ausnehmen lassen.

Frau Ewa, eine hübsche Dunkelhaarige um die dreißig mit einem blonden Oberlippenbärtchen, wohnt in einem ehemals deutschen Haus am Ende von Nowe Bielice (nicht weit von Krzyż). Allein mit ihrer Tochter und einer alten Tante, schuftet sie seit der Hauptschule auf dreizehn Hektar Land. Vor fünf Jahren nahm sie Gerdi, einen obdachlosen Deutschen, zu sich, weil er von Hof zu Hof zog und Unterschlupf suchte.

Als der kleine Hund in den Fluß platschte, zeigte mir Gerdi gerade die Stelle, wo hinter Frau Ewas Haus die Drawa in die Noteć fließt. Still und wunderschön. Die Süße Ecke – so nannten die Deutschen noch vor dem Krieg diese Stelle, als das andere Ufer polnisch war und dieses deutsch und die Grenze in der Mitte der Noteć verlief. Angeblich sind einmal zwei Boote mit Zucker – das eine fuhr auf der Drawa, das andere auf der Noteć – an dieser Stelle zusammengestoßen und haben für einige Zeit das Wasser versüßt.

Vor dem Krieg sah die Süße Ecke anders aus: am Ufer ein kleines Hotel mit Restaurant und Tanzsaal, daneben ein kleiner Flußhafen. Sechs Fischer vom polnischen und sechs vom deutschen Ufer zogen täglich volle Netze aus dem Wasser.

Dann stand das Hotel leer, die Besitzer waren geflohen. Rotarmisten zerschossen mit MPs Wände und Fenster. Einem Jungen aus der Nachbarschaft gefiel das nicht, er sprach die Soldaten mit den roten Sternen an. Er bekam eine Salve in den Bauch. Sie sprengten das kleine Hotel. Der junge Deutsche liegt bis heute in der Erde von Frau Ewas Garten.

Dann geschah jahrelang nichts, nur manchmal ertrank jemand im Fluß, wie die beiden Brüder von Frau Ewa. Boote fuhren keine mehr. Die Häuser schotteten sich mit Brennesseln und hölzernen Plumpsklos gegen das Wasser ab. Es war ruhig und ärmlich.

Nur einmal, fünfzig Jahre nach dem Rattern der sowjetischen MP, donnerte ein Schuß. In Frau Ewas Scheune brachte sich Dietrich um, ein alter Deutscher. Er schoß sich eine große Ladung in den Mund. Mit so etwas schießt man Elefanten auf einer Safari.

Gerdi sagt, Dietrich sei ein Heimattourist gewesen. Er zeigt Fotos anderer Heimattouristen. Hier, die Alten am Kamin mit einem Glas Sekt und einem seligen Lächeln. Wahrscheinlich haben sie gerade einen alten Birnbaum aus der Kindheit entdeckt oder die Stelle, wo ihr Haus stand; haben sich an den Duft des Wermuts an einem heißen Tag erinnert, und an den Pfad, den sie immer zum Fluß hinunterliefen.

Dietrich kehrte in die Heimat zurück, um sich umzubringen, denn er hatte Krebs. Er liegt auf dem Friedhof im nachbarlichen Drawiny, wo er einst zur Welt kam.

Auch Gerdi nahm in seinem Bergmotel bei Drezdenko, ein paar Kilometer von hier, Heimattouristen auf. Die Alten aus Deutschland zahlten gut für das Wiedersehen mit ihrer Kindheit.

Doch Gerdi war nicht wegen der Erinnerungen nach Polen gekommen, er war zufällig hierher geraten, vor achtzehn Jahren.

Juli 1981: Gerhard Zandecki, Unternehmer bei Hamburg, fährt in den Urlaub nach Polen. Seine Frau, die Töchter, der Sohn haben ein wenig Angst. Sie waren noch nie in Polen. Seitdem Tadeusz Zandecki, Gerhards Vater, gestorben ist, versteht keiner die Briefe der Verwandten aus Polen. Sie gehen mit den Briefen zu einem Übersetzer. Es stellt sich heraus, daß sie drüben eine große Familie haben.

Gerhards Großvater, ein Bäcker aus Ostrów Wielkopolski, ging nach Hamburg, um Arbeit zu suchen. Der Vater Tadeusz, ein LKW-Fahrer, hatte noch zwei Herzen; ein polnisches und ein deutsches. Wenn die Polen gegen die Deutschen Fußball spielten, schaltete er den Fernseher aus, weil er nicht wußte, zu wem er halten sollte. Die Deutschen schickten ihn in den beiden Kriegen an die französische Front, weil der Nachname zu slawisch klang. Tadeusz wollte, daß sein Sohn Polnisch lernte, aber Gerhard hielt nur noch zur deutschen Mannschaft, mit den Kommunisten wollte er nichts zu tun haben. Außerdem hatte er keine Zeit. Er war ein junger Metzger, fuhr mit dem Fahrrad über die Höfe um Hamburg und schlachtete Schweine. Inga war die Tochter eines Kunden. Als ihre Erstgeborene zur Welt kam, war Gerhard siebzehn Jahre alt. Nach einem Jahr kam die nächste Tochter, dann der Sohn. Gerhard arbeitete in zwei Schichten, für einen Tageslohn von zwanzig Mark entlud er zwanzig Tonnen schwere Kohlewaggons. Er kaufte einen Dreiradwagen, Marke »Tempo 200«, und transportierte damit Alteisen aus der ganzen Stadt. An den Sonntagen stand er im Tor von »Germania Schnelsen«, einem Hamburger Fußballverein.

Er erlernte einen zweiten Beruf – Gebäudekonservator. Frühmorgens reinigte er mit Säure alte Denkmäler, schwarz angelaufene Gebäudemauern und reparierte Dächer. Die jungen Zandeckis brachten es schnell zu etwas. Sie nahmen eine halbe Million Mark Kredit auf und eröffneten bei Hamburg eine chemische Reinigung. Sie hatten fünf Filialen, in denen sie auch Textilien und Reinigungsmittel verkauften.

1974, als Zandecki siebenunddreißig Jahre alt war, kam er mit seinem weißen Ford ins Schleudern. Gerhard schlug sich dabei die Zähne aus, danach hatte er Probleme mit der Wirbelsäule (eine Rente bekommt er bis heute), doch das Geschäft lief weiter gut. Da war er schon ein bekannter Bürger, kümmerte sich um den örtlichen Sportklub und trainierte junge Fußballer. Mit Politik beschäftigte er sich nicht. Als er im Sommer 1981 über die polnische Grenze fuhr, wußte er nicht viel über Polen, hatte nichts gehört von der »Solidarność«, von der Werft, von Wałęsa.

Sie kamen nach Tczew, zu einer Tante. Zum Abendessen gab es Bigos (Krautfleisch), eingelegte Pilze und Gurken. Köstlich. Doch am nächsten Tag zum Mittag- und Abendessen wieder dasselbe. Gerhard hatte einen Bauch wie ein Ballon. Erst als er die Schlangen und die leeren Geschäfte sah, begriff er, warum immer das gleiche Essen auf den Tisch kam.

Sie unterbrachen den Urlaub, »wir werden doch den armen Teufeln nicht alles wegessen«. Im Danziger Devisenladen »Peweks« kauften sie Lebensmittel, verteilten sie unter den Verwandten, verschenkten ihr Geld. Und fuhren zurück.

An die acht Meter lange Fensterscheibe seiner Reinigung hängte Zandecki ein großes Plakat: »Wißt ihr, was in Polen los ist? Wer hilft den Polen?« »Damals kannten mich die Leute, da war ich wer ... nicht so ein Penner wie jetzt.« Gerdi trippelt in geflickten Trainingshosen über Frau Ewas Hof. »Journalisten, Radio, Fernsehen kamen angerannt. Nach zwei Tagen waren ungefähr fünfhundert Päckchen da: Reis, Margarine, Mehl, Zucker, Zigaretten. Ein Bekannter, der Chef einer Transportfirma, überließ mir einen LKW mit vollem Tank: Du brauchst nur den Fahrer zu bezahlen. Dann rief der Fahrer an, daß auch er ohne Bezahlung fahren würde. Die ARD half dabei, über die DDR-Grenze zu kommen.«

»Wir waren um drei Uhr früh an der polnischen Grenze, unser LKW war der erste. Erst nach uns fuhren auch Franzosen, Holländer und andere aus den verschiedenen deutschen Bundesländern hinüber. Die Zöllner wußten nicht, was sie machen sollten: ›So einen großen LKW ohne Zoll durchlassen?‹ Wir standen dort zwei Stunden. Ich kein Wort Polnisch. Wir redeten mit Händen und Füßen. Schließlich riskierte es ein Resoluter: ›Wenn wir euch durchlassen, kriegen wir vom Chef einen Tritt, doch wenn wir euch nicht durchlassen, dann tritt er uns doppelt.‹«

Einen Teil der Päckchen luden sie in der Kirche von Tczew aus, den Rest im Waisenhaus. Zandecki ärgerte sich ein wenig über den Pfarrer, daß er sie mit Cognac bewirtete, wo doch die Menschen seiner Gemeinde nichts zu essen hatten. Die Leute warteten vor der Kirche. »Ich erinnere mich an die Augen«, Gerdi zieht die rote Trainingshose hoch, »so bittend und dankbar, daß einem ganz weich ums Herz wurde.«

Drei Tage später war er wieder in Tczew. Vor der Kirche versammelte sich eine Menschenmenge, denn die Leute hatten gesehen, daß ein deutscher LKW durch die Stadt fuhr. Zandecki verteilte selbst die Päckchen, direkt vom Wagen aus. Er sah, wie die Leute auf der Straße zu tauschen begannen. Zucker gegen Mehl, Öl gegen Zigaretten. Er sagt, er sei glücklich gewesen.

Einmal hat er ausgerechnet, daß er siebenundachtzigmal in Polen war, um zu helfen, zwanzigmal mit dem LKW. Mit dem Transport gab es keine Probleme. Große Firmen riefen an, Mercedes, Renault, alle wollten helfen.

Damals war er schon eine Institution. In seiner Reinigung hatte er eine große Landkarte von Polen hängen, die Leute riefen aus den verschiedensten Gegenden Deutschlands an. Sie hätten Geschenke, wohin sie diese bringen sollten, und was die Polen brauchten. Gerdi (so nennt ihn Frau Ewa) zieht an einer billigen Zigarette: »Ich war wie ein

Schneeball, der rollt und den Schnee mit sich reißt, bis er zu einer Lawine wird.«

Weihnachten 1981 packten sie größere, festliche Päckchen. Kriegsrecht. Er fuhr mit dem Zug nach Köln zum polnischen Konsul und bat ihn um Visa, sonst würden die Lebensmittel verderben. Sie brachten achteinhalbtausend Päckchen nach Polen. Sandomir, Warschau, Stettin, Posen.

Anfangs verstand er nicht, warum die polnische Miliz so oft seinen LKW kontrollierte. Mal waren die Scheinwerfer zu schmutzig, mal wollte man wissen, was er so mitführte. Er lernte schnell; man mußte sie nur mit einem Karton Bananen oder einer Kiste Bier schmieren, und schon war der Weg frei.

Für die Hilfe in Polen erhielt er das Deutsche Verdienstkreuz. Doch seine Frau Inga drohte mit der Scheidung: »Du fährst und fährst, und die Arbeit kommt nicht voran.« Weibergeschwätz – dachte er. Abends zeigten sie im Fernsehen eine Sendung über polnische Krankenhäuser: Es gab keine medizinischen Geräte, es fehlte an Medikamenten. Kinder starben, weil keine Beatmungsgeräte vorhanden waren.

Er rief irgendeinen Hamburger Gesundheitssenator an. Drei Stunden später hatte er dreizehn Beatmungsgeräte. Ein polnisches Flugzeug (eine kleine russische Iljuschin), die gerade nach Polen zurückkehren sollte, konnte nur fünf mitnehmen. Die Maschine war nicht ganz in Ordnung, sie mußten unterwegs zwischenlanden, der Pilot schraubte an irgend etwas herum. »Mitten in der Nacht, Frost, und ich das erste Mal in der Luft. Glauben Sie mir, ich hatte ganz schön die Hosen voll.«

Zandecki zeigt Ausschnitte aus deutschen Zeitungen. Auf einem Foto schleppt er Päckchen, auf einem anderen beugen sich er und der Fahrer über eine polnische Landkarte. Kaum zu glauben, daß dieser lächelnde Mann auf dem Foto – im Smoking und mit dem Verdienstkreuz im Revers – der heruntergekommene Typ in geflickten Trainingshosen von Frau Ewas Hof ist. Er ist hektisch, sucht ständig irgendwelche Papiere.

»Ach Gerdi, Gerdi«, seufzt Frau Ewa, »diese Dankschreiben vom Ministerium hast du in der roten Mappe, und das Urteil über die Zwangsräumung in der weißen.«

Aus einer Schachtel nimmt Zandecki Medaillen heraus. Er zählt die Namen von Ärzten, Klinikleitern und Krankenhausdirektoren in ganz Polen auf. »Ein herzliches Dankeschön für die Hilfe« von Professor Jan Kostrzewski, dem Leiter des Sozialkomitees für den Bau des Krankenhauses im Kindergesundheitszentrum (März 1983). Eine Medaille vom Gesundheitsministerium. Eine Auszeichnung mit der Nike vom polnischen Veteranenverband ZBoWiD.

Zum ersten Mal sah er Wanda auf der Ladefläche eines LKWs. Sie stritt mit dem Dolmetscher um die Beatmungsgeräte. Wanda war Oberschwester in einem Warschauer Krankenhaus. Drei Beatmungsgeräte waren für ihre Klinik bestimmt, doch sie wollte noch zwei für das Kindergesundheitszentrum. Sie blieb hartnäckig und Schluß. Sie gefiel Zandecki auf Anhieb. Ein Mädchen mit Charakter, hübsch, abgeschlossenes Studium, elf Jahre jünger. Er lud sie zum Abendessen ins »Victoria« ein. Er brillierte. Am Nachbartisch sah er Kazimierz Górski, den Trainer der polnischen Fußballnationalmannschaft. Zandecki bat ihn an seinen Tisch, erzählte vom eigenen Klub, redete selber wie ein Fußballer, versprach einen Ball mit den Autogrammen der deutschen Elf. Wanda war begeistert.

Das war im Jahr 1982. Zandecki, verliebt in die Krankenschwester, transportierte nur noch medizinisches Gerät und Medikamente. Er sagt, die von ihm gegründete Stiftung habe 13 Millionen Mark für die Polenhilfe ausgegeben. Im Einvernehmen mit dem Gesundheitsministerium notierte Wanda, was den Krankenhäusern fehlte. Sie trafen sich in Hotels. Er – kein Wort Polnisch, sie – null Deutsch. Sie erklärten sich ihre Liebe durch einen Dolmetscher. Wußten nichts voneinander. 1984 heirateten sie (ein Jahr zuvor hatte sich Zandecki von Inga scheiden lassen). Sie bezogen eine Warschauer Dreizimmerwohnung und begannen in Wandas Heimat, einem kleinen Dorf bei Drezdenko, ein Haus im Zakopane-Stil zu bauen. Dann kam der Sohn zur Welt.

Hier beginnt die Geschichte der polnischen Krankenschwester und des deutschen Kaufmanns auseinanderzulaufen. Nach dreizehn Jahren haben sie aus Fakten und Ereignissen zwei feindliche Versionen geschmiedet, die sie seither vor Gerichten, Rechtsanwälten, Journalisten und Beamten wiederholen.

»Ich war sehr naiv und verliebt«, vertraute mir Gerdi an, als ich ihn das erste Mal an der Süßen Ecke besuchte. »Die Alte (heute nennt er Wanda nur noch so) hat mich bestohlen und betrogen. Noch vor der Hochzeit zog sie mir das Geld aus der Tasche: ›Ich muß die Wohnung kaufen‹, ›Gib mir Geld für die Scheidung‹. Sie war arm, als ich sie zur Frau nahm. Mit ihrem ersten Mann und der Tochter wohnten sie auf fünfzehn Quadratmetern. Unsere Hochzeit habe ich in Warschau am Stary Rynek, dem Alten Marktplatz, mit allem Drum und Dran ausgerichtet; eine Empfang im ›Akropol‹, die Zeugen aus beiden Botschaften. 130 Gäste, Ärzte, Krankenhausdirektoren.«

Wanda: »Was für eine große Hochzeit, was redet er da? Nur sechzig Gäste, kein einziger Botschafter. Den Pressesprecher der deutschen Botschaft habe ich mit Gewalt anschleppen müssen, weil Zandecki darauf beharrte, daß jemand von denen dabei sein mußte.«

(Mit Wanda sprach ich am Telefon. Sie wohnt mit ihrem dritten Mann irgendwo bei Warschau).

»Klar liebte ich Zandecki. Aber hören Sie nicht auf ihn, das ist ein Schauspieler. Steckt den Finger in die Nase und gibt vor, er würde sterben. Hat er das bei Ihnen nicht versucht? Damals hat er einen guten Moment erwischt. Mit meinem ersten Mann lief es nicht gut, der wollte nur beten. Und Zandecki – der Mittelpunkt jeder Feier. Ich wußte nicht, was das für ein gerissener, degenerierter Typ ist. Er nahm Tabletten, soff Wodka und hatte dann irgendwelche Visionen. Er schlief mit der Axt unterm Kopfkissen und ich im Trainingsanzug, damit ich jederzeit aus dem Fenster springen konnte.«

Gerdi: »In Warschau war es mir zu eng. Im Urlaub in Zakopane haben mir die Berghütten gefallen. Dann brachte mich die Alte in ihr Dorf bei Drezdenko, zeigte mir den Kartoffelacker ihres Vaters und den alten Pferdestall. Ich begann ein Haus aus Holz und Steinen zu bauen, ließ aus den Bergen Leute kommen. Sie arbeiteten vom Sonnenaufgang bis zum Sonnenuntergang, aßen ein Schwein pro Woche, und jede zweite tranken sie drei Tage lang. Sehr gute Leute und vom Fach, ich glaube, die wurden mit der Axt in der Hand geboren. Das ganze Dorf bewunderte sie. Ich heuerte Leute an, damit sie Steine von den Feldern sammelten. Ich bezahlte, und die Alte und ihr Vater erledigten alles bei den Ämtern. Weil ich kein Polnisch kann. Sie sagte:

›Wozu brauchst du Polnisch, ich will in Deutschland leben.‹ Sogar unseren Sohn hat sie in einem deutschen Krankenhaus geboren. Mit einem geliehenen Auto der Marke Polonez raste ich über die Grenze, um vor der Entbindung da zu sein. Jetzt hat der Junge die doppelte Staatsbürgerschaft.«

Wanda: »Er jammert, daß er nichts verstanden hat. Und warum hat er kein Polnisch gelernt? Ich habe in Polen Deutsch gelernt, und er konnte kein Polnisch lernen? Weil wir für ihn die Dritte Welt sind, Kommunisten und Indianer. Er braucht diese Sprache ja nicht. Und den Jungen habe ich in Deutschland zur Welt gebracht, weil ich als Krankenschwester wußte, daß die polnischen Entbindungsstationen in einem schrecklichen Zustand sind.«

Gerdi: »Auf den Bauplänen stand: Die Investoren sind ich und sie. Ich vertraute ihr.«

Gerdi zieht die rote Trainingshose hoch, die ihm ständig hinunterrutscht, und rechnet zusammen, wieviel Vermögen er verloren hat: »Jeden Monat tausend Mark Rente, das war damals viel Geld in Polen, die Mark war teurer als Gold. Inga gab mir nach der Scheidung 40 000 Mark für die Hälfte des Hauses und zehn Jahre lang zahlte sie mir meine Firmenanteile zurück. Mein Sohn auch. Ich verkaufte den Ford-LKW. In dieses Berghaus habe ich ungefähr 250 000 Mark gesteckt. Ohne die Ausstattung – Küche und Möbel brachte ich aus Deutschland. Und wie viel ich selbst gemacht habe! Ich bin doch Bauarbeiter.«

Wanda: »Sein Geld? Ich weiß nicht, was er damit gemacht hat. Wahrscheinlich hat er's versoffen und verjubelt, für Weiber ausgegeben. Ich war es, die das Haus gebaut hat. Bin schwanger zur Sägemühle gelaufen, um die Bretter zu sortieren. Habe die Wohnung in Warschau verkauft. Ziegel waren teuer, deshalb nahm ich Holz und Steine. Das Holz habe ich günstig bekommen, weil der Nonnenspinner den Wald kahl gefressen hat, und die Steine brachten sie vom PGR umsonst. Der Zandecki ein Bauarbeiter? Ich habe Fotos, wie er mit Krawatte an der Betonmischmaschine steht. Ein Brett mußte er dreimal zuschneiden, und dann paßte es noch nicht.«

Gerdi: »Erst als sie aus dem Sanatorium zurückkam, mit diesem Bekannten – sie sind bis heute zusammen –, begann ich Verdacht zu schöpfen. Ständig ist sie weggefahren. Ich schlug das Fenster zu ihrem Zimmer ein, unter dem Bett fand ich die notariellen Urkunden. Ich gab sie einem Übersetzer. Es stellte sich heraus, daß alles auf sie überschrieben war. Ich besaß nichts. Aber ich liebte sie immer noch. Sie erklärte mir, so müsse es sein, weil ich als Deutscher kein Anrecht auf polnischen Boden hätte. Sie hat mich belogen.«

Wanda: »Nicht ich habe ihn ausgenommen, sondern er wollte mein ganzes Vermögen an sich reißen. Er glaubte, er hätte eine dumme Polin gefunden. Er wiederholte immer: ›Welt ohne Geld‹, aber er wollte nur wie ein Schmarotzer leben. Er wollte mich für dumm verkaufen, mich entmündigen und in Polen den großen Herrn spielen.«

Gerdi: »Damals war ich bei den Leuten angesehen. Der Wojewode besuchte uns, die Bürgermeister.«

Wanda: »Ich war doch diejenige, die dafür sorgte, daß wir Bekannte mit Niveau hatten. Doch ich brauchte nur wegzufahren, da kamen gleich die örtlichen Saufbrüder und Mauerpisser. Erst tranken sie, und dann beschimpften sie ihn als Nazi.«

Gerdi: »Ich habe den Fußballklub in Drezdenko gesponsert. Trikots und Bälle gekauft. Das Spiel zwischen Lubuszanin Drezdenko und meiner Mannschaft bei Hamburg organisierte ich mit der Hilfe von Aleksander Kwaśniewski persönlich – damals war er der Leiter des Komitees für Jugend und Sport.«

Wanda: »Im Smoking ist er herumgelaufen, mit Fliege, ein Chauffeur holte ihn ab. Wenn es im Restaurant keinen freien Tisch mehr gab, reichte es, daß er mit seinem Hamburger Platt ankam, und schon verbeugte sich der Kellner und rannte, um einen zusätzlichen Tisch zu holen. Wenn kein Taxi da war, brachte ihn die Polizei besoffen nach Hause. Sie behandelten ihn wie den Kanzler Kohl persönlich, weil er ja allmächtig war und Arbeit in Deutschland vermitteln konnte. Bei uns gibt es so eine Mentalität: vollgeschissen, vollgepisst, aber Hauptsache, aus dem Westen; auf jeden Fall besser, weil er ein Deutscher ist.«

Gerdi: »Die Alte erzählt, ich hätte ihren Vater gehaßt. Und wer hat ihn nach dem Tod rasiert, gewaschen und angezogen? Schließlich war sie die Krankenschwester.«

Wanda: »Was denn? Ich, eine Frau mit zwei Kindern sollte meinen Vater waschen? Er haßte Vater, weil der drei Jahre in Lagern gesessen hatte und mich warnte: ›Solange sich die Welt dreht, tagaus tagein, wird der Pole dem Deutschen nie ein Bruder sein‹. Deshalb hat er den ganzen Boden nur mir überschrieben. Und ich dumme Gans habe mit ihm ein halbes Jahr nicht gesprochen, ich war verärgert, daß er meinen Mann so behandelt hat.«

Gerdi: »Wegen ihr habe ich angefangen zu trinken, aus Kummer, weil sie mich betrogen und hintergangen hat.«

Wanda: »Wie bitte? Wenn er an seinem Geburtstag am 12. März anfing zu trinken, dann hörte er erst im Juni wieder auf. Er bekommt eine Rente, angeblich wegen seines

Kreuzes, doch nach dem Wodka konnte er wie der legendäre Held Jurand aus den ›Kreuzrittern‹ von Sienkiewicz eine schwere Holzbank einfach hin und her schwingen. Wissen Sie, die Deutschen feiern gerne, sie trinken, singen, manchmal besaufen sie sich wie die Schweine, aber am nächsten Morgen ist ein echter Deutscher rasiert, gewaschen und lächelt. Doch Herr Zandecki war morgens vollgepisst und ein stinkender Murrkopf.«

Vor zwei Jahren ließen sie sich scheiden. Das Gericht glaubte Wanda. Es verurteilte Gerhard zu einem Jahr auf Bewährung, wegen der ausstehenden Unterhaltszahlungen. »Jetzt hat Zandecki Angst: Wenn er sich etwas zuschulden kommen läßt, muß er sitzen«, erklärt mir Wanda am Telefon. »Aber ich will ihn nicht ins Gefängnis bringen, damit unser Staat so einen nicht auch noch ernähren muß. Eine orangefarbene Weste sollte man ihm geben, und er sollte in Drezdenko die Straßen kehren.«

»Aber damals hat er doch den Polen geholfen, oder ist das alles nur Lüge?« vergewissere ich mich, weil ich bei den unterschiedlichen Erzählungen schon ganz durcheinandergekommen bin.

»Ja, er hat geholfen, das hat er«, räumt Wanda ein. »Ich muß sagen, damals benahm er sich wie ein Mensch, er hat die Armut gesehen. Aber er hat sich dabei nicht überarbeitet. Er schlief und aß in den besten Hotels. Dieses Diplom aus dem Gesundheitsministerium habe ich ihm besorgt, damals war ich ein großes Tier, Oberschwester in einem Krankenhaus in Warschau. Auch jetzt sage ich immer zu den Kindern: Karriere macht man in Warschau, aufs Land kannst du immer noch zurückgehen.«

Im Januar ordnete das Bezirksgericht in Strzelce Krajeńskie Zandeckis Räumung aus dem Zakopane-Haus an. Das Gericht entschied, die Klägerin Wanda sei Eigentümerin, das gehe aus den Grundbüchern hervor. Denn der Beklagte Zandecki habe sich als Deutscher nie um eine Genehmigung für den Erwerb von Immobilien in Polen bemüht. Denn der Beklagte habe nicht einmal bei der Scheidungssache eine gerichtliche Aufteilung des Vermögens beantragt.

Gerdi rauft sich die grauen Haare und jammert über die polnische Gerechtigkeit. »Ich steh' nicht in den Büchern, weil die Alte mich betrogen hat. Ich wußte nicht, daß ich mich um den Kauf von Land in Polen bemühen konnte, weil ich dumm war. Ich habe beim Gericht einen Antrag auf eine Vermögensteilung gestellt, aber das Gericht hat geantwortet, ich müsse zuerst 13 000 Złoty Kosten bezahlen. So viel hatte ich nicht, daher mußte ich die Sache zurückziehen.«

Jetzt ist Gerdi in Frau Ewa von der Süßen Ecke verliebt.

Wir sitzen auf dem Hof. Die Septembersonne prallt am grauen Haarschopf ab. Der Deutsche sagt, er trinke schon seit eineinhalb Jahren nichts mehr. Er verkauft Gemüse und gebrauchte Sachen auf dem Markt in Krzyż und hinter dem Haus von Frau Ewa richtet er einen Campingplatz für Kajakfahrer und Heimattouristen ein. Die alte Garage hat er schon in die Bar »Ewa« umgebaut und im Schweinestall bringt er Duschen und Toiletten unter. Er hat gehört, Bielice Nowe sei als einziges Dorf im Nordwesten Polens in das europäische Netz des Landtourismus aufgenommen worden. Irgendeine deutsche Consultingfirma hat Umfragen gemacht: Angeblich wollen fünftausend ehemalige Einwohner aus der Gegend um Krzyż und Drezdenko sich auf den Bauernhöfen in Bielice erholen.

Frau Ewas Nachbar, Werner, ein Arzt aus Berlin, der das Haus nebenan (es gehört einem Polen aus Krzyż) aus einer Ruine wieder aufgebaut hat, ist Süßwasserkapitän. Er besitzt schon ein weißes Ausflugsschiff. Er wollte damit von Berlin nach Bielice fahren, doch an der polnischen Grenze ging der Motor kaputt. Er wird im Frühling kommen und wie vor dem Krieg die Passagiere auf der Noteć hin- und herfahren. Zandecki sagt, sobald er sein Vermögen zurückbekäme, wolle er ebenfalls in die Süße Ecke investieren. Vielleicht wird es wie früher werden; ein kleines Hotel mit Restaurant und Tanzveranstaltungen. Aber zuerst wird er mit Ewa einen Vertrag machen, damit sie ihn nicht übers Ohr haut.

»Ach Gerdi, Gerdi, was redest du da?« lacht Frau Ewa. Sie zeigt das Badezimmer, die neuen Kacheln. »Das hat Gerdi gemacht. Ich habe ihn um nichts gebeten. Er kam, sah, daß es im Haus kein Wasser gab, die Toilette draußen – und er hat es gemacht. Wenn ich ihn jetzt wegjagen würde, dann würde er mit leeren Händen gehen, denn das alles gehört mir. Und dieses Hotel hinter der Überführung, haben Sie das gesehen? Es ist noch im Rohbau, nicht ganz fertig. Das hat auch ein Deutscher gebaut. Eine Blondine aus Krzyż hat ihm den Kopf verdreht. Er, ein alter Mann mit Parkinson, kaufte ein Grundstück, gab Geld, alles war auf ihren Namen. Jetzt hat sie ihn zum Teufel gejagt und hat ein Haus für ein paar Milliarden zum Verkauf. Oder eine andere Geschichte, die in der Gegend von Drezdenko für Aufsehen sorgte. Als eine Polin einen alten Deutschen kennenlernte, ließ sie sich scheiden. Und nachdem er ihr ein Haus gebaut hatte, natürlich alles auf ihren Namen, verjagte sie ihn bis nach Deutschland und heiratete wieder ihren ersten Mann. So denken sie sich das aus. Ich weiß nicht, warum diese Deutschen so naiv sind«, wundert sich Frau Ewa.

»Sie verlieren den Verstand wegen der süßen Ecken der schönen Polinnen«, lacht Zandecki und bewegt die Zunge, als würde er etwas verkosten.

»Ach Gerdi«, seufzt Frau Ewa. Sie war auch in Deutschland, bis hinter Hannover, bei einem alten Mann, der jeden Monat hierher kommt, um sich ein Mädchen aus der Gegend zu holen. Er zahlt 400 Mark, will, daß die Wäsche gemacht und geputzt wird und ... jemanden fürs Bett. »Ich lehnte das ab, ich werde mich doch nicht mit so einem Greis ins Bett legen. Der zittert ja am ganzen Körper, kann kaum das Lenkrad halten, fährt aber so viele Kilometer allein. Und wie er unterwegs über die anderen schimpft! Alle sind Schafsköpfe und Idioten. Er hat mich zurückgebracht.«

Zandecki hat seine Geschichte aufgeschrieben: »Das ist kein Märchen, sondern die bittere Wahrheit, die nach Hilfe und Gerechtigkeit schreit. Ich schreibe, weil ich physisch und psychisch am Ende bin. Ich habe die Hoffnung, daß mir vielleicht jemand aus Mitgefühl hilft. Ich habe doch keine Chance, bin ohne Haus, kann nicht gut Polnisch, kann mir keinen Anwalt leisten. Ich hoffe auf humanitäre Hilfe.«

Er hat an Lech Wałęsa geschrieben, als der noch Präsident war, an den ZBoWiD, an das Gesundheitsministerium, und im Frühling an das Justizministerium. Jetzt zeigte er bei der Staatsanwaltschaft in Strzelce an, daß sich seine Exfrau des Betrugs schuldig gemacht habe. Er sammelt Aussagen von den Bergbauern, von den Nachbarn. Die Ermittlungen dauern an. Die Staatsanwältin wollte über die Sache der Zandeckis nicht sprechen, sagte jedoch, es gebe in der Gegend immer mehr solcher polnisch-deutschen Vermögensstreitfälle. »Sie versprechen sich gegenseitig irgend etwas, unterschreiben irgend etwas, aber nicht in Anwesenheit eines Notars, und dann streiten sie vor den Gerichten herum.«

Zandecki will bis zum Schluß kämpfen. Er sagt, er habe nichts zu verlieren. Er hat nur diese Fetzen am Leib, einen sechzehnjährigen, kleinen polnischen Fiat und ein paar kaputte Möbel im Stall. Es gibt auch nichts mehr, wofür es sich lohnte, nach Deutschland zurückzukehren.

»Wenn jeder Pole, dem ich einmal geholfen habe, mir wenigstens einen Złoty geben würde, hätte ich genug für einen guten Anwalt«, kalkuliert Gerdi. »Und du, hast du damals keine Päckchen von der Kirche bekommen?«

»Ich bekam Kaffee, Schokolade, Kakao«, erinnere ich mich an die Leckereien, die manchmal die Schwiegermutter mitbrachte.

»Siehst du!« freut sich der Deutsche. »Das war vielleicht von mir, vielleicht habe ich das mitgebracht.«

»Schon möglich.«

»Dann kannst vielleicht du mir jetzt helfen? Schreib, daß Gerhard Zandecki die Polen um Hilfe bittet. Daß er einen guten Anwalt sucht, der Deutsch kann. Ich habe kein Geld, würde ihm aber einen Vertrag vorschlagen: einen Prozentsatz vom Vermögen, das wir zurückbekommen. Ich warte in Bielice Nowe, im Haus Nummer elf (bei Frau Ewa), in der Gemeinde Krzyż.«

P.S. Den Namen von Wanda habe ich auf ihren Wunsch hin geändert.

1999

Irena Morawska

Ein Schmetterling in Manhattan

In dem Drei-mal-drei-Quadratmeter-Zimmer hebt Leokadia K. ihre Hände zur Muttergottes aus Stroh, die an der Wand hängt, und fragt: »Wer sagt mir jetzt, wie ich leben soll? Mein Sohn ist verbrannt.«

Die achtzigjährige Leokadia kann nicht glauben, daß sich ihr Sohn Zbigniew am 9. März 1995 in Manhattan freiwillig mit Benzin übergossen und angezündet hat.

Auch Zbyszeks Kumpel, der Förster Stanisław Mikołajczyk, der im Forstamt von Szczebra am Rande von Augustów mit ihm gearbeitet hat, glaubt nicht daran: »Er war ehrgeizig und stolz. Ich hätte nie gedacht, daß er öffentlich seine Würde in den Schmutz zieht.«

Die Nachbarn in der Straße sagen über Zbyszek: höflich, nett, kultiviert.

Die Nachbarin vom Haus gegenüber, Wanda S., kannte ihn von Kind auf. Sie betrachtet das Heiligenbild: »Ich müßte lügen, wenn ich etwas Schlechtes über diesen Jungen sagen wollte.«

In Augustów macht ein Spruch die Runde. An Bord des Flugzeugs in die USA fragt die Stewardess: »Sind Mońki und Augustów komplett? Na, dann können wir starten.«

Jedes Jahr bringen Flugzeuge Leute aus Augustów über den Ozean. Mit Touristenvisa, zur Arbeit, hauptsächlich Schwarzarbeit. Sie kommen zurück oder auch nicht, lebend oder in Metallsärgen.

Sie leben zwischen zwei Welten und gehören zu keiner. Dort sind sie noch keine Bürger, hier will man sie oft nicht mehr.

Die Aufenthalte in Amerika kamen in Augustów Ende der sechziger Jahre in Mode. Ziel: Chicago oder New York.

Zbigniew K. verbrannte sich in Manhattan zwei Wochen nach seinem sechsundvierzigsten Geburtstag. Etwa eine Woche, nachdem Witold S. (neunundvierzig Jahre) aus dem Dorf Nowinka bei Augustów sich aufgehängt hatte, weil seine Frau jenseits des Ozeans die Scheidung verlangte; zwei Jahre, nachdem Zofia K. ihren dreißigjährigen Mann im Sarg zurücktransportierte, weil er einen Schlaganfall erlitten hatte; und am selben Tag, an dem sich Władysława B. aus Augustów von der amerikanischen Rente ihres Mannes ein Kostüm »in green« kaufte.

Władysława B., eine siebenundvierzigjährige, starke, energische Frau, hat einige Jahre jenseits des Ozeans verbracht. »Amerika ist ein fremder Planet. Ein kleiner, grauer Pole ist dort taub, stumm und blind.«

Vor ein paar Jahren hatte man sie nach Amerika zu ihrem Mann geholt, der empfindlich verprügelt worden war. Die Schläge hatten sein Gehirn geschädigt. Das Sprachvermögen »und noch ein paar Dinge«, die man auf den ersten Blick nicht sah, waren betroffen. »Es gibt nichts Schlechtes, was nicht auch sein Gutes hätte«, meint Władka und schaut Kazik an. »Ich hab' zwar diesen Garbitsch zurückgebracht, aber die Rente von 350 Dollar ist jeden Monat auf dem Konto.«

Der fünfzigjährige Kazimierz, in amerikanischem Trainingsanzug, raucht eine polnische Zigarette und lächelt wie ein Schuljunge: »Ich war sieben Jahre in Schikago: fünf Jahre gesund und anderthalb im Krankenhaus. Ich bin verprügelt oder von einem Auto überfahren worden, ich weiß nicht mehr.«

»Der kriegt eins in die Fresse und weiß nichts mehr«, sagt Władka verächtlich.

Kazik: »Dort muß man trinken.«

Das weiß er noch.

Und an »diese Freiheit« kann er sich noch erinnern. Eine ganz unerwartete Freiheit: keinerlei Vorschriften, Verbote. Die Freiheit eines Schmetterlings – mal hierhin, mal dorthin, irgendwie wird's schon.

Als Władka zu ihrem Garbitsch kam (so nennt sie ihren Mann und andere, die Amerika fertiggemacht hat – vom englischen *garbage*, Müll), nahm sich die amerikanische Sozialfürsorge ihrer an. »Mir ging's wie Gott in Frankreich«, erinnert sie sich. »Ich hab' hundert Dollar Stütze und Verpflegung gekriegt.«

Während sie wartete, bis ihr Mann für die lange Reise wiederhergestellt war, arbeitete sie bei einem griechischen Schneider. (»Phantastisch, dieser Boss.«) Sie lernte, wie man Männerhosen näht, und verdiente ordentlich. Das Geld investierte sie in die Fertigstellung einer 180-Quadratmeter-Villa, die das Ehepaar anfangs noch aus dem Familienvermögen finanzierte. Kazik steckte solange seine Dollars in die Villa, bis Amerika sein Pflichtgefühl ausgesaugt hatte.

Während Władka bei dem »phantastischen« Griechen

Hosen nähte, analysierte sie, was von ihrem gutaussehenden, fleißigen Kazik übriggeblieben war. Und sie beobachtete die »Illegalen«: Am schlimmsten ging es denen, die in Polen ihre Familien zurückgelassen hatten.

Der Druck, ein Vermögen machen zu müssen, bringt sie um, denn sie haben sich Geld für das Ticket geliehen, sie müssen ein Auto kaufen (der Nachbar hat schon eins und man selbst noch nicht), der Mann oder die Frau reden gut zu: Noch ein bißchen mußt du aushalten. Und so weiter.

Die »Illegalen« werden überwiegend bei gesundheitsschädlichen und gefährlichen Arbeiten eingesetzt: Arbeiten mit Asbest, auf Dächern.

Wenn sie eine legale Beschäftigung erwischen, ist es gut. Wie Zbyszek, der verbrannt ist, oder Kazik vor dem Unfall. »Der Dollar hat ihn kaputtgemacht«, kommentiert Władka. »Wenn ein Typ länger als drei Jahre dort ist, schlägt ihm Amerika aufs Hirn: Dollars, Weiber, Wodka. Da« – sie zeigt auf ihren Mann, und der lächelt –, »mein Garbitsch ist ein Beispiel dafür.«

Władka versuchte ihren Sohn (nach seinem Militärdienst) zu überreden, daß er sich an der Visa-Lotterie beteiligt.

»Danke schön«, sagte er. »Ich hab' Amerika zu Hause, in Gestalt meines Vaters.«

In Augustów ist es schwer, Freunde von Zbyszek K. zu finden. Das Technikum für Forstwirtschaft hat er in Białowieża abgeschlossen, er hat auch außerhalb der Stadt gewohnt und gearbeitet. Ende der achtziger Jahre ist er zum ersten Mal nach Amerika gefahren. Er ließ eine Frau und drei Kinder zurück und kam bald wieder. »Er hat sich nicht mehr zurechtgefunden«, erinnert sich die Mutter. »Durch diese Trennung ist zwischen ihnen etwas zerbrochen.«

Nach 1990 fuhr er wieder.

Im März 1992 fiel Zbyszek auf einer amerikanischen Baustelle vom Gerüst. »Acht Wirbel und drei Rippen waren kaputt«, sagt die Mutter.

Er lag neun Monate im Krankenhaus. Im November war er wieder auf den Beinen, schickte der Mutter Fotos und schrieb: »Schau, Mama, wie gesund ich aussehe.« Er bemühte sich um eine Entschädigung. Arbeit hatte er nicht mehr. Da fing die Depression an.

Zofia P. aus dem Dorf Rudki bei Augustów hat gehört, daß Zbyszek sich in Manhattan verbrannt hat. Das wunderte sie nicht. Depressionen. Sie selbst hat dadurch fast ihren Mann verloren. Als er in New York war, konnte sie nicht mit ihm reden. »Ich frage ihn am Telefon, was er heute gemacht hat, und er sagt, er hat fünf Stunden zum Fenster hinausgeschaut.«

Das Geheul der Hupen und das Quietschen der Bremsen haben ihn ans Fenster gefesselt. Er dachte, gleich wird wieder jemand von einem Auto überfahren.

Wie ihre Nachbarin aus Rudki, die der Familie geschrieben hatte, New York würde ihr in den Ohren dröhnen. Sie hatte Angst, auf die Straße zu gehen. Kaum war sie aus dem Haus gegangen, wurde sie überfahren. Sie kehrte im Sarg zurück.

Zofias Mann kam nach einem Jahr wieder. »Mit den Nerven am Ende«, meint seine Frau.

Rudki, das sind verlassene Höfe. Ihre Besitzer sind über den Ozean gefahren. Ob sie zurückkommen, weiß man nicht. Sie haben keinen Grund, sie haben sich entweder durchgesetzt oder sind spurlos verschwunden.

Der Vater der Dorfschullehrerin Jolanta D., ein vorbildlicher Landwirt, ist dort an Unterernährung und Alkohol gestorben, und Ryszard B. hat sich zu Tode gesoffen, als er wieder zu Hause war.

Józef Z. ist es gelungen, bei angemessener Gesundheit aus Amerika zurückzukommen. »Nur« ein geplatzter Schädel und eine Naht am Scheitel. Manchmal denkt er, wenn das Metallstück, das ihm vom Dach auf den Kopf gefallen ist, schwerer gewesen und der Schädel weiter aufgeplatzt wäre, dann hätte er von Amerika eine Entschädigung bekommen. Aber die Wunde war nicht groß genug.

Józef Z. ist vor zwei Wochen wiedergekommen. Er war zwei Jahre dort. Er sagt, was er dort erlebt hat, kann man in keinem Film sehen. »Im Film ist Amerika, sogar das brutale Amerika, schön dagegen«, meint er.

Das Leben in den Staaten ist weniger toll. »Der polnische Garbitsch stirbt. Vor allem im Frühjahr. Im Winter schlafen sie in den Kanälen, in den Treppenhäusern.«

Im Frühjahr kommen sie wieder zum Vorschein.

Antoni Kochański, der Pfarrer der Gemeinde von Zbigniew K., fügt hinzu: »Sie kommen in Metallsärgen zurück. Die Särge sind innen mit ganz weichem Stoff ausgekleidet, mit Spitzen und Rüschen. Und die Leichen sind schön, balsamiert, sogar mit roten Wangen. So bereiten die Amerikaner ihre Toten auf den letzten Weg vor.«

Pater Kochański ist oft in Amerika. Er hat dort Familie und Freunde. Er kennt das Problem der Arbeitsemigration, und zwei Dinge treffen ihn schmerzlich: »Das ist keine Emigration für Brot mehr, das ist Emigration für Geld. Und ich sage ihnen immer: Das Materielle ist nicht das höchste Gut.« Und den Pfarrer trifft es, daß viele Polen dort ihre Selbstachtung verlieren. Er erzählt:

»Einmal hat uns in einem polnischen Restaurant in Chicago ein polnischer Bettler angehauen. Ich hab' ihn gefragt: Junge, wo ist denn dein Stolz geblieben?«

Józef Z. trägt seine zwei Jahre Amerika in der Gesäßtasche einer alten, verbrauchten Hose: ein Stößchen schäbiger Visitenkarten. »Das Leben dort besteht aus Rackern und einer Pritsche«, erklärt er trocken. »Um fünf aufstehen, malochen, nach acht Uhr abends nach Hause kommen. Wenn's gutgeht. An Heiligabend zum Beispiel hab' ich mit Stasiek, dem Professor aus Białystok, bis elf Uhr nachts Champignons geerntet.«

Józefs Visitenkarten sind dreckig, speckig, vollgeschrieben: *ROOFING – Richard O...ski.* Und der handschriftliche Zusatz von Józef: *wo wir lange auf dem Dach gearbeitet haben.* »Versuch bloß zu sagen, du wärst müde, dann sagt er dir: Hau ab!«

REALTY ROOFING – Wiesiek, *wo ich den Unfall hatte.* »Er hat für meinen Schädel bezahlt, das heißt, Röntgen, Nähen, Arzt – 350 Dollar. Er hatte Angst. Aber Manieren hatte er keine. Er weiß, du bist zum Arbeiten hier. Er behandelt dich wie einen verdammten Neger, obwohl er selbst Pole ist.«

ACAZAR CONSTRUCTION – wo die Wand zusammengebrochen ist. »Wir sind knapp mit dem Leben davongekommen. Die Wand ist direkt auf uns zugestürzt.«

Die Wand hat nur die Spaten unter sich begraben. Die Leute konnten rechtzeitig wegspringen.

J. M. CONSTRUCTION – wo ich Glaswatte gelegt habe. »Ich hab' die ganze Woche nicht geschlafen. So hat das überall gejuckt.«

Auf den Visitenkarten, kaum noch lesbar: *in einer Woche anrufen, ab Montag anrufen, in zwei Wochen anrufen.*

Es kommen Bekannte, setzen sich und sagen: »Erzähl.« Und Józef erzählt gern, und sei es nur zur Warnung, damit es nicht kommt wie »bei dem aus Manhattan«. Er hat viele gesehen, die mit dem Kopf in der Schlinge, auf der Straße oder im Kanal endeten.

Wie eine Ratte oder ein Schmetterling leben, um Arbeit betteln, wenn auch schwarze, im »Beisment« wohnen (englisch *basement* – Keller) und Sehnsucht haben. »Hauptsache, man hat jemanden, nach dem man sich sehnt.«

Manche weinen, weil ihre Familien kaputt sind, weil sie ein Visum gewonnen haben, aber die Nummer zu hoch ist. »Man lädt sie ins Immigration und droht mit Ausweisung. Und sie drohen mit Selbstmord.«

Ein Kollege von Józef hat Glück gehabt: Er hat ein Visum gewonnen in der amerikanischen Lotterie. Er hat in Polen seine Wohnung und sein Auto verkauft und ist gefahren. »Heute heult er«, erzählt Józef. »Das Geld ist weg, die Arbeit auch, eine Wohnung kann er sich nicht leisten. Bleibt nur das Beisment, mit Frau und Kindern am Hals.«

Józefs zehnjähriger Sohn ißt ein geröstetes Brot.

Die Mutter erklärt: »Abendessen. Das Brot hat's ihm angetan.«

Józef Z., der Vater, legt pedantisch die Visitenkärtchen

zusammen: »Das Geld aus Schikago hab' ich an die Bank geschickt. Es braucht ziemlich lang, ich bin vorher gekommen.«

»Meine Frau hat mich behandelt wie ausgetretene Schlappen«, sagt Benedykt K. verbittert. Er ist Elektrotechniker, vierundvierzig, Vater von zwei halbwüchsigen Kindern.

Benedykts Frau ist vor fünf Jahren nach Amerika gefahren. »Vier Jahre lang hat sie Päckchen, Geld und Briefe geschickt.«

Bis er mit ein paar Freunden zum Angeln fuhr. Sie tranken, und einer faßte Mut und gestand Benedykt, daß er in New York mit seiner Frau geschlafen hat.

Benedykt rief sie an. »Wenn du schon mit jemandem schlafen mußt, dann wenigstens nicht mit einem Säufer.«

Um die fünfzehnjährige Ehe zu retten, spielte er bei der Visa-Lotterie mit und hatte Glück. Aber die Nummer war zu hoch und fiel weg. Seine Frau schlug vor: »Du hast kein Visum bekommen, dann laß dich scheiden.«

Er antwortete: »Ich kauf bei den Russen, auf dem Basar, das schärfste Messer und ersteche dich.«

»Ich fahr hin, nach Manhattan, und bring sie um.«

Zbigniew K.s Frau fuhr zur amerikanischen Botschaft, um ein Visum zu bekommen. Zwei Söhne und eine Tochter blieben zu Hause zurück. Die Tochter ist zweiundzwanzig, arbeitslos. Über den verbrannten Vater will sie nicht reden. »Kein Wunder«, sagen die Nachbarn. »Sie ging nicht einmal ans Telefon, wenn er anrief.«

In der kleinen Stube des Häuschens am Friedhof in Augustów weint Zbigniews Mutter, Leokadia K. In ihrem

Täschchen hat sie ein Blatt eines Briefes von ihrem Sohn, die siebenundzwanzigste Seite. »Er hat geschrieben, es geht ihm schlecht, er hält es nicht mehr aus, er will heim. Aber der Rechtsanwalt hat ihm geraten«, klagt Leokadia, »er soll es noch ein bißchen in Amerika aushalten, bis da etwas geklärt ist.«

Es sollte sich klären, ob er eine Entschädigung für den Verlust seiner Gesundheit durch den Unfall bekommt. Nach seinem Tod stellte sich heraus, daß er demnächst ein paar Millionen Dollar bekommen hätte. Leokadia wischt die Tränen ab: »Wer braucht denn diese Dollar? Ich will meinen Sohn wieder.«

Viele aus Augustów sind nicht so sehr von dem tragischen Tod ihres Landsmanns beeindruckt als vielmehr von den paar Millionen Dollar. »Dafür hätte er sich ein gutes Stück von Polen kaufen können«, sagen sie. Eine Bekannte von Zbigniew K.s Frau sieht das anders: »Für dieses Geld kann man ruhig den Mann opfern. Es ging ihnen nicht besonders gut.«

Im Herbst rief der Vater von Zbigniew K. in Amerika an. »Er hat unserem Sohn gesagt, daß seine Frau sich herumtreibt. Und dann ist er gestorben«, weint Leokadia.

Sie schwört bei Gott: »Die Schwiegertochter hat ihm geschrieben, sie würden sich die Kinder teilen: Sie nimmt die Tochter, und er soll die Jungen nehmen.«

Auf der siebenundzwanzigsten Seite des Briefs, den die Mutter in der leeren Tasche aufbewahrt, schreibt Zbigniew K.: *Meine geliebten Kinder sollen daran denken, daß ich in erster Linie für sie lebe.*

»Was hat er denn erwartet?« fragt die achtzigjährige, an Parkinson leidende Leokadia K. rhetorisch. »Das wußte er selbst nicht mehr. Das Kind war doch völlig verloren. Weder dort noch hier ein Zuhause. Er hat in Amerika nach Hilfe gerufen. Aber wer hört einen Verirrten?«

Bevor Zbigniew K. sich im Gebäude der Internationalen Föderation des Roten Kreuzes in Manhattan mit Benzin übergoß und anzündete, schrie er, man dürfe ihn nicht deportieren, denn er werde von der polnischen Polizei verfolgt.

Der Polizeikommandant von Augustów, Hauptkommissar Władysław Kawałko, sitzt betrübt da. (Eben ruft Interpol in der Angelegenheit Zbigniew K. an.) Sie raten zu überprüfen, ob Zbigniew K. keine Aktennotiz hat. Das Personal findet nichts. »Er ist sauber«, verkündet der Kommandant feierlich.

Zuletzt war Zbigniew K. ohne Arbeit und ohne Geld. Er vegetierte in einem amerikanischen Obdachlosenheim dahin.

Vier Tage nach dem Selbstmord erlebte er im Forstamt Szczebra, wo er sich zwölf Jahre lang um die Wälder gekümmert hatte, eine Auferstehung. Die Förster erinnerten sich mit Bedauern an ihren ehrgeizigen Kollegen. Und sprachen sehnsuchtsvoll von den Millionen Dollar, die auf den toten Zbyszek warteten.

Die Angestellte Leokadia Szczudło zog die vergilbten Akten des Försters Zbigniew K. heraus. Alle kamen zusammen, eine große Menge von Förstern, denn im Forstamt war gerade eine Besprechung. In den Akten ein paar Zettel, ein paar Beschwerden. Zum Beispiel, der Genosse habe irgendeine »Erklärung abgelehnt«.

Und ein Verweis, weil *vom 29.–31. Juli 1982 keine Beobachtung der Nonne stattgefunden hat.* Die Nonne ist ein

Schmetterling, dessen Raupen an Nadelbäumen große Schäden anrichten.

»Ganz Amerika ist voll von Nonnen«, sagt ein Förster, dem New York seine Frau geraubt hat. »Wenn jemand diesen Schädling nicht unter Kontrolle bekommt, ist es aus.«

1995

Piotr Głuchowski

In Sales ist dein Leben

»Damit alles klar ist: Eine von denen, die sich umgebracht haben, war die Freundin von einem von uns, deshalb treffen wir uns mit dir«, beginnt Piotr. Bis vor kurzem hat er als *Regional Promotion Supervisor* bei einem Tabakkonzern gearbeitet. Im August wird er achtundzwanzig Jahre alt. Er läßt sich von seiner Frau scheiden, weil er seit einem halben Jahr mit einer Hostess aus seiner Firma zusammenlebt.

»Du schreibst dir keine Städtenamen, Nachnamen oder Namen von Firmen auf, für die wir arbeiten«, ermahnt er. »Wir verraten ohnehin schon unseren Konzern, wenn wir mit dir reden, aber so haben wir es nun ein für alle mal beschlossen.«

Piotr, Jacek, Wojtek sitzen an einem großen Tisch im Garten eines eleganten Restaurants. Piotr greift alle zehn Minuten nach einer Zigarette. Jacek – *District Sales Supervisor* in einem großen Tabakkonzern – noch öfter. Vor einer Woche ist er achtundzwanzig geworden, zum Treffen kam er mit dem Firmen-Toyota. Er trinkt Bier mit einem Schuß Sprite.

»Paß auf, uns geht es nicht um die Firmen, sondern um die Sache«, sagt er. »Daß man Leute von der Straße rekrutiert und ihnen dann so eine Gehirnwäsche verpaßt und sie so unter Druck setzt, daß sie dabei draufgehen.«

Wojtek, der vor kurzem seinen Juraabschluß gemacht hat und seit drei Monaten *Sales Manager* in einem Lebensmittelkonzern ist, erklärt:

»Das ist keine Geschichte von grünen Marsmännchen. In Polen arbeiten ungefähr 30 000 Menschen in *Sales*: Coca-Cola, Wella, Procter & Gamble, Philip Morris, Master Foods – Sektoren, die im Verkauf jeweils zwei- bis dreihundert Leute beschäftigen. Kleinere Firmen, wie Nestlé, Reemtsma oder House of Prince, gibt es ungefähr hundert. Polnische Firmen zählen wir gar nicht, die lernen erst.«

Jacek: »Damit du verstehst, worum es geht, will ich einmal so anfangen: Du stehst in einer Schlange in der Apotheke oder in einem Lebensmittelladen und gaffst vor Langeweile auf die Regale. Für dich ist das ein bunter Haufen; voller Flaschen und Schachteln, von manchen gibt es ein paar, andere sind nur einzeln aufgestellt, noch andere belegen gleich zwei Reihen. Du hast den Eindruck, daß die Tussi das einfach nach ihrem Gutdünken so aufgestellt hat. Dabei hetzen Tausende von Menschen durch ganz Polen, damit ihre Schachteln in den besten Regalen die besten Plätze einnehmen.«

Piotr: »Die Reihenfolge der Zigarettenmarken, die in einem Kiosk hinter der Scheibe stehen, sagt dir alles über die Tabak-*Merchs* in deiner Region. Wenn oben links Marlboro stehen, daneben L & M und weiter Caro und Kapitan, dann haben die *Merchs* von Philipp Morris – zu ihnen gehören nämlich alle diese Marken – gute Arbeit geleistet.«

Jacek: »Weil man immer von oben links zu lesen anfängt.

Wenn in dieser Ecke eine Schachtel R1 steht, oder noch besser: zwei Schachteln nebeneinander, heißt das, daß in deinem Bezirk Reemtsma die besten *Merchs* hat. Und so ist es mit allem; mit Kaffee, Kaugummi, Schokoriegeln, Katzenfutter – normalerweise eigentlich mit allem, außer mit Brot.«

Piotr: »Wir reden hier zunächst nur über einen Bereich, für den der *Merch* verantwortlich ist: prozentueller Platzanteil im Regal und die richtige Reihenfolge im *Facing*. Aber da gibt's noch: Sichtbarkeit der Ware, ihre Erreichbarkeit, Stetigkeit des Verkaufs – um all das muß sich der *Merch* in seinem Gebiet kümmern. In jedem Geschäft, Kiosk, an jeder Tankstelle, im Kaufhaus, überall, nicht wahr, Wojtek?«

Wojtek: »In *Sales* schaut dein Leben so aus: Um fünf, sechs Uhr morgens fährst du zur Großhandlung, um die Abrechnung für die letzte Woche zu machen und neue Ware für die nächsten fünf Tage mitzunehmen. Gleich danach flitzt du los, um die *Calls* zu machen. Bei mir in der Firma sind fünfzehn *Calls* am Tag die Norm. Du fährst zum Laden. Wenn es dort keine Ware gibt, verkaufst du welche und kassierst *Cash*, wenn welche da ist, machst du nur das *Monitoring*. Du notierst die Katalognummer des Geschäfts, wie viele Arten von Schokoriegeln und Schokolade sich im ständigen Verkauf befinden, wie es mit dem Platz in den Regalen aussieht, ob es Probleme mit den Lieferungen gibt. Du notierst alles auf dem Formular. Aber meistens schaffst du das nicht, weil das Formular mehrere Zehner-Rubriken hat. Du schreibst also nur das hin, was schwer zu behalten ist, den Rest mußt du im Kopf haben. Du wirst versuchen, es am

Abend oder am Sonntag aufzuarbeiten. Wie viele Sonntage habe ich schon über Verkaufsdiagrammen gesessen ...«

Jacek: »Weil der *Merch* vor allem ein guter Verkäufer sein muß – er muß alles verkaufen können: Einen Lappen für Schuhsohlen, den eigenen Furz in einer Phiole, eben alles. Bei den Lehrgängen werden solche Rollenspiele gemacht: Versuch mal dreckige Unterhosen zu verkaufen! Ich bin eine Verkäuferin in einem Dorfladen, und du mußt mich davon überzeugen, die Unterhose ins Regal zu legen. Ein guter *Merch* wird das schaffen. Einmal habe ich mit Piotr gewettet, daß ich bei einer Kioskfrau meine Spucke loswerde. Wir spuckten in eine Phiole, Piotr nahm die Zeit. Nach zwei Minuten und vierzig Sekunden stand das Gefäß zwischen den Kondomen und Batterien.«

Piotr: »Drei Minuten und fünfzig Sekunden.«

Wojtek: »Ihr habt euren Spaß gehabt, Piotr haben sie bei *Sales* gleich für einen Posten eingekauft, der konnte sich so einen Scheiß erlauben. Ich dagegen fing als *Merch* an, auf eine Anzeige hin. Gleich nach der Magisterprüfung. In den ersten Wochen schlief ich nur fünf Stunden die Nacht. Wenn ich mit alten Kumpels einen trinken ging, lief gleich am nächsten Tag der Verkauf nicht mehr richtig. Also begann ich mich abzusondern. Zumal wir auch immer weniger gemeinsame Themen hatten. Sie waren bei der Finanzbehörde oder absolvierten Praktika und ich ... was sollte ich ihnen denn erzählen? Wie ein korrektes *Facing* aussieht? Oder wie man einen *Customer contact* macht? Am Weekend machten sie einen Ausflug zum See mit ein paar Mädchen, und ich machte Promotions.

Piotr: »Die Tage der Promotions – das ist so etwas wie für einen Politiker die Wahlen oder für eine Nutte die Messe in Poznań. Morgens holst du die Hostessen ab, bereitest für sie die Ware vor – zum Beispiel Zigaretten – , und dann zieht ihr los, durch die Lokale. Volle Konzentration, denn dort kann alles passieren. Ihr arbeitet bis drei Uhr nachts. In jedem weiteren Lokal sind die Leute noch mehr zugesoffen. Deshalb muß der Promoter psychisch stärker sein als der stärkste Typ in der Kneipe, damit es nicht zu irgendeiner Rangelei kommt. Und trotzdem haben uns einmal die Scheißkerle von der Security eines Nightclubs zwei Hostessen vergewaltigt. Und, was willst du machen? Die Bullen rufen? Für so eine Art von Reklame zahlt dir die Firma nichts.«

Jacek: »Ich hab' in Zabrze eine Promotion für filterlose Zigaretten gemacht. Und wo wirbst du für Kippen ohne Filter? Klar, daß nicht im Holiday Inn. Hauptsächlich streifst du durch irgendwelche Spelunken. Also: Ich geh rein, kläre die Sache mit dem Barmann, die Mädchen warten draußen im Wagen. Der Barmann ist schon durch den Eigentümer informiert, den ich am Vortag angerufen habe. Ich rufe die Schnitten. Sie kommen rein, natürlich alle im Mini – das ist Bedingung –, verteilen die Kippen. Da steht so ein Gorilla auf, schmeißt mir ein Mädchen auf den Tisch und beißt sie in den Arsch. Der hat sich so in sie verbissen, daß wir mit ihr ins Krankenhaus fahren mußten.«

Piotr: »Jacek und ich vertreiben gerade Kippen, aber mit *Foods* und *Medicals* ist es das gleiche oder noch lustiger.«

Wojtek: »Damian, mein Kumpel, ist zum Beispiel *Sales Manager* in einem Lebensmittelkonzern, der unter anderem

Hundefutter verkauft. Einmal komme ich zu ihm, da ist sein ganzes Badezimmer mit Trockenfutter zugeschüttet, aber nicht von seinem Konzern, sondern von einer anderen, kleineren Firma. Es stellte sich heraus, daß diese Firma Hundekekse herausgebracht hat, aber sie hatte nicht rechtzeitig vorher im Fernsehen dafür geworben. Also konnte sie diesen Scheiß nicht loswerden, und das Haltbarkeitsdatum lief bald ab. Die *Merchs* von Damian haben den Fehler der Konkurrenz sofort spitzbekommen.«

Piotr: »Sie fingen an, die Hundeplätzchen in Massen aufzukaufen, und stellten stattdessen ihre eigenen rein. Die Verkäufer waren ihnen dafür noch dankbar. Jeder wäre doch froh, wenn man seine Regale von einer Ware befreit, die nicht geht und bei der das Haltbarkeitsdatum gleich abläuft. Es gab nur eine Bedingung: Ich nehme dir die ganze Ware ab, aber versuch nicht noch einmal, sie bei dir zu verkaufen. Die meisten waren einverstanden. Und als endlich die Werbung der anderen im Fernsehen anlief, da war das Zeug nicht mehr da, weil Damian und seine Jungs die Regale im Umkreis von sechs Bezirken leergeräumt hatten.«

Wojtek: »Die *Merchs* von dieser anderen Firma legen los und laufen gegen eine Wand, keiner ihrer *Calls* greift. Die Verkäufer wollen ihnen die Ware nicht abnehmen, weil sie schon eine andere haben, außerdem haben sie unserem Konzern versprochen, daß sie die andere Ware nicht mehr nehmen. Und so war die Firma weg vom Fenster. Soweit ich weiß, beginnt sie jetzt wieder von neuem.«

Piotr: »Und für diese Nummer bekam Damian von der Landesverwaltung des Konzerns eine goldene Uhr und einen Flug mit einer Cessna über die Masuren. Ja, und so hatte er dann eine halbe Tonne Hundekekse übrig, und mußte sie an Bekannte verteilen. Er konnte sie nicht in der Verpackung der Konkurrenzfirma verschenken, also bat er seinen Bezirksleiter um hundert leere Säcke aus der Fabrik des Konzerns. Dann schüttete er das ganze Hundefutter um und verteilte es an jeden, der ihm über den Weg lief. Ich habe zwar keinen Hund, habe ihm aber trotzdem zwei Kofferraumladungen abgenommen. Willst du was davon?«

Wojtek: »Bei Damian ist es wie bei mir, meine Bude ist voll mit Fressalien: Schokolade, Riegel, Chips – alles, was unsere Firmen verkaufen. Die Regel ist so, daß wir ein halbes Jahr vor Ablauf des Haltbarkeitsdatums unseren Verkäufern die Ware wieder abnehmen. Damit sich der Ladenbesitzer keine Sorgen macht, daß ihm irgend etwas kaputtgeht. Er muß es bequem haben: Der *Merch* bestellt die Ware in der Großhandlung, bringt sie in den Laden, räumt sie wieder weg, bevor sie vergammelt, und das alles auf Kosten des Konzerns. Die Ladenfuzzis haben ihre Ruhe, und wir haben Wohnungen, vollgestopft mit Ware. Was ich damit mache, ist meine Sache. Ich darf es nur nicht verkaufen.«

Jacek: »Im Moment habe ich ungefähr zweihundert Päckchen Zigaretten bei mir zu Hause. Meine *Merchs* haben noch mehr. Weil sie umsonst sind, rauche ich fünfzig am Tag.«

Piotr: »Und das ist der Grund, warum die Leute darauf abfahren: Erstens stimmt die Kohle einigermaßen. Eine Hostess hat zehn Złoty die Stunde, doch der *Merch* bekommt schon zweitausend im Monat, und je höher er klettert, gleich ein paarmal soviel. Die Löhne sind natürlich geheim, doch der Bezirksleiter hat schon seine sechstausend. Dazu kommen das Telefon, der Wagen. Die Gespräche und das Benzin zahlt dir die Firma. Genauso die Hotels und das Essen unterwegs. Und wenn du etwas getrunken hast, dann nimmst du ein Taxi auf ihre Rechnung – *no problem.*«

Jacek: »Außerdem gibt es zwei-, dreimal im Jahr ein *National Meeting* – ein Treffen von allen aus dem ganzen Land, die bei *Sales* sind. Die Firma mietet ein Erholungsheim an einem See oder in den Bergen und organisiert ein Konzert mit einer guten Band – und zwar mit einer aus den Charts von MTV; ›Captain Jack‹ war zum Beispiel schon dabei. Dann gibt's ein Abendessen und ein echtes Kampftrinken, ein Feuerwerk, irgendwelche *Gifts* vom Management, na und das Wichtigste: Hostessen. Die Mädchen wissen, was bei solchen Treffen abgeht, also kommen nur die Willigen.«

Piotr: »Es gibt nur einen Grundsatz: keine Puppe aus der eignen Truppe. Alles andere ist erlaubt. Ich habe mich nicht daran gehalten. Die Hormone spielten verrückt. Jetzt bin ich sehr glücklich mit meiner neuen Dame, nur daß ich mich von der Firma verabschieden mußte und von meiner Frau auch. Wobei ich alles, was ich in diesen drei Jahren verdient habe, ihr überlassen habe; die Wohnung, das Grundstück vor der Stadt, eben alles.«

Jacek: »Du hast wenigstens in den drei Jahren eine Wohnung und ein Grundstück gekauft, aber die meisten verdienen kein schlechtes *Cash* und haben doch nichts. Einfach nichts, denn der Wagen, das Telefon oder der Computer gehören der Firma. Das ist unglaublich. Der *Merch* verdient anfangs eher mittelmäßig, und wenn er viel herumfährt, dann hat er Ausgaben. Er läßt sich zwar für alles eine Rechnung geben, doch bis ihm die Firma das Geld zurückzahlt, vergeht ein Monat. Also fehlt es ihm oft an Kohle. Dabei hat er die Taschen voller Bargeld, das er in den Läden eingesammelt hat. Keiner verlangt, daß du sofort abrechnest, der Termin ist immer alle paar Wochen. Also gibst du das Geld der Firma aus und denkst dir: Wenn du die Abrechnung machst, und dein Honorar aufs Konto überwiesen wird, dann zahlst du es wieder zurück. Dann stellt sich heraus, daß du mehr ausgegeben als verdient hast, und einen Monat später sogar noch mehr. Du bist ständig im Minus. Doch dein Supervisor macht dir keine Vorwürfe. Der sagt: ›Bleib locker, als ich anfing, hatte ich auch nie genügend *Cash*. Wenn du eine Gehaltserhöhung bekommst, wirst du da schon rauskommen.‹ Also hast du nur einen Ausweg: Beförderung. Und du rackerst dich noch mehr ab, wirst nervös, rauchst plötzlich zwei Päckchen am Tag, fluchst nur herum wie ein Kutscher. Nach der Arbeit kannst du nicht abschalten, von einschlafen gar nicht zu reden. Du mußt also etwas trinken. Und morgens etwas nehmen, damit du aufstehen kannst. Du ziehst dir drei Kaffees rein, und es reicht immer noch nicht. Also greifst du nach irgendso einem Zeug; zum Beispiel besorgst du dir Prozac. Das kostet. Und du hast nur noch Zeit für schnellen Sex – das kostet auch. Du gehst also noch mehr ins Minus, und so schließt sich der Kreislauf. Du brauchst die Firma, um überhaupt auf Null zu kommen. Du verdienst viertausend netto und bist blank!«

Piotr: »Du wirst also immer nervöser und geschaffter, fängst an, Fehler zu machen. Dabei darf man keine Fehler machen. In Katowice machte ein Team eine Promotion für Kippen ohne Filter. An einem Nachmittag fuhren sie über zehn Kneipen ab. Das war der erste Fehler, da haben sie schon den Bogen überspannt. Die Hostessen waren müde, der Promoter war müde. Eines der Mädchen hat die Wagenschlüssel im Auto eingeschlossen. Sie konnten nicht weg und kehrten in die Spelunke zurück, um anzurufen und Hilfe zu holen, weil das Telefon auch im Auto war. Das war der zweite Fehler. Die Penner in der Kneipe zeigten Interesse, und einer von den Säufern bot sich an, daß er den Wagen öffnet. Der Promoter war einverstanden – das war der dritte Fehler. Natürlich bekam der Typ den Wagen auf, setzte sich rein und meinte, daß er sich für die Hilfe eine kleine Fahrt verdient hätte. Bevor der andere auch nur irgend etwas kapiert hat, heizte der andere mit einer Hostess auf dem Nebensitz los. Schon nach ein paar hundert Metern bauten sie einen Unfall. Das Mädchen war gerade zwanzig, es war sehr hübsch.«

Jacek: »Drei Wochen später hat es bei Olsztyn eine Promoterin aus der Kurve getragen. Wieder kam eine Hostess ums Leben. In der Firma konnte man keine Einzelheiten darüber erfahren, aber du kannst dir vorstellen, was das für ein Ding war. Das ist schon eine Kunst, sich mit einem neuen Toyota umzubringen. Das Mädel mußte maximal heizen. Bestimmt war sie, wie jeder von uns, unter Zeitdruck, nicht ausgeschlafen und so weiter. Letztes Jahr, Anfang Juni, passierte der nächste Unfall: Ein vierundzwanzigjähriger Promoter und eine Hostess sind bei lebendigem Leib im Wagen verbrannt.«

Piotr: »Ich habe den Jungen gut gekannt. Er hieß Adam, war gerade dabei, die Handelshochschule in Warschau zu beenden. Er fuhr schnell und schlecht. Hat früher schon vier kleinere Crashs gehabt, was er aber verheimlicht hatte.

Er hat selbst für die Schäden bezahlt, damit man ihn in der Firma nicht als jemanden betrachtet, der Probleme macht. Na und der fünfte Unfall war dann sein letzter.«

Katarzyna, Adams Schwester: »Mein Bruder war ein hervorragender Fahrer. In den vor kurzem in der Firma durchgeführten Lehrgängen und Fahrprüfungen hatte er eins der besten Ergebnisse im ganzen Land. Er war kein Grünschnabel, sondern ein Fahrer mit enormer Erfahrung. Die letzten acht Jahre fuhr er viel und oft, in Polen und im Ausland. Er hatte ein paar Wagen, konnte alles an ihnen reparieren. Jeder, der ihn kennt, wird bestätigen, daß er schnell, aber sicher und umsichtig fuhr. Niemand hatte Angst als Beifahrer, wenn er am Lenkrad saß.

Zum Unfall kam es in Kopytów bei Błono. Adam hatte im Firmen-Toyota RAV4 eine Hostess und eine Kiste selbstentzündlicher Streichhölzer – Reklameproben des Konzerns – und überholte eine langsamer fahrende Wagenkolonne. Plötzlich scherte einer der Wagen in der Kolonne nach links aus. Der Fahrer bemerkte nicht, daß er gerade selbst von Adam überholt wurde. Er fuhr auf die linke Spur, und Adam wurde an den Straßenrand geschleudert. Sein Toyota mit Vierradantrieb prallte gegen einen Baum und ging in Flammen auf. Wahrscheinlich entzündeten sich die Streichhölzer, die sofort brennen, wenn man sie gegen etwas schlägt – darauf beruht ja der Gag.«

Adams Mutter: »Die Autopsie ergab, daß mein Sohn Kohlenmonoxyd in der Lunge hatte. Das heißt, daß er noch atmete, als der Wagen brannte. Wenn diese Streichhölzer nicht gewesen wären, würde er noch leben …«

Adams Eltern haben die Absicht, gegen den Konzern, für den er seit Oktober 96 gearbeitet hat, eine Schadenersatzforderung zu stellen. Adam hat zwei Semester verkorkst, weil er keine Zeit hatte, zu den Vorlesungen zu gehen.

Die Firmenchefs haben nach dem Unfall die Streichhölzer aus allen Promotions zurückgezogen. Doch in letzter Zeit werden sie wieder eingesetzt, wobei jedoch in den Wagen der Promoter, die die Schachteln befördern, spezielle Sicherungen für Brandschutz installiert sind.

Jacek: »Das Geschäft muß weiterrollen. Denkst du denn, daß, weil vier umgekommen sind, irgend jemand von der Truppe aufgegeben hat? Im Gegenteil! Die Leute sind noch mehr dahinter. Jeder will das Team vom Promoter übernehmen, der gerade draufgegangen ist. ›Er hat's nicht geschafft‹, denkt sich der eine oder andere, ›aber ich bin besser, ich krieg's hin. Ich werde mehr und schneller verkaufen, und ich werde überleben.‹ Im Kampf um den Kunden gehen die Schwachen drauf.«

Im Pressebüro des Konzerns kann man über den Unfall in Olsztyn nichts in Erfahrung bringen. Die Bezirkskommandantur der Polizei ist auch nicht hilfreich.

»Wir haben eine Menge Unfälle, wir führen keine Statistiken in bezug auf die Firmen, in denen die Geschädigten gearbeitet haben«, erklärt der Polizeisprecher. »Etwas anderes wäre es, wenn wir den Namen hätten.«

Jacek und seine Kollegen kennen die Namen derjenigen nicht, die am Unfall bei Olsztyn beteiligt waren.

Adams Mutter: »Vor seinem Tod hat mir mein Sohn von diesem Unfall erzählt, aber er sagte, dieses Thema sei in der Firma tabu, und er habe die Promoterin nicht gekannt.«

Paweł, ein zweiunddreißigjähriger *Area Sales Manager* in einem Chemiekonzern, raucht nicht und trinkt nur Mineralwasser. Er fährt einen Mercedes als Dienstwagen und trägt kein Mobiltelefon bei sich – ein Autofahrer sollte das auch nicht. Er ist Single, spielt Golf und Tennis, sammelt Teddys aus der Vorkriegszeit. Der wertvollste in seiner Kollektion, ein grauer Bär, der vor über siebzig Jahren in einer deutschen Steiff-Fabrik produziert wurde, hat in London 3000 Pfund gekostet. Der Bericht über das Treffen mit Jacek, Piotr und Wojtek macht auf ihn keinen Eindruck.

»Der Verkauf ist im Moment der sich am dynamischsten entwickelnde Sektor auf dem Arbeitsmarkt«, erklärt er. »Man braucht nur in die Zeitungen zu schauen: Auf zehn Offerte kommen sieben für Verkäufer. Es gibt verschiedene Bezeichnungen für sie: Versicherungsberater, *Merchandiser*, Handelsvertreter. Doch es geht um Verkäufer, egal ob sie Ware, Versicherungen oder Ausflüge verkaufen. Man muß einfach verstehen, daß dort, wo die schnellste Entwicklung und das größte Geld sind, auch die schärfste Konkurrenz herrscht. Im Westen lassen sich nur Leute auf dieses Spiel ein, die zur kompromißlosen Arbeit bereit sind – ohne Pause, ohne einen Platz für Familie ... Das ist eine Wahl, die sie bewußt treffen. Doch bei uns drängen sich Typen in den Verkauf, weil sie zufällig eine Anzeige gelesen haben oder weil es keine andere Arbeit gibt. Und dann verpfuschen sie ihr Leben, trinken, sind frustriert. Sie sagen: Die Firma ist schuld, wenn irgend jemand bei einem Autounfall umgekommen ist. Was für ein Unsinn! Wenn du nicht hart genug bist, dann geh zur Post. Verkäufer – das ist die heutige Elite. Der Beruf mit der größten Zukunft. Schau dich nur um, immer mehr Dinge werden von Maschinen produziert, die selbst von Maschinen gebaut wurden ... Menschen braucht man, damit sie kaufen und verkaufen.«

Calls – Besuche in einem Geschäft, das die vom *Merchandiser* angebotene Ware noch nicht verkauft, mit dem Ziel, dies zu ändern.

Customer contact – der erste Kontakt mit einem Kunden, zum Beispiel indem man ihm eine Zigarette oder ein Stück Schokolade anbietet.

Facing – das Präsentieren der Ware, so daß der Kunde die möglichst größte Fläche der Verpackung sieht.

HORECADI – Kürzel für die zusammengefaßten englischen Begriffe: Hotel, Restaurant, Café, Discotheque. Ein Bereich, in dem die Merchandiser nicht tätig sind und der nur für die Promoter reserviert ist.

Sales – Verkaufsabteilung: Vertriebs- und Promotionssektor.

Die Struktur der polnischen Abteilung »Sales«

ASM *(Area Sales Manager)* – Chef der Abteilung Verkauf, Vorgesetzter aller Mitarbeiter auf nationaler Ebene oder in einem der Landesgebiete (zum Beispiel ASM für Nord-Polen). Der *Area Sales Manager* leitet zwei »Sektionen«.

Sektion Läden:

RMS *(Regional Merchandiser Supervisor)* – Regionaldirektor, Vorgesetzter der *District Supervisors* und *Merchandiser*, die in fünf bis zehn Bezirken tätig sind.

DSS *(District Sales Supervisor)* – Vorgesetzter der *Merchandiser*, die in zwei bis drei Bezirken tätig sind.

SM *(Sales Manager)* – Distribuent, der Supermärkte und große Tankstellen mit Waren versorgt.

Merch (Merchandiser) – die niedrigste Stufe in der Hierarchie des Verkaufs. Ein *Distribuent*, der für Geschäfte und Kioske zuständig ist.

Sektion ***HORECADI***
(Hotel, Restaurant, Café, Discotheque):

RPS *(Regional Promotion Supervisor)* – Regionaldirektor, Vorgesetzter der Promoter, die in fünf bis zehn Bezirken tätig sind.

Promoter – Chef einer Truppe, die sich aus dem Promoter und zwei bis drei Hostessen zusammensetzt.

Hostess – die niedrigste Stufe in der Hierarchie der Promotion. Ein Mädchen, das mit seiner Kleidung für ein bestimmtes Produkt wirbt, das es beispielsweise in einer Diskothek, in einem Pub, am Strand und so weiter verteilt.

1997

Lidia Ostałowska

Limalo sucht echte Zigeuner

Der polnische Zigeuner Limalo fährt nach Rumänien. Er möchte die Dörfer der Transsylvanischen Hochebene sehen und bis auf den Grund des Elends der Zigeuner vordringen. Vielleicht pulsiert in diesem Land des Hungers ein Leben, nach dem er sich sehnt. Vielleicht liebt der Zigeuner dort noch den Zigeuner. Limalo bricht auf nach Siebenbürgen, in die Stadt Sibiu, Hermannstadt. Dort wohnt der Zigeunerkönig Ion Cioaba. Er ist ein Liebkind des rumänischen Präsidenten. Bei Wiener Juwelieren hat sich der König eine kilogrammschwere Krone bestellt, dann unternahm er eine Reise durch die Hauptstädte der Welt. Sogar die englische Königin empfing ihn. »Ich werde ihm ins Maul spucken«, sagt Limalo.

Ein Zigeuner ist ein Zigeuner. Ein ungarischer Lehrer, ein moldauischer Hirte, ein Philosoph aus der Slowakei, ein Schneider aus Tschechien, alle sind sie Brüder. So denkt Limalo. In dieser Familie sollte, wenn es nach ihm geht, auch Platz für einen Bettler sein. Er macht sich auf den Weg, nach seiner Rückkehr will er sagen können: »Die rumänischen Zigeuner sind arm, doch ehrlich. Ich bin bei ihnen gewesen.«

In Comana de Jos liegt das Zigeunerviertel am Dorfrand. Von der Haltestelle geht man an Höfen vorbei, die Gadschen gehören, das heißt Fremden, Nichtzigeunern. Ihre Häuser sind grün oder gelb und wurden vor langer Zeit angemalt. Die Jalousien sind heruntergezogen. Näher zum Damm hin stehen die Bauten der Zigeuner. Man erkennt sie an den Spuren am Verputz, einen Meter über dem Boden. Das aufgestaute Wasser tritt in Comana de Jos jedes Jahr über die Ufer. Bis vor kurzem waren die Häuser der Zigeuner kleiner als die der Rumänen. Jetzt haben sie neue Räumlichkeiten angebaut, die Fenster sind mit Brettern verschlagen. Zigeuner sind keine im Dorf. Sie sind nach Polen gefahren, zum Betteln. Nur ein paar Familien sind geblieben. Im letzten Hof vor dem Damm steht ein Sessel. Auf dem Sessel liegt ein Kissen, damit man es weich hat. Auf dem Kissen sitzt Limalo.

Limalo ist ein Kelderascha. Das ist eine Gruppe von Zigeunern, die Kesselschmiede waren. Sie stammen aus der Walachei und der Moldau. Dort waren sie Leibeigene der Bojaren, die sie zum Verkauf anboten. Das rumänische Wort *robi*, das heißt Sklave, bedeutet dort bis heute Zigeuner. Mitte des 19. Jahrhunderts wurde die Leibeigenschaft aufgehoben. Wenig später machten sich Scharen befreiter Zigeuner auf nach Westen und Norden. Zuerst tauchten sie in Galizien auf, dann in anderen polnischen Gebieten. Viele sind dort geblieben. Unter ihnen auch die Vorfahren von Limalos Vater.

Limalo besitzt in einem Vorort von Warschau eine Villa mit einem Türmchen, die Familie macht Geschäfte. Vor ein paar Tagen setzte er sich in den Zug, dann rüttelte er in Autobussen dahin, um endlich auf dem Kissen in Comana de Jos auszuruhen. Hier ist seine Mutter aufgewachsen: »Mama trug bis zu ihrem Tod einen roten Rock.«

Limalo kam kurz nach dem Krieg zur Welt. Er zog mit der Familie mit dem Wagen herum und ging mit der Mutter über die Dörfer, um zu betteln und aus der Hand zu lesen. Manchmal hetzten die Besitzer der Höfe die Hunde auf sie (er hat noch heute Narben an den Hinterbacken), doch meist hatten sie ein paar Groschen übrig. Die Mutter kaufte Papier und Bleistift. »Sie brachte mir Lesen und Schreiben auf rumänisch bei. Sie erzählte, wie die Zigeuner dort leben.«

Ihr Heimatdorf sah sie nie wieder. Als in den sechziger Jahren des 20. Jahrhunderts die Gadschen in ganz Mittel- und Osteuropa den Zigeunern das Herumwandern verboten, machten Limalos Großeltern ein paar Dutzend Kilometer von Comana entfernt halt. Limalo besuchte sie mit der Mutter. Damals war er noch sehr jung. Er lernte Sofia kennen. Er verliebte sich so toll, daß er in Polen stahl, um ein paar Ringe nach Transsylvanien mitbringen zu können. Diese Dummheit hat er abgesessen, jetzt stiehlt er nicht mehr. Sofia nahm ein entfernter Verwandter, und Limalo begann mit Teppichen zu handeln. Die Schwester aus Deutschland half ihm dabei. Er heiratete und hat schon eine Enkelin.

Vor drei Jahren klopfte an Limalos Villa im Warschauer Vorort ein junger, abgerissener Rumäne. Er stammelte: »Mich schicken Sofia, meine Mama, ich Danciu.« Limalo küßte Danciu nach dem Brauch der Zigeuner auf den Mund, gab ihm zu essen, zu trinken und kleidete ihn ein. Er fand ihm Arbeit, schwarz.

Nach Danciu kamen andere Zigeuner aus Rumänien,

nach denen wieder andere. Sie baten, sie für ein paar Nächte aufzunehmen. Limalo befahl der Frau, ein Bett zu beziehen, den Kühlschrank zu leeren. Er forderte sie auf, eine erstklassige Mahlzeit für sie aufzutischen. In seinem Haus sollte jeder Bettler in weißem, gestärktem Bettzeug liegen können; manchmal nächtigten gleich ein Dutzend und mehr. Die Frau mußte für sie in die Apotheke laufen, die verlausten Kinder baden. Er schor sie. Seiner Frau erklärte er:

»Die rumänischen Zigeuner sind nicht schuld, daß sie auf dem Betonboden hocken und sich erniedrigen. Daran ist ihr Leben schuld.«

Vor einem Jahr ist seine Frau ausgezogen.

Auf dem Weg nach Transsylvanien sagt Limalo immer wieder: »Sie sind arm, doch ehrlich. Ihr dürft nicht verheimlichen, was eure Augen dort sehen.«

Ein grasloser Hof in Comana de Jos, ein Kissen. Limalo an einem festlich gedeckten Tisch. Ihm gegenüber ein paar Männer: Truli, Goca, Calo. Frauen: Marcella, Tereza und Eva – sie blasen in die Glut des Feuers, rühren im Topf, dann stehen sie an der geborstenen gelben Wand.

Der erste, der nach Polen fuhr, war Truli. Gleich nach der Dezemberrevolution 1989. Er wollte gar nicht dorthin, sondern nach Deutschland. Dort will er immer noch hin: »Wenn sie mir jetzt ein Visum geben würden, würde ich auf der Stelle diesen Tisch in Comana, die Wurst und den Wodka zurücklassen.«

Er versuchte über die grüne Grenze zu gehen, es mißlang. Doch er überzeugte sich davon, daß man auch in Polen verdienen kann. Er ließ den Nachbarn aus Coliba eine Nachricht zukommen.

Sie fuhren mit Autobussen, weil das billiger war. Ohne einen Groschen, ohne die Sprache zu kennen. Sie kamen in die größeren Städte. Im Winter schliefen sie auf Bahnhöfen, im Sommer neben den Bahnhöfen, in der Wiese. Die Polizei prügelte sie, die Skins schlugen sie, Betrunkene pöbelten sie an, der Bahnschutz vertrieb sie. Sie fanden sicherere Plätze bei Müllhalden, außerhalb der Städte. Dort errichteten sie nach alter Zigeunerart Hütten, sie hausten wie ihre Ahnen. Sie gruben ein Loch in den Boden und errichteten darüber eine Konstruktion aus Zweigen, die sie von Büschen am Ufer oder im Park abschnitten. Ihre Ahnen hatten die Hütte mit Stoff überzogen, den die rumänischen Gadschen aus Schafwolle zu weben verstanden, oder die Wände mit Lehm, vermischt mit Pferdemist, verschmiert. Jetzt mußten sie sich mit Pappe, Mandarinenkisten, Stücken von Dachpappe, Sperrholzabfällen behelfen. Die Kelderascha, die ihre Kesselschmiedfertigkeiten nicht verlernt hatten, suchten auf Müllhalden und bei Wagendepots leere Ölfässer. Aus jedem fertigten sie zwei Öfen. So besaßen sie bereits polnische Häuser, die oft kaum schlechter waren als die in Rumänien. In denen wohnten sie ein paar Monate. Am Morgen gingen sie zur Arbeit. In Gruppen, mit ihren Requisiten: Säuglinge an der Brust, Krücken, weiße Stöcke, dunkle Brillen. In der Dämmerung kehrten sie heim, beladen mit Bündeln. In denen waren Kleider, alte Schuhe, angefaulte Bananen, zerbrochene Spielsachen. Aber auch Schaufeln, Stiele, Kanister, Heiligenbilder, abgetretene Teppiche, Fetzen für Bänder.

Viele dieser polnischen Gaben befinden sich jetzt in Comana.

Nach ein paar Jahren begannen die Grenzbeamten in Medyka Probleme zu machen – sie schickten Familien mit Kindern zurück, wenn die nicht im Paß eingetragen waren.

Marcella, Trulis Frau: »Ich habe meine Töchter unterrichtet. Sie sprachen mir nach: ›Ich bin hungrig‹, ›Frau gut‹, ›Frau gib‹, sie lernten, ihr Bein oder die Hand zu streicheln. Sie bringen mir zehn Mark am Tag.«

Truli: »Unter Ceauşescu haben wir uns in Kolchosen und Fabriken abgerackert. Hier in der Gegend gibt es eine Zementfabrik, eine Ziegelei, ein Zellulosewerk. Nach der Revolution wurden wir hinausgeschmissen, kaum daß sie alles privat gemacht hatten. Boden haben sie uns auch keinen gegeben, wir verdingen uns bei Gadschen.«

Marcella: »Ich weiß, daß die Kinder in Polen leiden. Aber sie erhalten sich und die Erwachsenen. Deshalb gehen sie hier ordentlich gekleidet, haben zu essen, schlafen in Betten, manche Eltern können sogar einen Fernseher kaufen.«

Als daher die Grenzbeamten in Medyka Schmiergeld verlangten (hundert Mark pro Kinderkopf), bezahlten die Zigeuner. Mark besaßen sie, sie hatten etwas für die Reparatur der überfluteten Häuser und für Ziegel zusammengespart. Sie beschlossen: Dann bleiben wir halt länger in Polen. Die aus Comana de Jos und anderen Dörfern blieben. Sie beherrschten Plätze und Straßen, Stiegenhäuser und Kirchentreppen, Basare und Tankstellen. »Frau gut«, »Frau gib.«

Die polnischen Gadschen wußten nichts über sie. Wie sie hier leben, dort? Ob sie einen überfallen? Ob sie stehlen? Vielleicht verbreiten sie Krankheiten? Sie wußten nicht, was sie empfinden sollten, wenn sie die schmutzigen Kinder sahen, die vor Kälte zitternden Mütter, die auf Lumpen auf dem Gehsteig hockten. Ärger? Ekel? Triumph? Angst? Sie wußten nur, daß man mit dieser Armee etwas machen mußte. Jahr für Jahr hausten zweihunderttausend rumänische Zigeuner in Polen. Die Polen befahlen jedem von ihnen, bei der Einreise 500 Mark vorzuweisen. Denjenigen, die länger als erlaubt blieben, kennzeichneten sie die Pässe.

Die Zigeuner nennen diese polnischen Stempel *ferbuto* – Einreiseverbot für ein Jahr.

Calo, Terezas Mann: »Die Rumänen haben private Autobusse. Sie nehmen Ware für den Handel und uns mit. Sie kommen nach Braşov, oder wir treffen uns im Dorf. Die Chauffeure verlangen 150 Mark pro Person, aber sie kennen die Leute an der Grenze. Dann hat ›ferbuto‹ keine Bedeutung.«

Calo baut ein Haus. In vier Jahren hat er mit der Familie 12000 Mark zusammengebettelt. »Früher einmal waren wir arm, jetzt lebt jeder vom Geld und fürs Geld.« Den Dachstuhl macht ihm ein Zimmermann, ein Gadsche. Er ist gerade zum Essen gekommen, und Limalo schenkt ihm Wodka ein. »Nico, sag, warum können die Rumänen die Zigeuner nicht leiden?«

Nicolae: »Weil sie betteln fahren, und wir haben nichts, keinen Groschen.«

Calo: »Jammer nicht. Du besitzt zwanzig Ar Boden und Geräte. Für das Dach bekommst du von mir Geld.«

Nicolae: »Du meinst, daß es mir so gutgeht? Ich würde mir gern einen Bart wachsen lassen, einen Zigeunerhut aufsetzen und losfahren, nur mit wem?«

»Ich nehme dich mit«, sagt Calo. Nicolae redet sich heraus, daß er zu alt ist.

Mit Gica ist das etwas anderes, ein Dreißigjähriger mit Matura, Rumäne. Ohne Bart, aber mit Hut.

Als Gica sah, daß die Zigeuner gutes Geld nach Comana heimbrachten, beriet er sich mit seiner Frau und ließ das

Zementwerk sausen. Er fuhr nach Tarnów. Fünf Tage lang trank er nichts, aß nichts, rauchte nichts. Am sechsten traf er Bekannte aus Comana. Die Zigeuner brachten ihm das Gewerbe bei. Zum Beispiel: wenn man eine Zigarette haben will, muß man den Finger den Mund stecken und sagen: »Cygar, cygar.« Nach einem Jahr hatte Gica seine Lehmhütte in Polen vergrößert und die Frau und die Kinder nachkommen lassen. Wieder verging ein Jahr. Gica kaufte einen gebrauchten Wagen der Marke »Dacia« und bei der Gelegenheit von einem Bekannten Limalos einen Führerschein.

Gicas Frau in gebrochenem Polnisch: »Warszawa, Zabrze, Katowic, Tarnowie, Krakowie, Tarnowskie Góry ... Cieść! Sto lat!« (Servus! Prost!)

Limalo sitzt auf seinem Kissen, trinkt Schaumwein zum Huhn und schaut, wie die Zigeuner hier leben. Da gibt es Kinder, dreckig, ohne Unterhosen, Rotzschwengel bis zum Bauch. Er hat wohl selber so ausgesehen – »limalo« heißt in der Zigeunersprache verrotzt. Die Kinder ziehen ein altes Wägelchen durch den Hof. Frauen legen ins Feuer nach. So hat er sich die Frauen hier nicht vorgestellt. Warum tragen sie keine Bänder in den Zöpfen? Sie tragen ein paar Röcke übereinander, doch warum sind das keine roten Röcke mehr, wie bei den Kelderascha? Wenn man Evas Rock gegen das Sonnenlicht anschaut, sieht man ihre Beine. Das ist erfreulich, doch das dürfte nicht sein, denn die Frauen sind vom Gürtel abwärts unrein. Nur gut, daß sie Schürzen tragen, die den Körper vor unreinen Kräften schützen, und daß sie auf ihre Töpfe schauen: eigene für sich, eigene für die Männer, wieder andere für die Beine, fürs Gesicht, für die Wäsche, um Fleisch und Bohnen zu waschen.

Limalos Cousins heben die Gläser, Gica schenkt ein. Dieser Gadsche hockt schon ein wenig zu lange hier herum. Es ist gut, in Frieden zusammenzuleben, doch ein Zigeuner soll ein Zigeuner sein. Nicolae geht. Die Cousins fragen nach Neuigkeiten. Die Familien sind verstreut – die Mutter in Rumänien, der Vater unterwegs, das Kind in Polen. Denen in Polen verschafft Limalo ein Bett in einer Arbeiterunterkunft und Kontakte auf den Basaren, damit sie leben können wie Menschen, verdienen, anstatt zu betteln. Er fährt mit ihnen zum Arzt, zu den Ämtern, zum Markt für Gebrauchtwagen, er schützt sie vor der Deportierung, holt sie aus dem Gefängnis. In den letzten drei Jahren hat er über ein Dutzend herausgeholt, die wegen Diebstahls und Raubüberfällen verhaftet worden waren.

Er erzählt den Cousins, was mit wem in Polen geschehen ist. Das ist die Zigeunerpost, sie ersetzt Briefe, Telegramme, Anrufe. Er informiert sie, wie die Kelderascha-Familien zurechtkommen. Was gibt es bei den Ciurare? Sie sind in der Nähe von Szczecin. Und die Cerhara? Sie waren in Warschau, mußten jedoch nach Schlesien ziehen, man hat sie vertrieben. Piculesti. Burburoza? Kombinieren, wie gewöhnlich, versuchen ins Schmuggelgeschäft mit Rußland einzusteigen. Und wie geht's hier, in Comana?

Schlimm, Limalo. Zu Onkel Goca sind vier Buburoza gekommen, mit Messern. Sie sagten, das sei »Romano Kris«, Zigeunergericht. Goca ist gerade von einer Betteltour zurückgekommen. Sie wärmten eine alte Sache auf – angeblich hat Gocas Vater vor langer Zeit beim Verkauf eines Pferdes einen Zigeuner betrogen. Sie befahlen ihm, den Schaden gutzumachen, und nahmen ihm 500 Mark ab. Belan hat auf dem Markt in Făgăraş einen Buboroza aus Bukarest getroffen. Der gab sich gerissen, spielte den Bonzen.

Er sagte, er habe vor keinem Angst, er sei organisiert in der rumänischen Mafia, Limalo, die stehlen nicht nur von Gadschen. Die berauben Zigeuner!«

»Und was ist bei Sofia los?«

»Du siehst ja selber. Danciu ist zurück aus Polen, und sie hat ihn zu uns geschickt. Er sitzt schon den dritten Monat in Comana, er versteckt sich vorm Militär. Wir wissen alle, daß er beim Militär vor die Hunde gehen würde. Sofia will, daß du ihn mitnimmst nach Polen.«

Morgen. Im letzten Haus vor dem Damm sind die Zigeuner von den Lagern und Betten aufgestanden. Es ist ziemlich finster, denn die Fenster sind klein. Im Halbdunkel wirkt das Innere gemütlich. Teppiche verdecken den gesprungenen Boden, die Sprünge in den Wänden. Den Riß in der Tapete verdeckt der Heiligenschein der katholischen Muttergottes. Von Stricken unterm Plafond holen die Frauen ihre Röcke herunter, sie stellen Kaffee zu. Danciu sucht seine beste Kleidung zusammen. Weißes Hemd, Mokassins, schwarze Hosen. Die Hosen haben ein Loch. Marcella flickt es mit einem rosa Faden.

Verabschiedung. Onkel Goca steckt dem Verwandten zweihundert Mark zu. Eva schluchzt, Limalo sieht sich Dancius Reisepaß an. Er ist *ferbuto*.

Der ganze Hof beginnt zu kreischen.

Limalo erklärt später: »Danciu hat davon nichts gewußt. Er ist wie ein großes Kind. Er kann kaum lesen.«

Als Danciu klein war, ging Sofia nachts mit ihm auf ein Feld, um Kohl zu stehlen. Sie wurden erwischt, und die Mutter rannte davon. Danciu lag bis zum Morgen im Dreck. Seit damals wacht er nachts schreiend auf. »Er ist schüchtern. Anders als andere Zigeuner.«

Der Hof schweigt. Danciu steht mit gesenktem Kopf da.

Woran denkt Limalo jetzt? Sicher ist er auf alle so wütend wie auf seine alten polnischen Tanten, wenn sie gemeinsam fernsehen. Die Tanten verstehen nichts und sagen, er solle ihnen alles erzählen. Manchmal weigert er sich. Sie glauben, er wolle sich aufspielen, und höhnen: »Bist du wirklich so schlau? Iß meine Fotze.«

Oder vielleicht ist er auch wütend über sich selber. Warum hat er sich vor diesen Zigeunern mächtiger gemacht, als er ist? Jetzt zählen sie auf ihn. Soll er seine Niederlage eingestehen? Oder vielleicht erinnert er sich, wie Danciu bei ihm klopfte, wie er ihm zu trinken und zu essen gab, wie er ihn liebgewann.

Limalo sagt kurz etwas in der Zigeunersprache, er drückt den Jungen an sich, und sie gehen gemeinsam zur Straße.

Für einen Zigeuner ist die Straße eine Schule. Limalo hat acht Klassen besucht und lernt immer noch: im Zug, im Autobus, auf Haltestellen, im Kaffeehaus, in Ämtern und Läden. Er redet. Manchmal ist er Kaufmann, dann wieder Journalist, Diplomat, Schmuggler, Professor. Um sich nicht zu langweilen und so viel wie möglich in Erfahrung zu bringen. Manchmal verstrickt er sich in seine eigenen Lügen, dann kommt es zum Krach. Das macht nichts, der bringt Aufregung, Zorn, Risiko, Angst mit sich.

Bevor Limalo nach Comana de Jos kam, nahm er Stunden. *Ţigani* – auf rumänisch Zigeuner. Trottel, Primitivling, Betrüger, Dreckfink, Stinktier, Einbrecher, Räuber, Faulpelz. Ein Schimpfwort. Zigeuner – auf rumänisch »Rom«. Roma gibt es hier zweieinhalb Millionen. 80 Prozent leben in Elend; mehr als die Hälfte der Erwachsenen ist arbeitslos; mehr als die Hälfte kann nicht lesen, nicht schreiben; mehr als die Hälfte der Kinder besucht keine Schule, jedes dritte Kind stirbt. Die Roma haben volle Bürgerrechte, eine eigene Intelligenz, eine private Rundfunkstation, einen Verlag, Vertreter in den Gemeinden, den Ministerien, im Parlament, und sie haben fünfzig Vereinigungen. ROM ist die Abkürzung für Rumänien in den Reisepässen. Die wurde vor zwei Jahren eingeführt. Die Rumänen protestierten. Die Zigeuner ebenfalls. Sie forderten, das Wort »Rom« solle durch »Rrom« ersetzt werden. Es gab eine Zeit, da wurde geflüstert, Ceauşescu sei Zigeuner. Heute sagt man dasselbe von Präsident Iliescu.

Drei Viertel der Rumänen geben zu, daß sie Zigeuner hassen. Seit 1989 kam es zu siebenunddreißig ethnisch motivierten Zwischenfällen. Dabei kamen dreizehn Zigeuner ums Leben. Wie viele Rumänen zu Schaden kamen, ist nicht bekannt.

Die Straße ist eine Schule, und jetzt bereitet sich Danciu vor auf die Straße. Hemd, Mokassin, Hosen, geflickt mit einem rosa Faden und die Mark von Onkel Goca, das ist alles, was er mitnimmt. Er kümmert sich um seinen Meister. Und Limalo: »Hol Bier, hol Zigaretten.« Danciu rennt, kommt gleich zurück. Limalo wird wütend: »Ich behandle ihn so schlecht, und er läßt sich das gefallen.« In Polen will Limalo aus Danciu einen ganzen Kerl machen.

Doch zuerst müssen sie dorthin gelangen. Sie fahren nach Făgăraş. Eine Bank: Sie zählen Geld, einen Teil tauschen sie in Lei um. Post: Anrufe. Gleich neben der Post ein Basar. Markttag, vor dem Tor staubige Dacias, Pferdewagen. Unter den gewöhnlichen Pferden eines, das einem Zigeuner gehört – es hat am Geschirr eine rote Schleife.

Limalo drängt sich durch die Menge. Man sieht bunte Blusen, rote Röcke. Für gewöhnlich beginnt eine Unterhaltung so: »Seid glücklich! Von welchen Zigeunern seid ihr?« (Die kann man an den Farben erkennen – sie sind Kelderascha). Dann eruiert man die Sippe, sucht gemeinsame Bekannte.

Danciu schweigt. Limalo redet und redet. Als sie sich trennen, erklärt er: »Ich kenne sie aus Polen. Diese Zigeuner schulden mir ein paar Mark. Wir haben uns in drei Tagen verabredet.«

Ein Restaurant. Limalo bestellt ein Schweinsschnitzel. Danciu Fisch. Doch der nachlässige Kellner irrt sich. Danciu betrachtet verunsichert das Besteck, er hat noch nie mit Messer und Gabel gegessen, er trifft seine Wahl: die Gabel. Er spricht mit dem Mund voller Kotelett: »Dieser Fisch hat keine Gräten! Er ist besser als Fleisch.« In armen Dörfern wie Comana ißt man zweimal am Tag. Am Morgen dick gekochtes Maismehl, Mamaliga, und am frühen Abend Bohnensuppe. Im Sommer Paprika, Tomaten, im Winter geselchten Speck, von den Schweinen, die zu den Feiertagen geschlachtet wurden. Huhn nur an hohen Feiertagen.

Eine Straße in Făgăraş. Danciu steht da wie angewurzelt, zeigt mit dem Finger: »Ein Neger!«

Das Hotel. Sind die silbernen Blumen auf rosa Grund eine Tapete oder gemalt? Danciu streicht über die Wand, betrachtet die weißen Möbel, den Heizkörper, betastet den lackierten Boden. Er ruft Limalo ins Badezimmer, fragt, wie man die Dusche bedient. Limalo sagt ihm, er soll das Hemd waschen. Danciu reibt es gehorsam, dann nimmt er einen Kleiderhaken und schiebt das Hemd über das Querholz unter dem Bügel. Limalo zornig: »Nicht so!« Danciu dreht den Kleiderhaken um und macht es noch einmal genauso.

Transsylvanien: kalte Morgen, Berge in Wolken, Flüsse – Frauen waschen mit Bleueln, auf den Straßen Pferdewagen mit eisenbeschlagenen Holzrädern, Schweine, Rinder. Hütten aus Kuhmist, aus Stein, aus ungebrannten Lehmziegeln. Kleine Felder, wie Gärten.

Neue rumänische Erfahrung – Eigentum. Abends bewachen Bürgergarden die Felder, damit kein einziger Kolben Mais abhanden kommt.

Das Schicksal der Zigeuner: Flucht. In früheren Zeiten vor der Verbannung, dem Galgen, dem Scheiterhaufen, heute vor dem Hunger. Nach Bukarest, doch das ist noch zu nah. Zur Grenze. Über die Ukraine, Ungarn, Tschechien, die Slowakei, Polen nach Deutschland. Nach Frankreich, Italien. Nach Skandinavien und in die Schweiz. Wie damals, nach der Aufhebung der Leibeigenschaft, fluten Scharen von Zigeunern über Europa. In Berlin ist die Mauer gefallen, in Warschau und Prag gibt es Wahlen. Die Sowjetunion existiert nicht mehr. Doch sie wissen nichts davon, sie zittern in ihren Lumpen auf den Gehsteigen der großen Städte. Und wenn sie den Blick heben, sehen sie Neonreklamen.

Limalo: »Diese rumänischen Zigeuner gehen zugrunde. Manchmal stecken sie bis zum Hals im Dreck, und in dieser Stunde, in dieser Minute strecken sie die Hand aus nach mir. Soll ich sie noch tiefer hineinstoßen? Entweder ich lasse sie im Dreck stecken oder ich ziehe sie, wenn ich kann, heraus. Nicht immer für Geld. Der liebe Gott sieht das alles.«

In Porumbacu fragen sie Limalo nach dem Weg nach Indien.

Der alte Petro: »Mein Großvater und der Großvater meines Großvaters wurden in Porumbacu geboren. Daher dachten sie, sie stammten von hier. Sie kennen das Dorf, so weit ihr Gedächtnis zurückreicht. Einst wohnten sie im Winter und Sommer in Zelten. Sie machten Töpfe, beschlugen Pferde, gingen mit der Sense in die Felder. Sie hatten genug Geld. Mit den Gadschen lebten sie wie eine Familie. Doch jetzt sagen sie ihnen, sie sollen dorthin zurückgehen, von wo sie gekommen sind.«

Die Zigeuner sind nur einmal aus Porumbacu weggegangen. Das war im Jahr 42. Damals kamen Gendarmen zu ihren Zelten und befahlen ihnen zu packen. Sie sagten: »In Bessarabien bekommt jede Familie ein Stück Land und eine Wohnung.« Die Zigeuner spannten also die Pferde an, nahmen die Decken, Töpfe, Goldmünzen, Polster mit. Nach drei Monaten stand das Lager auf einer Lichtung. Die Gendarmen ließen den Zigeunern nur, was sie am Leib trugen. Bald verwandelten sich die Kleider in Lumpen, die sie sich um die Hüften banden. Sie waren in der Ukraine, die von den Deutschen besetzt war – das faschistische Rumänien hatte seine Zigeunerfrage gelöst. Sie arbeiteten in Kolchosen, erkrankten an Typhus, aßen Futterrüben.

Petro: »Meine Brüder und Eltern starben vor Hunger. Den Eltern band ich die Beine zusammen und zog sie hinter mir her. Ich begrub sie nicht sehr tief.«

Elisabeta: »Meinen Bruder und die Schwägerin haben sie wegen zwei Zwiebeln erschossen. Sie hatten im Rücken kleine Löcher, doch vorn große Löcher. Der Bruder hielt sechs Stunden lang seine Eingeweide in Händen. Ich wünsche keiner Viper oder Natter, so etwas durchzumachen, was ich durchgemacht habe.«

In der Ukraine kamen 35 000 rumänische Zigeuner ums Leben. 1944 kehrten einige nach Porumbacu zurück.

Elisabeta: »Die Rumänen gaben uns zu essen, Kleidung. Sie teilten, was sie hatten. Manchmal gaben sie uns sogar ein Pferd. Sie freuten sich, daß wir wieder da sind.«

Nach dem Krieg erlebten sie gemeinsam Armut und Schrecken.

Trajan: »Im Laden gab es nur getrockneten Fisch. Aber Ceaușescu hatte eine goldene Waage, um das Fleisch abzuwiegen, und goldene Gewichte.«

Damals lebten die Zigeuner in der Gemeinschaft anders. Junge Männer schwiegen in Anwesenheit älterer, die Frauen widersprachen nicht den Männern, wer hungrig war, bekam einen Löffel Mamaliga. Ihre eigene Obrigkeit wachte über den alten Gesetzen. In Timișoara – dort begann die Revolution – gingen Ungarn, Rumänen und Zigeuner gemeinsam auf die Straße. Doch das war das letzte Mal.

Masio: »Die Gadschen neiden uns die Becher.«

Es handelt sich um Becher aus den edelsten Metallen. Sie sind mit den Zigeunern nach Rumänien gekommen und werden seit Jahrhunderten unter ihnen weitergereicht. Sie ließen sie sich nicht wegnehmen. Bei der Hochzeit überreichen die Eltern des Bräutigams den Becher der Braut. Als Einsatz. Wenn der Mann sie verläßt, verliert seine Familie den Becher.

Die Gadschen raten den Zigeunern, nach sechs Jahrhunderten dorthin zurückzukehren, von wo sie gekommen sind. Petro: »Wo ist dieses Indien? Kann man dort von Zigeunern einen Becher kaufen?«

Von allen Frauen in Porumbacu ist die sanft lächelnde und leicht schielende Maria die gastfreundlichste. Sie lädt in ihr neues Haus ein, öffnet den Schrank und zeigt einen Stoß roter Schleifen, Tücher und Röcke. Sie holt breite

Kelderascha-Gürtel heraus und reichbestickte Männerhemden. »Probier es an«, ermuntert sie Limalo; er ist begeistert.

»Gibst du mir so ein Hemd?«

Maria erklärt, die seien teuer, und schlägt es ab. Doch sie fragt höflich: »Wollt Ihr Kaffee?« Sie ist in Polen zu Geld gekommen. Sie war dort mit ihrem Mann, Trajan. Den Sohn ließen sie bei der Großmutter zurück, damit er nicht die Schule versäumte. Der Sohn ist zehn Jahre alt. Er ist verlobt. Die Verlobte wächst in Arpaş heran, einem reichen Dorf ein paar Kilometer von hier. Sie bekommt von ihren Eltern zehntausend Mark Mitgift. Die Zigeuner aus Arpaş fahren nicht betteln. Sie handeln mit Pferden, Rindern, sie verleihen Geld an Rumänen, gegen Zinsen. Es ist gut, sich mit jemandem aus Arpaş zu verheiraten. Die zweijährige Eva – Trajans Cousine – ist auch versprochen. Der künftige Schwiegervater bereitet ein Kilo Gold, einen Silberbecher und zehn Millionen Lei vor.

Maria führt durch das Zigeunerviertel von Porumbacu. Die dort haben schon ausgebaut, die graben einen Brunnen, die mauern einen Herd. Hier sind neue Pferde- und Rinderställe. Und dort Parzellen, von Gadschen gekauft. Limalo setzt sich, dienstfertig legt Maria einen Kotzen auf die Bank und wacht beim Eingang. Langsam kommen die Männer zusammen. Ein feierliches »Sei glücklich«, dann wird nach der Sippe gefragt. Sie finden gemeinsame Verwandte und Bekannte. Sie haben von Limalo gehört.

Danciu läuft um Bier. Sie sind unter sich, Kelderascha und Kelderascha.

Zigeunerpost: besprechen, wer von der Frau weggelaufen ist, wer sich versoffen hat, wer eine Hochzeit ausgerichtet hat, wer gestorben ist. Skandale. Drei Dörfer weiter hat der Zigeuner Buzea die Frau beim Ehebruch erwischt. Er wollte sie nicht verlassen, doch er mußte. Sie ist *trefe*. Die Familie würde sich weigern, bei ihnen zu trinken und zu essen. Und Jordahe – aus einem anderen Dorf – hatte seine Frau im Verdacht, daß sie ihm Hörner aufsetze. Er wollte sie loswerden. Er prügelte sie also, und sie war einverstanden, obwohl sie wußte, was ihr drohte. Jordahe posaunte es aus. Die Frau blieb allein. Manchmal nimmt ihre Familie sie wieder auf, aber sie hat für sie ein eigenes Handtuch und eigenes Geschirr. Dieses Geschirr waschen sie im Hof, das Wasser wird direkt auf den Boden geschüttet. Behüte Gott, daß ein einziger Tropfen in das gemeinsame Waschbecken fällt.

Trajan: »Und ihr polnischen Zigeuner, küßt ihr euren Frauen die Fotze?«

Masio: »Ich habe gehört, daß ihr euch in derselben Wanne wascht. Daß ihr Stockhäuser habt. Wie kann man nur! Bei uns baut man ebenerdig, damit die Frau nicht hinaufsteigen kann, so daß der Mann unter ihr ist.«

Trajan: »Legt man bei euch nach der Hochzeit das blutige Leintuch noch auf dem Zaun aus? Bei uns nicht mehr. Wir glauben es einfach. Wenn das Mädchen noch keinen Mann gehabt hat, ist sie nicht perforiert.«

Limalo sagt, er mache sich auf zu König Cioaba. Die Zigeuner durcheinander: »Sag ihm, daß die Buburoza aufhören sollen, uns übers Ohr zu hauen. Denen, die aus Polen zurückkehren, machen sie falsche Zigeunerprozesse. Die Armen liefern den Reichen alles ab.«

Masio: »Sie drohen uns, wir dürften nicht mehr zum Betteln nach Polen fahren. Damit Polen ihnen bleibt.«

Trajan: »In Sighişoara, Braşov, Făgăraş suchen die Buburoza verkrüppelte Kinder, ohne Beine, und nehmen sie mit. Den Familien zahlen sie Groschen.«

Limalo: »Ich weiß. Das sind Banditen. Im Sommer verstecken sie sich in ihren selbstgebauten Hütten, im Winter in Arbeiterunterkünften, in Łańcut, in Rzeszów, in Tarnów. Aber ich kann das mit dem König nicht regeln. Für mich ist er der Herr Cioaba. Warum reden nicht eure Vorsteher mit ihm, die Bulibaschi?«

Petro, der Bulibascha von Porumbacu, ist gerade mit seinem Citroën zu einem »Romano Kris« gefahren, einem Zigeunergericht. Der Rat der Alten entscheidet über Verunreinigungen, Scheidungen, er schlichtet Vermögensstreitigkeiten, bestraft Übertritte, die ein Zigeuner gegenüber einem anderen begeht. Für die Verhandlungen wird bezahlt, Petro verdient dabei gut. Ohne Einwilligung des Königs wäre er kein Bulibascha, und die Buburoza-Zigeuner sind auch Ion Cioabas Kinder.

Limalo: »Ihr wohnt schön hier in Porumbacu.«

Masio: »Wir stehlen nicht, das ist vom Betteln.«

Limalo: »Bin ich etwa ein Staatsanwalt? Spiel nicht den Heiligen. Wenn du in Polen eine goldene Kette auf dem Tisch liegen siehst, drehst du dich dann um und nimmst sie nicht?«

Masio: »Ich würde sie nicht nehmen.«

Limalo: »Hältst du mich für ein Kind? Nirgends bestiehlt ein Kelderascha einen anderen Kelderascha, ihr aber bestehlt euch gegenseitig. Ich habe einem ein paar Mark und einen goldenen Siegelring gegeben, den haben sie im eigenen Dorf bestohlen.«

Masio: »Du lügst.«

Limalo sieht Trajan an, der hier der Hausherr ist. Trajan reagiert nicht, und seine Frau Maria schielt leicht. Masio zu Limalo: »Hau ab!«

Eine Bar in Porumbacu. Limalo vor einem Glas Wodka. »In ihrer Seele sind sie keine Zigeuner, obwohl sie die Tracht bewahrt haben. Es ist verboten, einen Gast zu beleidigen. Dieser Trajan bat mich um meine Adresse. Weil er stiehlt. Wenn man ihn erwischt, wendet er sich an mich, ich soll ihn aus dem Gefängnis holen. Aber warum gibt er das nicht zu? Warum belügt ein Zigeuner den anderen? Vielleicht hat er Angst, ich könnte ihn verpfeifen. Vielleicht gibt es bei ihnen welche, die verpfeifen. Sie essen zusammen, trinken, scheißen auf die Wiese, und dann schwärzen sie einander an. Dabei ist ein Denunziant unrein, so wie der, der die Frau ... na, du weißt schon wo ...«

Die Zigeuner aus Porumbacu können Limalo keinen Sand in die Augen streuen. Er kennt ihr Diebshandwerk. Die Frauen kaufen einen Sack Kartoffeln, geben der Kassiererin zwei Millionen, dann machen sie mit dem Retourgeld schacher-macher und schreien: »Da fehlen 500 000! Sie wollten mich betrügen!«

Die Männer stehen mit Autos mit falschen Nummerntafeln an einer befahrenen Landstraße und öffnen die Motorhaube. Sie halten einen Gadschen an und erklären ihm, sie seien in einer Notlage. Es fehle ihnen das Bargeld für die Reparatur, sie bieten ihm also einen goldenen Siegelring an. Der ist Tinnef.

Limalo: »Wir Zigeuner in Polen versuchen ehrlich zu leben. Wir zahlen Steuern, handeln mit Jacken, mit Schuhen. Wir kennen Großhändler auf den Basaren, die haben uns früher die Ware aufs Wort gegeben. Jetzt nicht mehr. Sie sagen: ›Ein Zigeuner ist ein Zigeuner, eure Rumänen haben mich bestohlen.‹«

Er geht zur Schank. Da meldet sich Danciu auf polnisch: »Polnischer und rumänischer Zigeuner ist gleich. Und in Deutschland, in Jugoslawien, in Ungarien. Alle stehlen. Hat er Arbeit, ist OK. Hat kein Arbeit, stiehlt er. Ein Zigeuner von Zigeuner. Hier kein Arbeit. Ich will nach Polen. Ich will Arbeit, Frau, Haus, wie Mensch. Ich will nur Wasser trinken, nix stehlen. Mir nicht gefallen stehlen.«

Limalo kehrt mit einem neuen Wodka zurück. »Die rumänischen Zigeuner meinen, außerhalb ihres Landes könnten sie Lumpen sein. Sehen sie denn nicht, daß dort andere Zigeuner leben?«

Kurz nach der Dezemberrevolution sahen Zigeunerinnen aus Polen zum ersten Mal Zigeunerinnen aus Rumänien. Sie saßen auf dem Warschauer Ostbahnhof, mit Bündeln und kleinen Kindern, schmutzig. Die Frauen taten ihnen leid. Sie gingen dann jeden Tag zum Ostbahnhof, um ihnen von dem Geld abzugeben, das sie fürs Weissagen bekommen hatten. So ging das fast ein Jahr. Bis die polnischen Zigeunerinnen draufkamen, daß ihr Geld nicht den Kindern zugute kam. Das wurde im Kantor am Bahnhof in Mark gewechselt. Seither verspüren die Warschauer Zigeuner eine Abneigung gegen die aus Rumänien.

Zoica stahl in einem Laden Kinderkleidung und Spielzeug. Sie wurde erwischt. Ihr Mann, Nica, betrank sich aus Verzweiflung. Es war Winter. Er ist in seiner Hütte unter der Grot-Rowecki-Brücke beinahe erfroren. Die Zigeuner teilten seine Kinder unter ihren Lehmhütten auf und verständigten Limalo. Obwohl Limalo Nica nie zuvor gesehen hatte, verschaffte er ihm ein gutes Spital. Er saß drei Tage bei ihm, bis er das Bewußtsein wiedererlangte. Für Zoica konnte er nichts tun. Sie bekam ihr Urteil – zehn Monate. Das alles geschah vor zwei Jahren. Jetzt trifft Limalo im Dorf Recea Nica.

Ion, Nicas Vater: »Limalo! Ich hab' mit dem Bruder deiner Mutter in einem Zelt geschlafen, als wir noch mit den Wagen herumzogen.« Große Freude. Die Zigeuner und Gadschen, die hier freundschaftlich miteinander leben, laufen zusammen. Ion stellt die Familie vor. Von den paar Söhnen sitzt nur der kranke Nica am Tisch unter dem wilden Apfelbaum, die anderen sind in die Karpaten gefahren, sie machen den Rumänen Blechverzierungen für ihre Dächer. Doch seine Enkel mit den Frauen sind hier, ihre in Polen geborenen Kinder.

Die haben es geschafft! Sie haben in der Nähe von Piła reiche Polen getroffen. Robert und Grażynka besitzen ein paar Läden und ein Motel. Sie gaben den Zigeunern Arbeit, und als sie feststellten, daß sie nicht stahlen, stellten sie ihnen Wohnungen zur Verfügung. Sie halfen den Zigeunern, wo sie nur konnten: sie riefen die Ambulanz, wenn ein Kind zur Welt kam, kauften Babyflaschen und Kinderwagen, ließen die Kinder taufen.

Es war Winter, als Nica zu seinen Neffen in der Nähe von Piła kam. Sie ließen ihn abblitzen: »Das sind unsere Gadschen.« Seit dem Vorfall unter der Brücke ist Nica nicht mehr der alte. Er kann kaum sprechen, braucht Medikamente fürs Herz. Früher einmal muß er ansehnlich und kräftig gewesen sein, jetzt drückt er sich wie ein Kind an Limalo. Er will vor ihm mit seiner ältesten Tochter Elena prahlen, die gerade ihre Zöpfe flicht. Elena sitzt mit offenem Haar auf dem Bett unter dem niedrigen Sturzboden. Limalo holt den Fotoapparat hervor.

Zoica schreitet ein: »Ein Foto kostet 20 Mark.«

Vor dem Besuch beim König bügelt Limalo den Anzug und steht eine halbe Stunde unter der Dusche. Ion Cioaba wohnt in Sibiu, in einer geräumigen Villa. Hinter dem offenen Tor laufen Truthühner herum, beim Aufgang steht eine Büste des Besitzers. Die Tür ist angelehnt, es ist heiß. Der König schnarcht in schmutzigen kurzen Unterhosen auf dem Sofa, ringsum goldener Kitsch.

Was ist das schon für ein Herrscher. Die Zigeuner hatten nie Monarchen. Manchmal kam es vor, daß ein Usurpator von seiner Sippe auf den Thron gehievt wurde. Ion Cioaba verteilt Visitenkarten an seine Besucher: »Der König aller Zigeuner in der Welt«, doch Limalo stellt richtig: »Er ist vielleicht der König in Sibiu und Umgebung, Außerhalb von Rumänien hat er nichts zu sagen.«

Der Herrscher, den die Zigeuner hier wirklich lieben, ist der rumänische König Mihai. Ion aus Recea: »Er war ein schöner Mann! Ich habe ihn gesehen, er kam in die Dörfer.« Mihai stritt mit seinem Vater Carol, er wollte, daß auch die Armen ordentlich leben können. Carol darauf: »Die Armen sollen arbeiten gehen.« Da zog sich Mihai die Kleidung eines Bettlers an und verdingte sich in der Ziegelei hier, in der Gegend von Recea. Eine Woche lang mischte er Lehm, dann führte er bei einem Gutsherrn Mist aus. Er kehrte zu seinem Vater zurück: »König, in unserem Reich ist es schwer, sein Leben zu verdienen.« In den Erzählungen der Zigeuner befindet sich diese Ziegelei manchmal in Arpaş, in Porumbacu oder in Comana de Jos.

Präsident Iliescu ist nicht erfreut über die Liebe zum einstigen Monarchen. König Mihai trat nach dem Krieg unter dem Druck der Kommunisten zurück. Dem Präsidenten wäre es lieber, wenn die Zigeuner Ion Cioaba liebten. Er war bei seiner Krönung zugegen.

Der Monarch aus Sibiu erwacht. Nach einem kühlen »sei glücklich« ruft er seine Enkelin. Limalo erleidet einen Schock, die Enkelin riecht nach französischem Parfum, trägt einen Mini, zeigt die Beine, die Brüste. Sie stellt Gläser mit Coca-Cola auf den Tisch. Der König kleidet sich für eine Aufnahme an: Hemd, Anzug, Sandalen. Die Enkelin holt Zepter und Krone aus dem Schrank. Das ist jetzt ein anderer Ion Cioaba. Jedes zweite Wort ist: »Mein Volk.« Die Obrigkeit möchte dem Volk helfen. »Die Deutschen sollen bezahlen für die Gebeine unserer Leute, die in der Ukraine verstreut sind. Und wenn sie heute die rumänischen Zigeuner aus ihrem Land werfen wollen, dann sollen sie jeder Familie eine Entschädigung für drei Jahre im voraus bezahlen. Sind meine Kinder etwa Tiere, daß sie sich von Gras ernähren könnten? Wenn die Deutschen ihnen etwas bezahlen, hören sie auf zu stehlen und zu betteln, und jeder kauft sich ein Haus.«

Der König haßt die Bettelei: »Der Zigeuner mag nicht arbeiten, er spielt lieber den Blinden oder Lahmen. Gibt es denn in Rumänien keine Arbeit? Es gibt Wälder, und in denen wilde Beeren und Pilze. Alles verrottet. Es gibt Kräuter, auf die Kranke warten. Hör zu, Limalo. Sag ihnen in Polen, daß sie die Grenze schließen sollen. Und wenn du einen Bettler triffst, dann schicke ihn zu mir. Ich gebe ihm Arbeit und kümmere mich um ihn.«

Limalo ist beeindruckt. Deshalb spuckte er dem König

nicht ins Maul. Um sich zu beruhigen, setzt er sich in ein Kaffeehaus an der Straße nach Făgăraş: »Danciu, Bier!«

Er sitzt bei seinem Krug und erinnert sich an das offen stehende Tor bei der Residenz des Monarchen: »Warum hat er keine Gorillas? Weil die ganze Polizei in Sibiu und vielleicht auch in Bukarest, ja vielleicht sogar Präsident Iliescu seine Leibwächter sind. Er will aus allen Armen Untertanen machen. Zu wem gehen sie, wenn Polen die Grenze schließt? Zu Herrn Cioaba. Und sie werden sich vor ihm verneigen und Pilze im Wald sammeln und Kräuter für die Kranken. Er will ein dummes Volk haben. Ich bin hier um vieles klüger geworden. In Polen haben die Gadschen und die Zigeuner Mitleid mit den Bettlern. Aber was ist die Folge dieser Bettelei? Jemand wurde König, jemand Mafioso, jemand Bonze. Der Schwache ist hier verloren. Er muß betteln für ein paar Laib Brot, den Rest muß er abliefern. Und die Stärkeren jagen, fliegen hinterm Geld her. Sie sind bereit, für fünf Mark im Nu ihre Tracht abzulegen. Für zwei Mark küssen sie dir die Füße. Der Bruder betrügt den Bruder. Zigeunerinnen prostituieren sich sogar, für Mark. Ich weiß, was ich rede. In Rumänien reicht das für ein paar Ziegel. Sie haben den Namen Roma in den Schmutz gezogen. Das haben keine anderen Zigeuner gemacht.«

In Gedanken kehrt Limalo in sein heimatliches Comana zurück. Was wird dort geschehen? Onkel Goca hat ein weiches Herz, er wird im Elend landen. Calo ist gerissen, er borgt keinem auch nur einen Groschen. Er hat Danciu Geld abgeschlagen, obwohl der sein Cousin ist und ohne Geld nicht über die polnische Grenze kommt. Also wird sicher Calo Bulibascha werden. Danciu kommt in dieser Welt unter die Räder.

Limalo muß Schulden eintreiben. Zwei Zigeuner haben die Villa polnischer Gadschen ausgeraubt. Sie sind auf Kaution freigekommen und nach Făgăraş geflohen. Die Kaution hat Limalo ausgelegt.

Ein Zigeuner-Slum in der Vorstadt. Limalo fährt langsam die Lehmhütten entlang. Kinder pressen die Gesichter gegen die Scheiben, zeigen ihm: »fuck you«. Frauen spukken aus. Männer schütteln die Fäuste. Limalo geht zu einem von ihnen hin. Nach einer Weile kommt er zurück. »Er gibt mir den Rat, das Geld zu vergessen, sonst erledigt er Dancius Vater. Ein Buburoza.«

Danciu: »Ich hab' Hunger.«

Limalo: »Dann kaufen wir uns Semmeln.«

Sie sitzen auf einer Mauer vor der Bäckerei. In Făgăraş. Zweitausend Kilometer von der Bäckerei entfernt ist Polen.

1996

Autorinnen und Autoren

Piotr Głuchowski, geboren 1967, erlernter Beruf: Konservator; seit 1991 Reporter der *Gazeta Wyborcza.*

Jacek Hugo-Bader, geboren 1957, spezialisiert auf Reportagen aus Rußland, arbeitet seit fünfzehn Jahren für die *Gazeta Wyborcza.* Ein Sammelband mit seinen Reportagen erschien 2003 unter dem Originaltitel »W rajskiej dolinie wśród zielska« (Unter Kräutern im paradiesischen Tal) in Warschau.

Tomasz Kwaśniewski, geboren 1973, studierte Philosophie in Warschau, schreibt seit 1998 für die *Gazeta Wyborcza.*

Irena Morawska, war zuerst Sportlehrerin, arbeitete von 1990 bis 1997 in der Reportageabteilung der *Gazeta Wyborcza,* wo sie bis heute publiziert. Schreibt Filmdrehbücher. 1999 erschien eine Sammlung ihrer Reportagen in Buchform, »Było piekło, teraz będzie niebo« (Es war die Hölle, jetzt wird der Himmel sein).

Włodzimierz Nowak, geboren 1958, Schwerpunkt seiner Arbeit ist die polnisch-deutsche Nachbarschaft. Beiträge in zahlreichen Reportage-Anthologien.

Lidia Ostałowska, geboren 1954, interessiert sich für das Leben der Sinti und Roma in Osteuropa, seit 1989 Reporterin der *Gazeta Wyborcza*; 2000 erschien ein Sammelband ihrer Reportagen mit dem Titel »Cygan to Cygan« (Ein Zigeuner bleibt ein Zigeuner).

Tomasz Patora, geboren 1973, arbeitet seit 1991 bei der *Gazeta Wyborcza*, seit fünf Jahren als Kriminalberichterstatter. Zahlreiche Auszeichnungen. Für die Reportage über den Handel mit Leichen erhielten Tomasz Patora und Marcin Stelmasiak u. a. den »Kurt Schork Award in International Journalism 2002«, verliehen von der Columbia University, der Presseagentur Reuters und der Kurt Schork Foundation.

Beata Pawlak, 1957 bis 2002, ihr Augenmerk lag auf der Entwicklung Asiens. Kam beim Bombenanschlag in Bali im Oktober 2002 ums Leben; 2003 erschien ihre Sammlung »Piekło jest gdzie indziej« (Die Hölle ist anderswo).

Paweł Smoleński, geboren 1959, seit 1989 Redakteur der *Gazeta Wyborcza;* Autor zahlreicher Bücher, 2004 erschien »Irak, piekło w raju« (Irak, Hölle im Paradies).

Marcin Stelmasiak, geboren 1973, seit 1994 bei der *Gazeta Wyborcza*. Wie Tomasz Patora vor allem Kriminalberichterstatter. Zahlreiche Auszeichnungen, u.a. »Kurt Schork Award in International Journalism 2002«.

Mariusz Szczygieł, geboren 1966, leitet die Reportageabteilung der *Gazeta Wyborcza*, beschäftigt sich besonders mit Tschechien und der Slowakei; ein Reportageband über die beiden Länder erschien 2005, »Dowód miłości« (Liebesbeweis).

Zdzisław Wolniarowicz ist ein Pseudonym, das der Autor aufgrund der politischen Verhältnisse in Weißrußland wählen mußte.

Martin Pollack

Der Tote im Bunker

Bericht über meinen Vater

Paul Zsolnay Verlag 2004. 256 Seiten

Sbarramento di Brennero/Sperre am Brenner: Am Eingang eines Bunkers an der österreichisch-italienischen Grenze wird am 6. April 1947 die Leiche eines Mannes entdeckt. Nachforschungen ergeben die wahre Identität des Toten: Dr. Gerhard Bast, geboren 1911 in der Gottschee, SS-Sturmbannführer, Mitglied der Gestapo, von der Bundespolizeidirektion Linz auf der Fahndungsliste für Kriegsverbrecher geführt.
Als Gerhard Bast ermordet wurde, war Martin Pollack noch keine drei Jahre alt. Jetzt, mehr als ein halbes Jahrhundert später, machte sich der Sohn auf, seinen Vater zu suchen – er fand einen Täter.

»Die Nüchternheit des Stilisten Pollack kennt keine Schnörkel, billiges Pathos ist ihm wesensfremd ... Pollacks großartiges Buch läßt sich nicht ohne Erschütterung lesen. Durch die Lektüre werden wir Zeugen einer Enthüllungstragödie von antiker Dimension.«

Ulrich Weinzierl, *Die Welt*

»Im Kontrast zu den aufwühlenden Details und manchen Erinnerungsfetzen, die der Stilist Martin Pollack virtuos wiederholt, hält er seinen Bericht in einem klaren, ruhigen, oft lakonischen Tonfall – und erzählt dabei doch eine irritierend-fesselnde Geschichte. Auf beeindruckend ausgeglichene Weise balanciert er zwischen Nähe und Abstand, zwischen schmerzvoller Vatersuche und selbstverständlicher Abgrenzung.«

Erna Lackner, *Frankfurter Allgemeine Zeitung*

Martin Pollack
Anklage Vatermord
Der Fall Philipp Halsmann
Paul Zsolnay Verlag 2002. 328 Seiten

Er zählt zu den besten Fotografen der Welt, seine Porträts der Reichen und Schönen hängen in den wichtigsten Sammlungen. Ein Ereignis lastete jedoch als Trauma auf seinem Leben: Am 10. September 1928 war sein Vater während einer gemeinsamen Bergtour im Tiroler Zillertal tödlich verunglückt, noch am selben Tag wurde Philipp Halsmann wegen Verdachts auf Vatermord verhaftet. In dem politisch aufgeheizten Klima der Zwischenkriegszeit entwickelte sich aus dem Kriminalfall eine internationale Affäre. Martin Pollack ist den Spuren des Falles Halsmann gefolgt und hat sie »mit der Genauigkeit eines leidenschaftlichen Historikers und der Vorstellungskraft eines Erzählers« (Christoph Ransmayr) in einem packenden dokumentarischen Roman aufgezeichnet.

»Man liest dieses Buch fast atemlos durch. Mit Sinn für Spannung, doch ohne jede Effekthascherei schreibt Pollack das Protokoll jener Tage. Der Autor vertraut auf einen elegant objektivierenden Stil und die kühle Sprache der Fülle der Fakten … Es ist das Verdienst von Martin Pollack, nach ausgiebigen Recherchen nicht nur den Kriminalfall in seinen Verästelungen und Weiterungen, Irrungen und Wirrungen zusammenfassend dargestellt, sondern zugleich auf ein eminentes Stück österreichischer Zeitgeschichte aufmerksam gemacht zu haben.«

Andreas Breitenstein, *Neue Zürcher Zeitung*

»Der Autor präsentiert einen ausgezeichnet geschriebenen dokumentarischen Roman. Ohne in billige Sensationsmache zu verfallen, schildert er die prekäre Situation des Angeklagten und seiner Angehörigen, er fühlt sich in die Prozeßteilnehmer und -beobachter ein, vor allem aber zieht er die ideologischen Frontlinien des Prozesses nach.«

Michael Freund, *Der Standard*